ACHIM ENGELBERG
AN DEN RÄNDERN EUROPAS

ACHIM ENGELBERG

AN DEN RÄNDERN
EUROPAS

Warum sich das Schicksal unseres Kontinents
an seinen Außengrenzen entscheidet

Deutsche Verlags-Anstalt

Penguin Random House Verlagsgruppe FSC® N001967

1. Auflage
Copyright © 2021 by Deutsche Verlags-Anstalt, München
in der Penguin Random House Verlagsgruppe GmbH,
Neumarkter Str. 28, 81673 München
Umschlaggestaltung: total italic, Thierry Wijnberg (Amsterdam/Berlin)
Umschlagabbildung: iStock.com/FrankRamspott
Satz: Ditta Ahmadi
Druck und Bindung: GGP Media GmbH, Pößneck
Printed in Germany
ISBN 978-3-421-04820-2
www.dva.de

 Dieses Buch ist auch als E-Book erhältlich

Meiner Mutter Waltraut,
die Vertreibung,
meinem Vater Ernst,
der Flucht und Exil erlebte.

Als sich Europa nach dem Kalten Krieg vereinte, stiegen die Gefahren an den Außengrenzen. Bereits 1990 begann das Sterben im Mittelmeer, und es kam zu tödlichen Zwischenfällen an der deutsch-polnischen Grenze, als diese noch EU-Außengrenze war.

Der vielfache Aufbruch – vom Aufblühen vieler Metropolen über die Neuentdeckung von Regionen, die hinter dem Eisernen Vorhang gelegen hatten, bis hin zu den scheinbar unbegrenzten Möglichkeiten des Internets – verdrängte die anschwellenden Konflikte. Doch dann kehrte der Krieg zurück nach Europa, überrollten ökonomische Schockwellen den Kontinent, die Osteuropa beutelten und Westeuropa unsozialer machten.

Die Massenankunft im Jahr 2015 war die Rückkehr des Verdrängten, das unaufhaltsam aus der europäischen Geschichte hervorbrach.

Stimmen aus Europa und von seinen Rändern verdichten sich zu einem Chor: Ein Kontingentflüchtling aus der zerfallenden Sowjetunion gehört dazu, der in Deutschland eine globale Familie fand, in der viele Geschichten von Flucht, Auswanderung und Vertreibung erzählt werden, und ein Beamter, der 1990 seinen Dienst in der Ausländerbehörde antrat und mit Weltkonflikten auf und vor seinem Schreibtisch befasst war. Neben den emotionalen Geschichten stehen die Reflexionen eines engagierten Wissenschaftlers und Politikberaters, der ein Institut für Migrationsforschung gründete, und die Gedanken, die dem Kapitän eines Rettungsbootes im Mittelmeer durch den Kopf gehen. Reportagen von den Rändern des Kontinents und aus Berlin, mehr ein Archipel von Minderheiten als ein Melting Pot, erzählen von Umbrüchen unserer zunehmend planetarischen Epoche. Es sind Geschichten von Leid und Mut.

Man geht nicht ohne Not, man geht nicht ohne Hoffnung.

INHALT

PROLOG

Nie wieder wird eine einzige Geschichte erzählt werden,
als wäre sie die einzige.

JOHN BERGER, 1972[1]

Die große Völkermischung, der Verlust einer vermeintlichen Identität
wird der weltumgreifende Konflikt, das Abenteuer der Gattung im
3. Jahrtausend. Die Katastrophen sind vorgezeichnet, die Rettungen
sind zu erfinden.

VOLKER BRAUN, 2018[2]

Im fahrenden Zug schaut der Mann intensiv auf den Ausschnitt des Vorübergleitenden, den das Fenster freigibt. Er ist alt, wahrscheinlich schon über achtzig Jahre. Er sieht funkelnde Autos, adrette Häuser mit ordentlichen Ziegeldächern, die Vorgärten gepflegt, Sträucher und Blumen wirken fast künstlich, und die Wege auf den Weinbergen sehen wie mit dem Lineal gezogen aus. Die weißen Flächen der alten Fachwerkhäuser leuchten so makellos hell zwischen den schwarzen Balken, als seien sie gerade erst gestrichen worden, die Kirchtürme ragen unbeschädigt in den Himmel. Selbst die Wolken erscheinen vom Zug aus nicht windgetrieben, sondern wie dekorativ verstreut vor blauem Grund.

Einen alten Baum verpflanzt man nicht, so heißt es. Was nützt diese Weisheit dem alten Mann? Er hat seine vertraute Umgebung verloren und ist auf dem Weg in eine ihm fremde, seltsame Welt. Er musste das Land seiner Geburt verlassen, in dem er unsägliche Entbehrungen erlitt. Seine Sprache verstehen hierzulande nur wenige. Wo er gelebt hat, wird er nicht sterben. Mit ihm reisen drei weitere Personen: Mutter, Tochter, Sohn. Ich schreibe Personen, nicht Familie. Vater und Mutter sind lange geschieden, doch der Zerfall ihres ungeliebten Landes zwingt sie, gemeinsam auszureisen. Sie kommen mit prall gefüllten Koffern nach Deutschland.

Die neuen Gerüche nehmen gen Westen rapide zu. Kaffee, Wäsche, Parfüm und Rasierwasser, alles duftet stärker und intensiver.

Die Kinder der Mitreisenden betrachten die merkwürdigen Fremden mit dem vielen Gepäck verschreckt und zugleich unverhohlen neugierig.

»Das müssen hier alles Erholungsheime sein«, sagt der Vater.

Heute muss Jascha Nemtsov darüber lachen, wie sie alle die neue Welt missverstanden. Die Dörfer und Kleinstädte Baden-Württembergs erschienen dem Vater nicht wie eine dauerhaft bewohnte Welt, in der gearbeitet wird, sondern wie eine des Urlaubs, in der man für kurze Zeit dem Alltag entflieht.

Der Sohn blickt hinaus auf dieses grüne, gepflegte Deutschland. Es ist ihm unheimlich, wie schnell der Zug fährt. So etwas kennt er gar nicht aus den gigantischen Weiten des Landes seiner Geburt. Die Züge, in denen sie bisher reisten oder in die sie verfrachtet wurden, fuhren langsamer. Die Geschwindigkeit nimmt ebenfalls zu, je mehr sie gen Westen kommen. Das Europa der verschiedenen Geschwindigkeiten gibt es auch als sinnliche Gewissheit.

Der Zug fährt metallisch klirrend im Stuttgarter Hauptbahnhof ein. Die prall gefüllten Koffer haben keine Räder wie die der anderen Reisenden. Sie sind schwer und klobig, zum Teil mit Kordeln verschnürt. Mühsam werden sie aus dem Zug gehievt. Vier Personen in unpassender Kleidung stehen schließlich mit zwölf abgenutzten Koffern auf dem langen Bahnsteig. Sie wirken wie aus der Zeit gefallen, wie das Urbild von Flüchtlingen aus den verlorenen deutschen Ostgebieten gegen Ende des Zweiten Weltkriegs.

Nur noch die kurze Fahrt nach Esslingen am Neckar in die Landesaufnahmestelle, dann sind die Nemtsovs ans vorläufige Ende ihrer Odyssee gelangt. Was sie nicht wissen: Eine letzte, dramatische Klippe müssen sie noch überwinden.

Es ist der Sommer 1992.

In Rostock-Lichtenhagen kommt es fünf Tage lang zu schweren Ausschreitungen vor dem Asylbewerberheim. Extremisten werfen unter dem Beifall von Anwohnern Brandsätze. Die Bilder gehen um die Welt. Bang wird gefragt, was aus der zweiten staatlichen Einheit der Deutschen werden soll. Seit der Vereinigung nehmen Angriffe auf

Ausländer zu. Die in Rostock-Lichtenhagen im August 1992 entwickeln sich zum größten rassistischen Exzess seit der Nazidiktatur. Oft wird verkannt, dass es vergleichbare Attacken in vielen Ländern gab und gibt. Die wachsende Zahl der Flüchtlinge löst Diskussionen aus über eine schärfere Asylpolitik, die auch von der oppositionellen Sozialdemokratie mitgetragen wird. Angesichts des Terrors von Rostock-Lichtenhagen schreibt Heiner Müller: »Die Narben schrein nach Wunden: das unterdrückte Gewaltpotential, keine Revolution/Emanzipation ohne Gewalt gegen die Unterdrücker, bricht sich Bahn im Angriff auf die Schwächeren: Asylanten und (arme) Ausländer, der Armen gegen die Ärmsten ...«[3] Örtlich betäubt wird etwas später sein Kollege Günter Grass, der für den Flüchtling Willy Brandt warb, die Sozialdemokratie enttäuscht und verärgert verlassen.

Der Samen keimte schon viel früher, aber das erkannten nur wenige. Die Boatpeople, wie die Ende der 1970er Jahre zu Tausenden in hochseeuntüchtigen Booten fliehenden Vietnamesen, Kambodschaner und Laoten genannt wurden, schockierten rund um den Globus. Schwimmende Leichen, Ertrinkende, traumatisierte Gerettete. Private, spendenfinanzierte Hilfsorganisationen – unter anderen die »Cap Anamur« – versuchen so viele zu retten, wie sie nur können. In der Epoche des Kalten Krieges wird das Elend noch als Begleiterscheinung des heißen Stellvertreterkriegs in Vietnam wahrgenommen. Michel Foucault, der langfristig wirkende französische Intellektuelle mit dem kurzen Leben, deutet das Flüchtlingsproblem bereits am 17. August 1979 tiefer, denn er sieht darin einen Vorboten der großen Wanderungsbewegung des 21. Jahrhunderts.[4]

Mittlerweile wird das Jahr 1979 als historische Zäsur gedeutet: vom Sieg des islamischen Fundamentalismus im Iran über den Einmarsch sowjetischer Truppen in Afghanistan bis zu Chinas Öffnung unter Deng Xiaoping. Umrisse einer multipolaren Welt zeigten sich, die Zentralperspektive ging verloren, die Ränder gewannen an Bedeutung.[5] Viele der weltumspannenden Ereignisse sind mit Flucht und Migration verbunden. Mit den Ankommenden entstand die »Neue Rechte«, die gegen »Überfremdung« antrat. Beispielsweise starben im August 1980 zwei Boatpeople, Nguyên Ngoc Châu (22) und Đô Anh Lân (18), in Hamburg. Die drei Attentäter um Manfred

Roeder waren später unmittelbar mit der Mordserie des NSU verbunden, Taten, bei denen noch viele Fragen offen sind.

Über dreißig Jahre später, im Jahr 2015, brandet die von Foucault vorhergesagte Wanderungsbewegung des 21. Jahrhunderts dann an- und abschwellend gegen die Grenzen der wohlhabenden Länder. Tausende sterben an Europas Küsten. Das Mittelmeer, eigentlich die See der Zivilisationen, wird zu einem Meer der Toten.

Es ist schon dunkel, als der Zug im Bahnhof Esslingen ankommt. Die Nemtsovs – Vater, Mutter, Sohn, Tochter – steigen mit ihren zwölf Koffern aus. Die Eltern bleiben auf dem Bahnsteig, die Kinder suchen die Landesaufnahmestelle. Die Straßen sind leer. Sie begegnen einem Kroaten, der ihre Situation sofort erfasst. In diesen Tagen treffen die ersten 5000 Flüchtlinge aus Bosnien und der Herzegowina in Deutschland ein. Auf dem Balkan toben bereits die schweren Zerfalls- und Aufteilungskämpfe Jugoslawiens, die den Krieg nach Europa zurückbringen.

Der Kroate kommt mit seinem Auto zum Bahnhof. Als er die vielen Koffer sieht, schlägt er vor, die Tochter soll mit dem Gepäck, das man nicht verstauen kann, zurückbleiben. Er wird zurückfahren und sie und die Koffer holen. Doch im Auto gerät die bis dahin gefasstruhige Mutter außer sich. Auf Russisch schreit sie, er solle umkehren, die Tochter dürfe nicht allein auf dem Bahnhof bleiben. Sie lässt sich nicht beruhigen. Da wendet der Helfer sein Auto. Die Nemtsovs verbringen die Nacht auf dem Bahnsteig, was Jascha Nemtsov mit den Worten kommentiert: »So kamen wir erst am nächsten Tag in die Landesaufnahmestelle, die voll war von russischsprachigen Juden und Kakerlaken.«

Man weist ihnen ein Zimmer zu, Bad und Küche müssen sie sich mit anderen teilen.

Durch den Ansturm von Flüchtlingen und Migranten aus ärmeren Ländern, das erfahren sie in den nächsten Tagen, wird sich für sie der Aufenthalt in derart beengten Verhältnissen länger als erwartet hinziehen. Auf dem Fernsehbildschirm sehen sie täglich Bilder von der Belagerung Sarajevos, die 1992 begann und sich zur längsten des 20. Jahrhunderts ausweiten sollte. Die blutigste mit weit mehr als einer Million Toten fand ein halbes Jahrhundert zuvor in Leningrad statt, der Metropole, in der die Nemtsovs zuletzt lebten. Und sie sehen von Mörsergranaten verletzte oder gar zerfetzte Menschen, die sich für Wasser oder Brot angestellt hatten.

In Esslingen warnt einer, der endlich die Möglichkeit erhielt, nach Stuttgart zu gehen, die Nemtsovs sollen sich in keinen kleineren Ort schicken lassen, dort gebe es kaum Arbeit und man bleibe der Fremde. Nach drei Monaten des Wartens und Verhandelns werden ihnen zwei Zimmer zugewiesen in einer Unterkunft in Stuttgart ohne eigenes Bad, ohne eigene Küche, ja nicht einmal einen Kühlschrank haben sie.

Angekommen sind sie in der Fremde. Wird sie Heimat? Für alle?

WAS GIBT ES NEUES IM OSTEN?

In Terrassen türmt sich die große Stadt am Dnjepr auf,
die alles Unglück überlebt hat.

OSSIP MANDELSTAM, 1926

Wo Europa endet, beginnen die Ströme. Wer nach Kiew fährt und den Dnjepr sieht, dem erscheinen mitteleuropäische Flüsse wie Rinnsale. So eindrucksvoll die Donau in Budapest auch ist, zu einem Strom wird sie erst beim Zusammenfluss mit der Save in Belgrad. Wo Europa im Meer versinkt, im Grenzgebiet zwischen Rumänien und der Ukraine, liegt dann die mythische Flusslandschaft des Donau-Deltas.

Kiew ist eine eindrucksvolle Stadt mit einem markanten Hauptbahnhof. Vom Zentrum kommend sehe ich zuerst das torartige, geschwungene und dennoch eckige Eingangsportal, dann die beiden lang gestreckten Seitenflügel mit jeweils vier hohen Fenstern in einer Fassade von der umwerfenden Schlichtheit des frühen sowjetischen Konstruktivismus. Der Bau entstand, als Majakowski dichtete: »Her mit dem schönen Leben!«

Es ist kurz vor sechs Uhr morgens. Die Stadt erwacht, rekelt sich. Wenige Passanten sind schon auf den Beinen. Als ich das Empfangsgebäude erreiche, wimmelt es auf einmal von Leuten. Die erste U-Bahn spuckt Reisende aus, die mit Koffern, Taschen, Rucksäcken in die Bahnhofshalle eilen, andere strömen aus dem gerade eingefahrenen Nachtzug. Paare verabschieden oder begrüßen sich. Küsse, Umarmungen. Einige Männer in Uniform kommen allein, andere werden von ihren Frauen und Mädchen verabschiedet. Es geht an die Front.

Ich bin verabredet mit einem Mitarbeiter von der Diakonie Katastrophenhilfe und zwei lokalen Helfern aus der Ukraine. Im Gewimmel der Reisenden greife ich zu meinem Handy, aber ich komme nicht mehr zum Anrufen. Ein schwarzhaariger Lockenkopf mittleren Alters in Begleitung von zwei Mittzwanzigern fragt: »Achim?« – »Ja.« – »Tommy. Und das sind Milan und Shenya.« Händeschütteln,

Lächeln, und auf geht's durch die kathedralenartige Eingangshalle, per Rolltreppe hinauf, dann wieder zum Bahnsteig hinunter. Dort warten bereits viele Uniformierte auf den Zug nach Kostjantynowka – das ist jetzt die Endstation. Vor dem Krieg ging es bis nach Donezk, aber die Donbass-Metropole ist russisch besetzt. Dazwischen liegt die Front. Im Flieger nach Kiew las ich in einem Bericht der Vereinten Nationen, dass an dieser Front seit April 2014 bereits 9400 Menschen ums Leben gekommen und etwa 21500 verletzt worden seien.[6]

Am Zugfenster sieht man die Vororte der ukrainischen Hauptstadt vorbeiziehen. Der majestätische Dnjepr umströmt seine Flussinseln. Golden funkeln die Kirchtürme im terrassenförmigen Grün des Hochufers. Hochhauskomplexe wie Gebirge, Wald, Ortschaften. Es ist wie eine Zeitreise. Man schaut im Vorbeifahren auf Dörfer wie aus einer vergangenen Epoche. Neu sind Graffiti, die aber weniger werden, je mehr man sich von der Dnjepr-Metropole entfernt. Immer wieder geraten noch im Bau befindliche, neu errichtete oder soeben sanierte orthodoxe Kirchen mit goldenen Kuppeln in den Blick, Zwiebeltürme, blaue Dächer. Draußen kehrt eine Frau mit dem Holzbesen, auf den Monitoren im Zug wirbt man für automatische Staubsauger.

Surrend öffnet sich die automatische Tür, Servicepersonal schiebt einen Wagen mit Kaffee und Tee, Cola und Wasser, Sandwiches und Süßigkeiten herein. Sanft puffend schließt die Tür wieder. Einige wenden die Köpfe von den Smartphones und Tablets, die mit dem kostenlosen WLAN der Bahn verbunden sind. Was sie kaufen, können sie auch mit ihrer Kreditkarte bezahlen. Durch das Fenster sehe ich, dass wir einen weiteren noch manuell betriebenen Bahnübergang passieren, und verwitterte Häuser entlang einer kopfsteingepflasterten Straße. Wäre da nicht die Satellitenschüssel an einem der Gebäude, könnte man hier einen Film drehen, der in den 1950er Jahren spielt.

Der Zug wirkt wie eine Lokomotive des Fortschritts. In dem dünn besiedelten Land scheint die Zeit still zu stehen. Es gibt nur Einsprengsel von Neuem. Neben einem Auto aus sowjetischen Zeiten steht ein Gebrauchtwagen mit deutscher Werbung aus den 1990er

Jahren. In den großen Städten allerdings sah ich etliche neue Limousinen und Vans. »Sie sind wichtiger als die Wohnung«, meint Tommy, dessen sarkastisch-lebenskluger Witz mir gefällt. »Es gibt Familien, da sind neue Reifen wichtiger als neue Schuhe für die Kinder.« Tommy kennt die Krisengebiete dieser Welt. Als wir uns verabredeten, saß er im Dauerregen Myanmars. Mit den Philippinen verhandelt er gerade, weil eine Hilfslieferung widerrechtlich verzollt und versteuert werden soll. Da keiner vor den Wahlen etwas entscheiden will, droht das Holz zum Häuserbau zu verfaulen.

»Meine Gesprächspartner in Kiew sagten mir«, lenke ich das Gespräch auf die Ukraine, »dass eine Justizreform überfällig sei. Könnte so etwas auch hier geschehen?«

»Bislang ging alles gut. Aber man weiß nie ... Jedes Gesetz wird durch folgende ergänzt. Das Gesetzeswerk ist wie ein vielfach leck geschlagenes und notdürftig repariertes Boot. Eine Kollegin sagte mir, es wäre besser, alles neu zu schreiben. Momentan werden mehr Rechtsanwälte als Ingenieure ausgebildet.«

Wir tauschen unsere Erfahrungen auf Reisen aus. Ich berichte Tommy von Transnistrien, das sich von Moldawien abspaltete, er mir von Südossetien, wo er in bestimmte Gebiete nicht durfte. »Da kamen nicht mal Baptisten hin – und die kommen nun fast überall hin.« Beide Gebiete entstanden an Bruchlinien europäischer Grenzregionen und könnten ohne russische Unterstützung nicht existieren; beide gehören zu Pufferzonen Russlands, sind Enklaven, die die Hoffnung auf die Wiedergeburt eines russischen Imperiums nähren.

Beide waren wir in der Südosttürkei – ich schrieb über die Region, er kümmerte sich um die Flüchtlinge. »Sie müssen dort eine Weile leben. Deshalb probierten wir ein System aus, nach dem sie nicht einfach rationiert Lebensmittel und Sanitärartikel bekommen, was in Katastrophengebieten unerlässlich ist, sondern selbst einkaufen können, anfangs einmal, nun zweimal im Monat. Das gibt ihnen mehr Selbstwertgefühl.«

Draußen ziehen großflächige Felder vorbei, auf denen noch mit der Sense gemäht wird, und Gehöfte mit wenigen Kühen, dann kilometerweit Kiefern- und Birkenwälder, die übergehen in eine Steppe mit wenigen Bäumen.

»Mensch, ist das Land dünn besiedelt!«, staune ich.

»Hier hat sich einer aus dem deutschen Zweig meiner Familie nach der Kriegsgefangenschaft durchgeschlagen«, sagt Tommy, »bis Odessa und dann mit einem Schiff weiter. Eine russische Krankenschwester hat sich in ihn verliebt und irgendwie die Entlassungspapiere beschafft.«

»Hat er sie wiedergesehen?«

»Nein. Aber ab und zu hat er vom Krieg erzählt. Von den Gräueln auf beiden Seiten.«

»Was konkret?«

»So wurde etwa ein Gefangener nicht erschossen, sondern einer schlug ihm mit dem Hammer eine Patrone in den Schädel.«

In Bulgakows *Weißer Garde* las ich: »Wird jemand je für das Blut bezahlen? Nein. Niemand. Nur der Schnee wird tauen, ein grünes ukrainisches Gras wird sprießen, die Erde umflechten … und prächtiges Korn wird aufgehen … die Schwüle wird über dem Ackerland zittern, und es bleibt vom Blut keine Spur zurück. Das Blut ist wohlfeil auf den güldenen Feldern, wer sollte es kaufen, wer kauft es frei? Keiner.«[7]

Tommys Leben ist ein globales: Sein Vater ist Franzose mit algerischen Wurzeln, seine Mutter Deutsche. Aufgewachsen ist er in Dänemark. Rund dreihundert Tage im Jahr ist er in den Krisengebieten der Welt unterwegs. Zu Hause ist er an der kroatischen Küste, unweit des reizvollen Neretva-Deltas. »Im Urlaub fahre ich nie weg, sondern bin dort.«

Vor dem Zugfenster wechseln sich Tannenwälder in langem Nadelkleid mit Kiefern ab, die Stamm zeigen. Altersschwache Dörfer kommen ins Bild, rostige Züge, nur noch notdürftig betriebene Anlagen. Wer von den mit Latten umzäunten Katen in die Schluchten der großen Städte zieht, absolviert eine Zeitreise, macht einen Jahrhundertschritt. Manche werden Heimweh nach der Vergangenheit haben, in die sie mit einem Zugticket zurückkreisen können.

Milan, einer der Hauptorganisatoren der Hilfstransporte vor Ort, dreht sich um und meint, dass wir uns der Front nähern. Tommy sucht vor unserer Ankunft nach neuen Nachrichten über die Gefahren in dem Krisengebiet, auf das wir uns zubewegen, und nach Empfehlungen. Er ist einer der wenigen, die Zugang zu einem Internetforum von Experten haben.

Der Zug fährt in Slowjansk ein. Am Bahnhofsgebäude prangt die Jahreszahl 1952, da wurde es eingeweiht, und 2014, da wurde es nach schweren Kämpfen wieder aufgebaut. Einige Gestänge auf einer Hügelkette in blauer Ferne sollen Überreste des Fernsehturms sein, der bei den Gefechten zerstört wurde. Auf den Zugmonitoren laufen Spots mit Muskelkerlen, die auf Motorbikes über schmale Brückenbögen rasen, hoch und hinunter, unter ihnen der klaffende Abgrund. Ein Fehler bedeutet unweigerlich Absturz. Draußen sieht man nun mehr Büsche als Bäume, Seen, Flüsschen, Feuchtgebiete. Der letzte Halt wird angesagt: Kostjantynowka.

Selbst nach mehreren Stunden Fahrt wirkt die Landschaft nicht langweilig, eher wie die Komposition eines minimalistischen Meisters. Es gibt nur wenige Elemente: Wald, Hügel, Wiesen, Felder. Immer, wenn es eintönig zu werden droht, strukturieren ein See, ein Dorf, ein Flüsschen die Landschaft. Ich begreife, warum nicht alle die Wurzel des Landesnamen Ukraine auf die Bedeutung Grenzland zurückführen wollen, sondern eher auf die Schönheit der Landschaft. Wer aus dem Osten kam, etwa aus der Hungersteppe, atmete hier auf. Hier konnte er nicht verhungern oder verdursten. Für Oksana Sabuschko, eine der bekanntesten ukrainischen Intellektuellen, schlug sich gerade deshalb der Holodomor – die staatlich zumindest geduldete Hungersnot von 1932/33 mit Millionen Toten – »umfassender als der Zweite Weltkrieg als wahrhaft ontologisches Trauma im ukrainischen Bewusstsein« nieder, da er eine der »ältesten Agrarkulturen« traf, die »auf einem der fettesten und größten Schwarzerdegebiete der Welt siedelt (hier befindet sich über ein Viertel der Schwarzerdeböden weltweit) und bis ins 20. Jahrhundert keine Hungersnöte kannte«.[8]

Im staubigen Bahnhof von Kostjantynowka warten Taxifahrer auf Reisende, die nach Donezk wollen. Es ist der erste Hinweis auf Verbindungslinien zwischen den Fronten. Zeichen der Normalisierung? Womöglich der Anfang vom Ende des Krieges? Was gibt es im Internetforum?

»In den letzten Wochen nahmen die Zwischenfälle wieder zu«, meint Tommy. »Ein Beschuss da, ein anderer dort.«

Die übliche Kommunikation eines Stellungskrieges. Es sprechen, wie es heißt, die Waffen.

Gleich neben dem Bahnhof steht eine neu erbaute Kirche. Sie hebt sich ab von den grauen Häusern der Umgebung. Auf neue Kirchen trifft man in diesem Land erstaunlicherweise überall. Sie wirken wie aus Fertigteilen zusammengesetzt, so sehr ähneln sie sich: die Wände makellos graffitifrei, die Kuppeln golden glänzend, das Ganze umgeben von einem schmiedeeisernen Zaun. Wie ist das möglich?

»Diejenigen, die sich Millionen genommen haben«, meint Tommy sarkastisch, »geben dann eine für den Kirchenbau. Es ist für ihr Seelenheil, und danach machen sie weiter wie zuvor, immer nach dem Motto: Moral ist gut, Doppelmoral ist doppelt gut.«

Ein Fahrer erwartet uns. Begrüßung. Gepäckverstauung.

Milan hat seine Kindheit in der Stadt verbracht. Seine Großmutter wohne noch hier, sagt er und deutet mit der Hand auf ein Gebäude: Das sei seine Schule gewesen.

»Was machen deine Schulfreunde? Sind sie im Krieg?«

»Weiß nicht. Ich lebe ja in Kiew.«

Dann wechselt er das Thema, bespricht lieber Organisatorisches.

Wir fahren so schnell über eine holprige Straße, dass mir ganz flau im Magen wird. Ab und zu weist jemand auf eine zerbombte Ecke hin, die notdürftig repariert ist. Viele Fabriken stehen still, nur wenige Schornsteine rauchen, dabei wirken die Anlagen auf den ersten Blick nicht oder kaum beschädigt. Das habe ich in Kroatien und Bosnien anders gesehen.

Nicht nach anderthalb, sondern bereits nach einer Stunde erreichen wir Sewerodonezk. Das Zentrum mit seinen rechtwinkligen Straßen hat wenig von einer europäischen Stadt und mehr von einem römischen Feldlager – ein Lager aus Betonplatten. Das Ganze scheint eher für Aufmärsche konzipiert. Straßencafés passen nicht hierher, Zählappelle schon.

»Keine Sorge, wenn nachts Kanonenschüsse in der Ferne zu hören sind«, beruhigt Milan an der Hotelrezeption des »Zentralnaja«, »bis hierher gelangen die Granaten nicht.«

Bei einem Wodka blicke ich auf den tristen Hauptplatz und lasse die bisher in der Ukraine verbrachten Tage Revue passieren. Ich hatte erwartet, auf der Fahrt nach Sewerodonezk mehr Kriegsschäden zu sehen und in Kiew kaum etwas vom Krieg im Osten zu bemerken. Das Gegenteil ist der Fall: Hier, in der Nähe der Frontlinie, sieht man auf den ersten Blick nichts, dagegen gibt es in der Hauptstadt keinen Ort für Touristen, an dem nicht auf den Konflikt mit Russland hingewiesen wird. Auf dem Weg vom Bessarabischen Markt über den Krestschatik, den zentralen Boulevard von Kiew, und den Maidan zum Hotel »Dnipro« am Europaplatz stieß ich überall auf Bilder der Toten des Euro-Maidans, die als Helden verehrt und als »Himmlische Hundertschaft« gepriesen werden. Unterwegs fragte mich eine Frau zwischen vierzig und fünfzig nach der Uhrzeit, versuchte, mich in ein Gespräch zu verwickeln. »Ich habe zwei Kinder zu Hause – hungrig. Nach der Revolution ist meine Mutter gestorben ...« Wenig später ein ähnlicher Versuch. Verwandelt sich der Maidan vom Helden- zum Bettlerplatz? Führte die »Himmlische Hundertschaft« in die Hölle der Armut?

In Kiew ist der Krieg nicht nur um den Maidan Nesaleschnosti, den Unabhängigkeitsplatz, gegenwärtig, sondern überall in der Stadt. Die Zahl derer, die ihre Habseligkeiten oder Blumen, Obst und Gemüse aus dem Garten anbieten, nimmt zu. Es wird für die Armee geworben und gesammelt, Plakate erinnern an das Schicksal der Krimtataren, Denkmäler aus sowjetischer Zeit sind gelb-blau übermalt, der einstmals rote Stern leuchtet ebenfalls in den Nationalfarben, im Osten erbeutete russische Waffen werden als Beweise der Invasion ausgestellt. Ähnliches sah ich auch in Charkiw, der reizvollen, aber nahezu unbekannten Stadt der russisch-ukrainischen Moderne.

Von den Dnjepr-Höhen aus scheint es, als entsteige Kiew einem Meer aus Kastanien- und anderen Laubbäumen. Wie in den wenigen großen Städten am Meer, in Barcelona zum Beispiel, findet man Sandstrände nahe am Zentrum. Kiew ist Kultur- wie Landschaftsereignis, keine Stadt mit Parks, sondern eine Metropole in einer Wald-, Park- und Stromlandschaft.

Wer auf den Dnjepr-Höhen entlanggeht, wird an die extreme Gewalt erinnert, die der Region widerfuhr. Da sind das zerstörte

Denkmal und die geschändeten Gräber der während der Oktober-revolution Gefallenen, die Denkmäler derer, die 1918 den kurzlebigen ersten ukrainischen Staat erkämpften, Erinnerungsorte an den Holodomor, der als Gründungsmythos der heutigen Ukraine gilt, ferner ein Mahnmal für die zwischen 1979 und 1989 in Afghanistan gefallenen Soldaten sowie die Mutter Heimat mit Museumskomplex zur Erinnerung an den Kampf der Sowjetunion gegen das national-sozialistische Deutschland. Nach 1945 erwuchs daraus der Mythos bleibender Brüderschaft zwischen Russland und der Ukraine, der nun wohl zerbrach. Vor und auf der Anlage stehen erbeutete russi-sche Waffen. In der Stadt selbst gibt es weitere Gedenkstätten, etwa an die mehr als 100 000 vom sowjetischen Geheimdienst Ermorde-ten und im Bykiwnja-Wald am Stadtrand Verscharrten oder an die rund 33 000 Juden, die von mobilen SS-Truppen in der Schlucht von Babi Jar erschossen wurden.

In Sewerodonezk notiere ich: »Alle Rebellionen der letzten Jahre, vom Arabischen Frühling bis zum Euro-Maidan, konnten bestenfalls autoritäre Herrscher entmachten, aber sie konnten bislang in keine erfreuliche Zukunft führen. Politische Aufbrüche enden mit wirt-schaftlichen Abbrüchen. Krisen tendieren oft nicht zur Demokratie, sondern zur Diktatur. Die Sehnsucht nach dem starken Mann wächst aus der Ratlosigkeit der Massen. Die Umbrüche, die demokratische Revolutionen sein wollten, fraßen und fressen ihre Kinder. Da die Revolten keine Lösung brachten, wählen viele das Weggehen.«

Mit düsteren Gedanken gehe ich zu Bett. Immerhin: In dieser Nacht dringt kein Granatgrollen an mein Ohr.

Am nächsten Morgen brechen wir mit einem Kleintransporter und zwei Pkws in Richtung Frontlinie auf. Es geht vorbei an Abraumber-gen. Die Industrie wirkt veraltet, die Gegend ärmlich, aber nicht wie eine, in der noch vor zwei Jahren ein Krieg tobte. Warum wohl?

»Viele Fabriken wurden nicht zerstört, weil man sie übernehmen wollte.«

Später, beim Kraftwerk von Schastje, sehen wir sogar rauchende Schlote. Es gehört Rinat Achmetow, dem reichsten Mann der Region, wenn nicht gar der ganzen Ukraine. Der zwielichtige Milliardär soll zu beiden Konfliktparteien Beziehungen unterhalten. Er schickt Hilfslieferungen in den Donbass und bekommt Kohle von dort.

Zunächst passieren wir Bachmut, das ich auf meiner Ukraine-Karte nicht finde. Artemiwsk hieß es bis Februar 2016, erklärt man mir, benannt nach Artjom, dem 1921 tödlich verunglückten Mitstreiter Lenins. Wir fahren auf der Lumumbastraße.

»Die Straßen werden nun umbenannt«, erklärt Milan. »Die Lumumbastraße soll im Kampf gegen den Kommunismus auch anders heißen.«

»Damit«, entgegne ich, »übernimmt die Ukraine ein Zerrbild, das in der einschlägigen Literatur längst widerlegt ist.«

»Wer war denn Lumumba?«

»Der erste Ministerpräsident des unabhängigen Kongo. Er stritt stets ab, Kommunist zu sein. Anfang der 1960er Jahre, wohl 1961, wurde er bestialisch ermordet. In vielen Regionen Afrikas ist er bis heute ein Held.«

Dieses Umbenennen erfolgt in einer Zeit, in der die Ukraine sich als ehemalige Kolonie begreift, die sich weiter emanzipieren muss. So schrieb Oksana Sabuschko: »Die Ukraine insgesamt bezeichnet sich heute als postkolonial. Die ukrainische Kultur an sich und in ihrer Gender-Struktur bleibt freilich weiterhin eine Kolonialkultur.«[9]

Es folgen kurz nacheinander vier Kontrollpunkte, an denen schwer bewaffnete Soldaten kontrollieren. Das martialische Äußere korrespondiert nicht mit ihrem Verhalten. Die Pässe werden nur lax begutachtet, nicht einmal die Fotos mit unseren Gesichtern verglichen. Einmal muss ein Kofferraum geöffnet werden, aber eine wie ein Waffensack aussehende Tasche darf geschlossen bleiben.

»Sonst muss ich die immer aufmachen«, wundert sich Tommy. Nicht der Posten, aber ich will wissen, was drin ist. »Meine Klamotten. Ich muss immer Sommer- und Wintersachen für zwei Wochen dabeihaben. Wenn sich eine Katastrophe ereignet wie das Erdbeben in Nepal, muss ich sofort losfliegen können. Dann kann es sein, dass ich einen solchen Hilfstransport unterbrechen und sofort weiter muss. Die ersten vierzehn Tage nach einer Katastrophe sind entscheidend.«

Verbrannte Wälder, Häuser mit Einschusslöchern ziehen vorbei. Der irreal wirkende Krieg wird auf einmal ganz real. Die Kontrollen werden schärfer, die Straße schlechter. Es geht nur noch langsam voran, einmal müssen wir sogar umkehren und einen anderen Weg suchen, da die Straße unpassierbar ist. Die Fahrbahnen sind lange nicht repariert worden und von Schlaglöchern zerklüftet, schwere Militärfahrzeuge haben ihre Zerstörungen hinterlassen, und es klaffen auch Bombentrichter. Vor und nach den zahlreichen Kontrollposten fahren wir wegen der Absperrungen und der vielen Straßenschäden dazwischen im Slalom.

Sengende Hitze liegt über der Landschaft, die Autos ziehen lange Staubwolken hinter sich her. Unsere Fahrzeuge sind über und über mit Schlamm bespritzt, da die Schlaglöcher und Granattrichter noch voll sind vom Regen am Vortag. Ein Rind und zwei Kühe saufen aus einem besonders großen Loch mitten auf der Fahrbahn. Sie reagieren nicht auf uns, sind es wohl gewohnt, dass Autos sie umfahren. Wir erreichen einen Kontrollposten mit schweren Barrieren und bunkerartigen Sicherheitsräumen. Hier wird scharf kontrolliert.

»Der heißt Stalingrad«, sagt Milan. »Weißt Du warum?«

»Bis dahin sind es doch noch drei- bis vierhundert Kilometer«, antworte ich ausweichend.

»Aber hier fällt wieder die Entscheidung.«

Wir fahren in Staniza Luhanska ein, das direkt an der Frontlinie liegt. In Flussnähe sei die Gefahr wegen der Heckenschützen besonders groß, wird gewarnt. Viele Fenster wurden von Granaten zerstört, in einige sind wieder Scheiben eingesetzt, andere mit durchsichtiger Plastikfolie zugeklebt. In der notdürftig in einem Postamt eingerichteten Stadtverwaltung – das eigentliche Gebäude befindet sich zu nah an der Front – hängt eine riesengroße Tafel aus den 1960er Jahren mit bildlichen Anweisungen, wie man sich bei einem Atomkrieg zu verhalten habe. Gerade in der Ukrainischen SSR waren viele Atomraketen stationiert. Sie wurden 1994 vernichtet unter der Bedingung, dass die Grenzen der Ukraine respektiert werden. Auch Russland hat das unterschrieben. Das Abkommen galt bis zur russischen Einmischung, die seit Februar 2014 changiert zwischen Invasion und Unterstützung von Separatisten. Nun wird sich kein Staat mehr von seinen Atomwaffen trennen. Das ist die bittere Lehre aus einem Regionalkonflikt, der allmählich gelöst, weiter bestehen, aber auch eskalieren kann. Es ist ein asymmetrischer Krieg neuer Art: Hier kämpfen nicht Freischärler gegen eine Großmacht, sondern Russland, größter Flächenstaat der Welt, übernimmt deren Methoden.

Soldaten, die vom Postendienst an der Front zurückgekehrt sind, telefonieren mit ihren Handys. Ein Jugendlicher hangelt an den überirdisch verlaufenden Gasleitungen. Eine alte Frau richtet zwischen einem zerschossenen Haus und einem wiederhergestellten einen kleinen Verkaufsstand mit Früchten und Gemüse aus ihrem Garten ein.

Wir erreichen den Platz, an dem die Hilfsgüter verteilt werden sollen. Aus Angst, dass es nicht für alle reicht, haben sich dort schon lange vor der Verteilung etliche Menschen eingefunden. Es sind nicht nur Arme, die schon immer arm waren, sondern auch viele, deren bürgerliches Leben der Krieg zerstörte. Als das Rote Kreuz einmal nicht genug liefern konnte, haben sie dort eine eisige Nacht und einen Vormittag lang gewartet. An diesem Tag werden die Lebensmittel und Sanitärartikel schnell und effizient direkt von der Ladefläche an die Wartenden verteilt.

Lydmila, eine Frau in mittleren Jahren, zeigt Fotos ihres zerbombten Hauses. Es ähnelt dem an der Straßenecke: ein fast quadratisches zweistöckiges Gebäude, umgeben von einer Ziegelsteinmauer mit schmiedeeisernen Schmuck- und Schutzelementen. Die Vermutung drängt sich auf, dass sich die Familie in den Jahren seit der Unabhängigkeit nur für das Haus und dessen Einrichtung abgerackert hat. Lydmila bestätigt das. Nun wollen sie alles wieder aufbauen, obwohl die Tochter, die sich zur Lehrerin ausbilden lässt, mittlerweile ausgezogen ist. Sie haben ein wenig Geld von einer amerikanischen Stiftung erhalten, und Lydmila versucht, weitere Geldgeber aufzutreiben.

»Ich will hierbleiben«, sagt sie. »Etliche geflohene Bekannte sind schließlich zurückgekehrt. Wer keine Verwandten oder sonstige Verbindungen hat, der kommt in anderen Regionen nicht zurecht. Die Großstädte verwirren mich. Auch andere von hier. Mit meinem Mann will ich schnell mit dem Wiederaufbau beginnen.«

Einer der Fahrer zeigt Bilder seiner Wohnung, in die eine Granate einschlug. Es stellt sich heraus, dass alle Helfer von Wostok SOS,

der ukrainischen Partnerorganisation der Diakonie Katastrophenhilfe, Vertriebene sind.

Forscher der Kiewer Mohyla-Akademie, die die Binnenmigration
seit 2014 beobachten, haben mir erzählt, dass viele Bewohner der um-
kämpften Gebiete bleiben wollen. Dennoch gibt es Hunderttausende
Binnenflüchtlinge infolge dieses Krieges, nach Angaben des UNHCR
sogar mehr als in Pakistan und im Kongo.

Ich wundere mich, dass so schnell und vor allem so nah an der
immer noch gefährlichen Grenze wieder aufgebaut wird.»In Bosnien
haben wir teilweise fünfhundert Meter von der Front entfernt die
Häuser wiederherstellen lassen«, sagt Tommy.»Manche sind auch
wieder zerstört worden. Aber: Wer eine Kelle in der Hand hat, bringt
seinen Nachbarn nicht um. Der tägliche Blick auf Zerstörungen
macht aggressiv.«

In Kiew hatte mir die ukrainische Autorin und Fotografin Yev-
genia Belorusets prophezeit, dass ich im Krisengebiet weniger über
Logik, Ursachen und Perspektiven des Krieges erfahren würde als
vom Frieden und der Sehnsucht nach Normalität.

Inzwischen hat sich Nikolai zu uns gesellt. In seinem Trainings-
anzug wirkt er ausgemergelt und müde. Er hat ein Kleinkind im
Arm. Einen Grund für den Krieg kann er ebenso wenig nennen wie
Lydmila. Vielleicht will er es auch nicht.

»Meine Eltern sind alt. Ich kann nicht weg.«

»Hört der Krieg bald auf?«

»Ich weiß es nicht, ich hoffe.«

Neben dem Mahnmal für den Krieg von 1941 bis 1945 ragt die
Ruine der zerbombten Schule auf. Ich sehe kein Denkmal, das
gelb-blau eingefärbt worden ist. Man hat hier andere Sorgen, als
Mahnmale anzupinseln.

Die Autos der Hilfsbedürftigen sind in einem jämmerlichen Zu-
stand. Bei einem ist die Elektronik notdürftig mit Pflaster an das
Lenkrad geklebt. Die ausgesetzten Hunde der Geflohenen streunen
herum. Einige zerstörte Bauernhäuser aus Lehm und Holz erinnern
an die im Zweiten Weltkrieg ruinierten. Die Granaten haben Löcher
in Dächer und Wände gerissen und Dellen in die eisernen, meist
grünen Tore geschlagen.

Mit einer Mitarbeiterin der Stadtverwaltung tuckert unser Tross langsam dorthin, wo die Alten leben – allein, als Ehepaar, in einer Wohngemeinschaft, im Mehrgenerationenhaus. Bis auf einen Mann mit extrem sehnigen Armen, der mit freiem Oberkörper vor uns tritt, sind es alte Frauen. Der Alte trägt eine silberne Kette mit Kreuz um den Hals, in den Zimmern der Frauen hängen Ikonen an den Wänden. Die alten Frauen sehen, was sie bereits als junge Mädchen sahen: ein zerschossenes, zerbombtes Dorf. Die Sowjetunion bescherte ihnen die längste Friedenszeit, die Kolchose bot ihnen eine Heimat. Überall in den Dörfern und Kleinstädten der Nachfolgestaaten habe ich diese Frauen getroffen, oft mit bäuerlichem Kopftuch. Früher sei es besser gewesen, aber heute gehe es auch, erklären die meisten, immerhin sei kein Krieg. Im Osten der Ukraine ist das nun anders.

Eine der Frauen erzählt, dass sie als Jugendliche den Vernichtungskrieg der Wehrmacht und der SS erlebte, dann 1986 den Reaktorunfall von Tschernobyl. Sie musste damals Dorf und Haus verlassen und kam hierher. Nun lebt sie wieder in einem kriegsversehrten Ort. Eine betet darum, bald zu den Engeln zu kommen. Eine andere liegt wie totenstarr, dann bewegt sie den Kopf und spuckt Speichel neben sich. Wahrscheinlich liegt sie im Sterben. Wieder eine hofft, noch ein bisschen durchzuhalten, um Kinder und Enkel mit ihrer kärglichen Rente und den Hilfsgütern unterstützen zu können. Viele verdienen sich mit dem Ertrag des Gartens etwas hinzu. Arbeit gibt es kaum. In dem Mehrgenerationenhaus riecht es streng nach Alter – der Menschen, der Sachen, der Wände. Alles ist rissig, bröcklig, morsch, modrig.

Wir fahren zum Grenzübergang an der behelfsmäßig reparierten Brücke. Dort sollen viele Menschen sein. Der Kontrollpunkt liegt neben zerbombten Häusern und einer zerstörten Tankstelle mit grotesk zerschossener Preistafel. In einem Zelt ist eine provisorische Kirche eingerichtet. Ein Denkmal für die Gefallenen des Zweiten Weltkriegs leuchtet wohl deshalb in ukrainisch gelb-blauer Bemalung, weil es von der anderen Seite der Front zu sehen ist. Die Waffen ruhen, die Waren werden bewegt, es herrscht reger Verkehr.

Eine Frau aus dem russisch besetzten Gebiet zieht einen Wagen mit fünf Steigen Erdbeeren hinter sich her. Ein Mann aus der ukrainischen Pufferzone schiebt einen mit dreizehn Kisten Obst und Gemüse beladenen in die andere Richtung – ein Sisyphos mit gestreckten Armen, gebeugtem Rücken und angestrengt arbeitenden Beinen. Eine Frau, die wir ansprechen, ist mit fünf großen Steigen Tomaten unterwegs. Sie behauptet, das Gemüse sei für den Eigenbedarf, sie treibe keinen Handel. Die Frau mit den Erdbeeren kommt zurück. Eine Steige ist sie anscheinend nicht losgeworden, dafür hat sie nun vier Steigen Tomaten und Gurken im Wagen. Milan und Shenya sagen, dass die Menschen Preisunterschiede nutzen, um etwas Geld zu verdienen. Die Angebote differieren hier sehr stark. Einige Alte passieren ohne Gepäck den Kontrollposten, über dem gleich zwei ukrainische Flaggen im Wind flattern und knattern. Diese Grenzgänger holen sich die Rente ab, besuchen Verwandte. Einige Männer in Jeans und Trainingsjacke stehen herum, rauchen und palavern. Oder planen sie etwas? Handeln sie einen Deal aus?

Am nächsten Tag macht sich der Tross zu einem Pflegeheim für psychisch Kranke auf, das in der ländlichen Pufferzone bei Bachmut liegt. Am Kontrollposten das übliche Ritual: Anhalten, ein Soldat mit Sturmgewehr winkt, wir fahren langsam im Slalom um die rechts und links aufgestellten Panzersperren, halten wieder einmal neben dem Wachhabenden, die Pässe werden hinausgereicht. Am Tag zuvor haben wir das an die zwanzig Mal hinter uns gebracht. Es waren immer kurze Zwischenstopps. Heute ist das anders. Ein weiterer Grenzer kommt aus dem Häuschen und sichert ab. Die Männer in den militärgrünen T-Shirts sind braun gebrannt, der eine trägt eine dunkle, verspiegelte Sonnenbrille, der andere eine Schutzweste. Neben dem großkalibrigen Sturmgewehr sehe ich Pistolen im Gürtelholster. Man prüft die Pässe, erkundigt sich nach unserem Vorhaben. Mittlerweile ist ein dritter Mann herausgetreten. Man will einen weiteren Bescheid, ohne den kämen wir nicht weiter. Aber letzte Woche … Heute neuer Befehl … Man könne sonst nicht … Befehl ist Befehl. Milan und Shenya sind ausgestiegen, zeigen auf die Waren im Laster hinter uns. Man wolle ja, aber … Befehl ist Befehl … Man müsse eine Lösung finden.

Tommy und ich beobachten die Gesten von vermeintlicher Exaktheit und realer Macht. Milan und Shenya loben die wichtige Arbeit am Kontrollpunkt, man müsse, werde doch eine Lösung finden.

»Hoffentlich dauert es nicht drei Stunden wie mal in Bosnien«, meint Tommy.

»Dort war es ja meist so, dass man passieren durfte, wenn man ins Gespräch kam. Ist das auch hier so?«

»Das ist überall so. Denen ist auch langweilig.«

Es ist der Orientalismus des Militärs. Wie ein Basarhändler Freude am Feilschen hat, haben die Posten Freude an dem Gefühl der Macht, da sie ansonsten nur zu gehorchen haben in ihrem eintönigen Alltag, der tödlich enden kann. Gerade Kontrollposten sind ein beliebtes Ziel. Der ukrainische Grenzübergang, den wir gestern passierten, sei heute mit Panzerfäusten angegriffen worden, hatte mir Tommy beim Frühstück erzählt. Es habe Verletzte gegeben.

Milan kommt zu uns, fragt nach der Telefonnummer von der Leiterin des Pflegeheims.

Wir warten, trinken Wasser, schauen in die Landschaft, reden mit den Posten. Bilder von Kindern, Frauen, Freundinnen, Hunden werden auf den Smartphones gezeigt. Ohne den Kontrollposten würde es wie eine friedliche Gegend mit Feldern und Dörfern wirken – bis wilde Hunde herantrotten.

Streunende Hunde zeigen Um- und Ausbrüche an. Man trifft auf sie in Krisengebieten oder in Landstrichen, die im Abstieg begriffen sind und aus denen viele wegziehen. Streunende Hunde sieht man im Kosovo oder im rumänischen Sulina, auf dem Lykavittos, dem Stadtberg Athens, oder in Sofia. In einem seiner Bücher beschreibt Aleksandar Tišma, wie die Vierbeiner in seiner Heimatstadt Novi Sad jaulend und bellend ihren in Viehwaggons zusammengepferchten Herrchen und Frauchen hinterher jagten, bis der Transport in die Vernichtungslager ihnen enteilt und nur noch als rauchender Punkt in der Pannonischen Tiefebene wahrzunehmen war. Und Milan Kundera erzählt von der Jagd nach den ausgesetzten Hunden jener, die nach der Niederschlagung des Prager Frühlings die Tschechoslowakei und den Ostblock verließen. Durch die Zentren traben die Vierbeiner mit trauriger Gelassenheit, liegen in dunklen Ecken und schnüffeln hier und da, an den Rändern hingegen sammeln sie sich zu jagenden Meuten. Verwildert können sie einen das Fürchten lehren.

Die weiß getürmten Wolken wirken mit ihrer dunklen Unterseite wie vom flachen Land aufgestiegen, als hätten sie die Schwerkraft der Erde überwunden, um nun, der Ewigkeit der bäuerlichen Kreisläufe entkommen, vom Wind aus der Steppe in andere Gegenden getrieben zu werden, gleich den jungen Leuten in den Dörfern, die es in die großen Städte zieht. Viele von ihnen träumen von einem Leben hinter der Grenze, weit im Westen, wo es freier ist. Europa, ach Europa! Viele Wolken werden dieses gelobte Land früher erreichen als die jungen Männer und Frauen mit den sehnsüchtigen Blicken.

Ein alter Lada tuckert zum Kontrollposten. Kaum hat er angehalten, öffnet sich die Beifahrertür. Eine Mittfünfzigerin steigt aus. Ihre Erscheinung steht im Widerspruch zum abgenutzten Auto. Man sieht sofort: Das ist jemand, der gewohnt ist, Entscheidungen zu treffen. Bald können wir mit der Direktorin der Anstalt zum Klinikum weiterfahren.

Etliche Patienten drängeln sich um den Wagen, lachen und scherzen. Einige müssen zurückgehalten werden, bis der Laster seine Position erreicht hat. Dann können sie endlich ausladen. Jeder möchte viele und große Hilfsgüter in den Lagerraum schaffen, und so fällt im Eifer einiges herunter. Allmählich werden Rangordnungen erkennbar, es bildet sich eine Reihe. Alle eint die Freude, etwas tun zu können. Immer mehr Patienten kommen aus dem Haus, einige sind unschlüssig. Ein Mann mit Down-Syndrom, der anfangs nur zuschaut, zieht seine Jacke aus, hängt sie ordentlich auf und packt an. Einer gebärdet sich als »Chef« der Kranken, ein anderer stimmt ihm laut lachend in allem zu, setzt die Anweisungen seines »Chefs« durch, nimmt sich mit zunehmender Dauer aber das Recht heraus, selber Befehle zu erteilen. Er fordert Herumstehende zum Anpacken auf. Die machen meist freudig mit, nur einer weigert sich, zieht sich ins Gebäude zurück und beobachtet mit größerem Abstand das Entladen – ein Spiegelbild normaler Gruppendynamik.

Etwa sechzig der 345 Patienten, so erfahren wir im Gespräch mit der Klinikleitung, kommen aus den russisch besetzten Gebieten. Sie vermissen vertraute Orte und Menschen, daher nehmen Stress und Krankheiten zu. Immer wieder würden sie fragen, wann sie denn heimfahren. Die Assistentin der Direktorin ist aus Donezk geflohen.

Sie will nach Kriegsende nicht mehr zurück. Kriegsmüdigkeit liegt in den Augen und Gesten vieler Menschen, denen ich während meiner Reise begegne. Die Soldaten machen derbe Scherze, wenn sie von der Front zurückkehren. Freude sehe ich nur in den Gesichtern der Irren. Während der wenigen Tage meiner Reise durch die Ostukraine starben nach unterschiedlichen Berichten mindestens vier ukrainische Kämpfer und eine Zivilistin, darüber hinaus gab es etliche Verletzte. Über die Toten auf der russischen Seite können keine Angaben gemacht werden.

Es waren ganz normale Tage, seitdem die Front zum Stillstand gekommen ist.

Im Osten nichts Neues.

WIE LANG WAR DER WEG
ZUM EINWANDERUNGSLAND?

*Flüchtlinge in Menge, besonders wenn sie kein Geld haben, stellen
ohne Zweifel die Länder, in denen sie Zuflucht suchen, vor heikle
materielle, soziale und moralische Probleme. Deshalb beschäftigen sich
internationale Verhandlungen, einberufen, um die Frage zu erörtern:
»Wie schützt man die Flüchtlinge?« vor allem mit der Frage:
»Wie schützen wir uns vor ihnen?«*

ALFRED POLGAR, 1938

Olaf de Bodt lernte ich auf einer Party an der Elbe kennen. Es war
während der Hundstage, die früher als üblich begonnen hatten. Die
Hitze ließ kaum nach. Der Fluss war schmaler als sonst, größere
Schiffe konnten nicht mehr fahren. Aber das fließende Nass zog die
Menschen nach wie vor an die Ufer. Die Gaststätten waren überfüllt,
obwohl der freigelegte morastige Flussuntergrund penetrant stank.

Meine Gastgeberin hatte Olaf de Bodt gefragt, ob er mich vom
Bahnhof abholen könne. Er trug einen geflochtenen Sommerhut und
überragte mich mindestens um einen Kopf. Bevor er zum Bahnhof
kam, hatte er Lebensmittel und Getränke in einem der riesigen Super-
märkte am zersiedelten Rand der nächsten großen Stadt eingekauft
und erzählte mir während der Fahrt in seinem schnittigen Auto, dass
es Schwierigkeiten geben könnte, die Polizeiautos hätten die Fluss-
straße gesperrt. Warnleuchten blinkten, Beamte beugten sich zu
den Autofenstern hinab, sprachen mit den Fahrern. Viele wendeten
daraufhin ihre Fahrzeuge. Wir konnten so kurz vor dem Ziel nicht
mehr ausweichen und mussten warten. Was geborgen wurde, sagten
die Beamten nicht.

Es war die alte, aber immer wieder im wahrsten Sinne des Wortes auftauchende Geschichte: Im Flussschlamm hatten Spazier-
gänger einen verdächtigen Gegenstand entdeckt. Spezialisten entschieden sich für eine gezielte Sprengung der Bombe, Jahrzehnte,
nachdem sie abgeworfen worden war. Wahrscheinlich war der Pilot
längst tot.

»Da war es!« sagt de Bodt, nachdem wir die Fahrt endlich fortgesetzt hatten, und weist mit dem Finger dorthin, wo die Sprengung stattgefunden hatte. Nichts deutete mehr darauf hin, nahezu still floss die Elbe unter der Hitzeglocke dahin. »Für den Zweiten Weltkrieg interessiere ich mich«, sagt er noch, »meine Geburtsstadt ist total zerbombt worden. Bis auf wenige Häuser gibt es nichts mehr von früher.« Kurz darauf biegen wir ab zu einem Sommerhaus mit Flussblick.

Beim Gespräch am Abend wundere ich mich über Olaf de Bodts Bemerkungen und Fragen. Wenn ich von Jordanien erzähle, berichtet er über Schicksale von dort. Wenn ich Erlebnisse aus der Ostukraine schildere, erwähnt er Flüchtlinge von dort, obwohl er nie in dem Land gewesen ist. Aber er kennt die, die von dort kamen, und die berichten ihm von ihrer Welt.

Ähnliches höre und erlebe ich immer wieder. Eine pensionierte Deutschlehrerin, die nach dem Tod ihres Mannes keine großen Reisen mehr unternimmt, unterrichtet eine afghanische Frau, eine Rumänin, einen Mann von den Malediven und zwei syrische Schüler. Die Welt, sagt sie, komme mit ihren vielfältigen Problemen zu ihr nach Hause. Sie sorgt sich um die Enkel, sieht aber auch – da ihr Mann vor seinem Tod die Familiendokumente ordnete –, welche Feuerstürme die Familie nach 1945 überstanden hat. Der Bezug auf den Zweiten Weltkrieg und dessen Folgen ist ein wiederkehrendes Motiv bei der Auseinandersetzung mit den Geschichten der Ankommenden.

Was aber macht Olaf de Bodt?

»Ich arbeite nicht mehr ... Nee, Rentner bin ich nicht. Oder seh' ich schon so alt aus? ... Wenn du mit einem gebrochenen Bein im Café sitzt, dann bist du krank. Wenn ich das mache, heißt es aber, der macht blau.«

Schließlich sagt er, dass er lange in einer Ausländerbehörde gearbeitet habe.

Was geht in denen vor, die entscheiden müssen, wer bleiben darf und wer gehen muss, wer eingebürgert und geduldet oder wer abgeschoben wird? Wie verändert sich das Leben in einer aufgewühlten Öffentlichkeit? Wann schlägt die wachsende Quantität der Fremden in eine neue Qualität der Gesellschaft um?

Flüchten ist der Versuch, einen Ort zu erreichen, an dem man nicht unmittelbar bedroht ist. Daher kann Flucht vieles bedeuten: Migration im eigenen Land, wie nach dem Ausbruch des Krieges in der Ostukraine, oder Auswanderung in sichere Nachbarländer, wie sie rund um den Globus zu beobachten ist, vor allem im Süden. Aber sie kann auch bedeuten, auf einem anderen Kontinent ein neues Leben zu beginnen. Die Auswirkungen von Flucht und Vertreibung aus den Ländern des brennenden Halbmonds rund um Europa sind inzwischen auf den Straßen und Plätzen Europas allgegenwärtig. Bis in die zweite Hälfte des 20. Jahrhunderts waren nicht Nationalstaaten das wichtigste Teilstück der politischen Ordnung, sondern Imperien mit vielen Völkern. Als die riesigen Kolonialreiche der Staaten Westeuropas zerfielen – auch das eine Folge der Selbstzerstörung Europas –, bildeten sich weltweit neue Staaten mit zuweilen bis heute umstrittenen Grenzen, starken inneren Spannungen und nicht selten großer ökonomischer Schwäche. Bürgerkriege, Menschenrechtsverletzungen, Gebietskonflikte verstärken sich gegenseitig, tragen zur Destabilisierung bei und erschweren den Aufbau von festen politischen Ordnungen. Immer mehr Menschen kehren ihrer Heimat den Rücken, suchen eine Zuflucht.

Krähenrufgruseliger Bodennebel hängt zwischen den Bäumen am Fluss, als ich vor dem Einschlafen eingegangene Mails und Nachrichten lese. Das Niedrigwasser der Elbe legte Hungersteine frei. Inschriften, die sich gewöhnlich unter Wasser befinden, tauchen aus der Vergangenheit auf: »Wenn du mich liest, dann weine!« Manche stammen noch aus der Zeit des Dreißigjährigen Krieges. Damals wurde vor einer drohenden Hungersnot infolge einer schlechten Ernte gewarnt, oder man hoffte, dass die Transportschiffe wenigstens mit geringerer Ladung ihre Fahrt fortsetzen könnten. In jener Zeit, die in diesem heißen Sommer im wahren Sinne des Wortes wieder auftauchte, waren die Vorfahren Olaf de Bodts als geächtete Hugenotten auf der Flucht – zuweilen wirft die Geschichte Schatten über die Jahrhunderte hinweg. Der Dürre hierzulande wird keine Hungersnot folgen. Der neue Dreißigjährige Krieg findet woanders statt – im Nahen Osten, in Afrika oder »hinten, weit, in der Türkei ...«.

Nichts Bessers weiß ich mir an Sonn- und Feiertagen
Als ein Gespräch von Krieg und Kriegsgeschrei,
Wenn hinten, weit, in der Türkei,
Die Völker aufeinander schlagen.
Man steht am Fenster, trinkt sein Gläschen aus
Und sieht den Fluss hinab die bunten Schiffe gleiten;
Dann kehrt man abends froh nach Haus
Und segnet Fried und Friedenszeiten.

Die spießig-rührselige Gelassenheit, die Lust am Schrecken der Bürger in der Szene »Vor dem Tor« aus dem ersten Teil von Goethes *Faust* ist dahin, verweht. Der Krieg »hinten, weit«, taucht allmählich in unseren Straßen auf und löst Gereiztheiten aus. Es ist ein neuartiger Krieg, dieser Krieg gegen den Terror und der Terror als Krieg.

Es ist der Sommer, bevor die Jugend protestierte – nicht Studenten, wie so oft, sondern Schüler. Fridays for Future. Beim Frühstück sticht schon die Sonne. Das Wasser, dunkel und braun, fließt träge dahin. Trocken knackt das Holz. Bei dieser Dürre könnte schon ein Funke einen Feuersturm verursachen – auch das ein Menetekel für die unbewohnbar werdenden Gegenden der Welt. Es werden immer mehr und mit ihnen steigt die Zahl der Klimaflüchtlinge.

Langsam enthüllt Olaf de Bodt, der von sich sagt, er habe Gewitterstürme im Kopf, seine Geschichte. Je kräftiger sein Erzählfluss strömt, umso mehr gerät er in den Dialekt seiner Heimat. Als er 1990 – wie einst sein Vater – die Beamtenlaufbahn einschlug, war er zunächst Sachbearbeiter für Flüchtlinge aus der DDR, die wenige Monate später Mitbürger waren. In den Jahrzehnten seiner Amtszeit verschoben sich die Außengrenzen der Europäischen Union, die damals noch nicht so hieß, immer weiter nach Osten. Erst war die Grenze die zur DDR, dann war jenseits der Grenze Polen, schließlich Weißrussland und Russland und Richtung Süden ging es bis ins Donau-Delta.

Vor dem Krieg in Jugoslawien flohen Menschen aus dem Nahen Osten oder Afrika nach Europa, und Olaf de Bodt lernte Libanesen und Algerier kennen. Bald stammen die Flüchtlinge aber auch aus dem sich angeblich vereinenden Europa. Die ethnisierten Konflikte Jugoslawiens entluden sich in Kriegen auf dem Westbalkan – dem ersten in Europa seit dem Zweiten Weltkrieg. Die Bosnier kamen aus einer Region, die er als Kind während eines Jugoslawienurlaubs bereist hatte. Er kannte auch Gastarbeiter, die sich etwas dazuverdienten, etwa beim Hausbau einer befreundeten Familie, aber er erfuhr weder damals in Jugoslawien noch anderswo auf der Welt jemals am eigenen Leib, wie es ist, das Leben in einem Kriegs- oder Krisengebiet. Wie die Konflikte aus solchen Unruheherden sich auf unseren Straßen und Plätzen zeigen, davon kann er allerdings mehr als eine Geschichte erzählen.

Seit jenem heißen Sommer ist das Gespräch mit Olaf de Bodt nie abgebrochen. In Wahrheit heißt er anders, auch einige Umstände sind hier verfremdet. Er ist, wie einige seiner Kollegen, mit denen ich sprach, ein Whistleblower – ein Vertreter jener paradigmatischen Gestalt der verwalteten Welt, die sich über Jahrhunderte entwickelt hat.

Die Arbeitsteilung in unseren Gesellschaften mit ihren vielen Ämtern, Papieren und Dokumenten schreitet unentwegt voran, und es bilden sich immer neue Berufe heraus. Diese Entwicklung ist eng verflochten mit der allmählichen Verwandlung der Welt in eine bürgerliche und die Erfindung des Staatsbürgers. Lange konnte man ohne Pass reisen, jenes Dokument, das letztlich zurückgeht auf drei mittelalterliche Erfindungen: Register, Steckbrief und Eingangskontrollen (das französische *passeport* bedeutet wörtlich: geh durch die Tür). Die Entwicklung des modernen Passes ist eine Geschichte von Aus- und Eingrenzungen. Als die industrielle Revolution im 19. Jahrhundert Millionen Arbeitskräfte in Bewegung setzte, als Menschen vom Land in die Städte zogen, wo es Arbeit gab, war es auch Armen erlaubt, ohne gültige Papiere zu reisen. Später war das Reisen ohne Dokumente dann ein Privileg der Reichen – eine »Reise ohne Papiere«, so warb man 1888 für eine Luxusreise im Orientexpress von London nach Konstantinopel.[10]

Vor dem Ersten Weltkrieg durfte man noch ohne Pass reisen, doch bald nach seinem Ende, am 21. Oktober 1920, legte der Völkerbund fest, was ein Pass ist. Man glaubte, es handle sich dabei um ein Provisorium, doch die Abschaffung dieses Notbehelfs ist nicht abzusehen. Gleich am Beginn des ersten von Brechts *Flüchtlingsgesprächen* heißt es:»Der Pass ist der edelste Teil von einem Menschen … Dafür wird er auch anerkannt, wenn er gut ist, während ein Mensch noch so gut sein kann und doch nicht anerkannt wird.« Möglichst fälschungssicher sollen die Papiere sein. Dennoch beschäftigen Passfälscher ganze Kompanien von Ermittlern, Handwerkern und Beamten, die die Dokumente ständig verbessern und die Passfälscher zu immer neuen Ideen anregen. Es ist ein Wettlauf der Technik und eine Suche nach Lücken.

Bis heute werden vor allem Papiere und Urkunden manipuliert, mit denen erstklassige Pässe erworben werden können. Asylsuchende, denen das nicht möglich ist, legen oft gar keine Papiere vor, behaupten, diese seien ihnen bei der Flucht abgenommen worden oder abhandengekommen. Nicht selten geben sie Herkunftsländer an, die ihre Chancen auf Anerkennung als Asylbewerber verbessern. Angeblich verlorene Papiere können plötzlich wieder auftauchen, etwa wenn die Eheschließung mit einem deutschen Partner in Aussicht steht. Erst mit der Einbürgerung ist die Gefahr der Abschiebung gebannt. Es ist die härteste Entscheidung, die die Ausländerbehörde trifft – selbst Mitarbeiter fürchten sie.

Olaf de Bodt trat die Arbeit in der Ausländerbehörde gemeinsam mit einem Kollegen an, den er aus der Ausbildung kannte. Die Fluktuation in diesem Amt ist hoch und mit ungewöhnlich vielen Schwankungen und Turbulenzen verbunden, und so musste er, als eine Kollegin den Dienst unvermittelt quittierte, sehr viel früher als geplant eine Abschiebung durchführen, genauer gesagt fiel ihm ein entscheidender Anteil bei diesem Vorgang zu, der über mehrere Behörden und Ämter verteilt ist, sodass keiner am gesamten Ablauf beteiligt ist.

Es begann wie üblich mit dem bekannten Prozedere: Ein Bescheid mit der Aufforderung zur Ausreise war an einen Bewerber ergangen. Als die Frist verstrichen ist, was häufig geschieht, erwirkt die Ausländerbehörde einen Abschiebehaftbeschluss, um im Anschluss daran mit dem Landeskriminalamt das weitere Vorgehen zu organisieren. Wenn feststeht, mit welchem Flug die Abschiebung erfolgen soll, werden die Einzelheiten mit der örtlichen Polizei besprochen. Sofern davon auszugehen ist, dass sich der Asylbewerber der Rückführung entzieht, wird er entweder unter einem Vorwand ins Büro der Ausländerbehörde vorgeladen und festgenommen, oder diese erfolgt auf seiner Arbeitsstelle beziehungsweise in seiner Unterkunft.

Bis heute hat Olaf de Bodt den Namen und das Gesicht des Libanesen nicht vergessen, der vor dem Bürgerkrieg geflohen war und als erster abzuschiebender Ausländer vor ihm stand. Ob er kriminell war oder etwas anderes vorlag, weiß er nicht mehr. Der Mann arbeitete bei einem Friseur und war sogar mit einer Arbeitskollegin befreundet.

Da Abschiebungen erst nach einem langen juristischen Prozess durchgeführt werden, formiert sich – wenn es nicht um Verbrecher geht – zunehmend Widerstand gegen den Ausschluss von Menschen aus ihrer Gemeinschaft. Gegen das weit verbreitete Gerede von der gescheiterten Integration wenden sich inzwischen Medien, Schulen, Arbeitgeber, Kirchen, Sportvereine – kurzum das gesamte Umfeld der Abzuschiebenden – und erzeugen immer mehr Druck. Olaf de Bodt lernte, dass sich viele für Abschiebungen aussprechen, aber nicht dulden, dass sie in ihrem Umfeld stattfinden. »Politiker fordern öffentlich, dass mehr und schneller abgeschoben werden soll. Wenn es aber nicht schwere Straftäter sind, soll das nicht in der eigenen Kommune geschehen. Da soll dann eine Ausnahme gemacht werden, aber in der nächsten Stadt heißt es, der muss weg.«

Wer ankommt, kämpft ums Hierbleiben, egal ob er Kriegsflüchtling ist oder aufbrach in dem Wunsch, ein besseres Leben zu führen, ob er das Geld für die Schlepper von seinen Angehörigen erhielt, ob er es rechtschaffen verdiente oder es auf kriminelle Weise erwarb: Der Kampf ist für alle, ob Kriminelle oder unbescholtene Bürger, ein existenzieller, und er wird dementsprechend hart und erbittert geführt. Im internen Jargon der Administration gelten Sozialamt und Ausländerbehörde als die beiden »Frontämter«.

»Ich muss entscheiden, und ich entscheide über Lebensläufe«, erläutert Olaf de Bodt seine Situation, »also werde ich umschmeichelt, belogen, bedroht. Verrückterweise werden oft die Falschen zurückgeschickt. Die wenigen Kriminellen kennen die Lücken im Gesetz viel besser als die Mehrheit.«

Neunzig Prozent der Ankommenden seien ganz unauffällig, erklärt Olaf de Bodt in unseren vielen Gesprächen immer wieder, aber zehn Prozent würden Ärger machen – Kriminelle, Bordellbesitzer, Clans, die sich gegenseitig bekriegen, die einschüchtern, bedrohen, erpressen, dealen, rauben und morden. Gerade Kriegsflüchtlinge mit Gewalterfahrungen würden Straftaten verüben und gerade Jugendliche durch das Erlittene verrohen.

»Du wirst sehen, wie es ist, wenn nur noch ein Kind da ist. Ich kenne das, du noch nicht.«

»Wenn ich abgeschoben werde, habe ich genügend Freunde, die mich rächen werden.«

»Wir sehen uns nachts irgendwann alleine wieder.«

Olaf de Bodt ließ in sein Haus vorsichtshalber Sicherheitstüren und andere Vorrichtungen einbauen.

Er ist im Dunkeln auf dem Weg nach Hause. Die Lichtkegel der Scheinwerfer gleiten über Bäume, Sträucher, Felder. Auf der Straße steht ein Wagen. Eine Person macht Zeichen, er solle anhalten. Er vermutet eine Falle, eine Panikattacke ergreift ihn, er fährt vorbei und hält nicht an. Später wählt er mit zitternden Händen die Nummer der Polizei. Es war ein Ehepaar, erfährt er, Touristen, die einen kleinen Verkehrsunfall hatten, nichts Schlimmes, sie konnten ihre Reise bald fortsetzen.

Olaf de Bodt erlebte auch, dass Politiker sich mit Anschuldigungen nicht zurückhielten, wenn ein Asylsuchender, der abgeschoben werden sollte, eine Straftat beging und die Medien darüber berichteten. Die Geschichte von dem Ausländer, der ein deutsches Mädchen vergewaltigte, mit einem Messer tötete und dann einfach liegen ließ, las man nach 2015 so häufig, als ereigne sie sich ständig. Dass ein Flüchtling sich selbst tötet, kommt genauso selten vor, doch davon hört man kaum einmal. Und wenn jemand abgeschoben wird, weil die Bestimmungen es so vorschreiben – was ihm persönlich oft sehr leid tue –, beschweren sich die Kirchenvertreter bei den Politikern, und die verweisen dann gern auf die Behörden.

Olaf de Bodt fühlte sich wie im Griff einer Zange. Einer der beiden Zangenflügel war die Praxis der Abschiebung. Einmal betritt eine aufreizend schöne Frau sein Büro, macht ihm Avancen und droht: »Wenn mein Mann nicht die Aufenthaltserlaubnis bekommt, könnte er andere Waffen einsetzen.« Beim Hinausgehen sagt sie: »Das ist ernst gemeint.«

Ein Libanese, der abgeschoben werden soll, da seine Ehe mit einer Deutschen nicht lange genug gehalten hatte, schaut Olaf de Bodt mit festem Blick an und sagt fast beiläufig: »Ich weiß, dass du zwei Töchter hast.«

Das war der andere Flügel der Zange, in der Olaf de Bodt steckte. Es ist die dunkle Seite der großen Wanderung, zahlenmäßig klein, aber in der Öffentlichkeit höchst präsent.

»Ich war jung, voller Adrenalin und verstand mich als Bollwerk gegen kriminelle Auswüchse«, sagt er heute. Er sah, wie Familien sich gegenseitig ihre Kinder ausliehen, um jeweils für zehn Kinder Sozialhilfe zu bekommen. Er erlebte Schwerkriminelle, musste hinnehmen, dass etliche Delikte unter russischen Tschetschenienkämpfern, die politisches Asyl beantragten, unaufgeklärt blieben. Diese lachten nur verächtlich auf, wenn Beamte sie rechtsstaatlich belehrten und darauf hinwiesen, dass sie die Aussage verweigern könnten.

»Sie hatten Tätowierungen, die uns – das wussten wir aus Informationen des Landeskriminalamtes – signalisierten: Vor dir steht ein Vergewaltiger. Vor dir steht ein Mörder. Die Tätowierungen erzählen ihre Kriminalgeschichte. Wir hatten Handbücher mit den entsprechenden Entschlüsselungen.«

Als die in Tschetschenien eingesetzten ehemaligen russischen Militärs einmal einen Landsmann töteten, rollten sie die Leiche in einen Teppich, schafften sie weg und zerstückelten sie – ein bis heute unaufgeklärter Mord. Solchen *wory w sakone* (wörtlich: Diebe im Gesetz) sitzen die Beamten häufig gegenüber. Die im stalinistischen Gulag entstandenen Verbrecherorganisationen verbreiteten sich zuerst über die Sowjetunion und schließlich über den ganzen Planeten. Sie konkurrieren untereinander und mit den Verbrecherkartellen vom Balkan, aus Mexiko und sonst woher.

Olaf de Bodt erlebte zu Beginn der 1990er Jahre die kleinen Anfänge, da jedes eingeleitete Ermittlungsverfahren wegen Autoschieberei oder Rauschgift, Frauenhandel oder Schlägereien bei der Ausländerbehörde landet. Sprach ein Beamter ein Verbot gegen einen derart Beschuldigten aus, konnte es geschehen, dass dieser sich mit seinem zur Waffe trainierten Körper vor ihm aufbaute und die Muskeln spielen ließ. Das taten aber nicht nur die russischen Tschetschenienkämpfer, sondern auch andere Kriminelle. Die kriminellen Clans konnten nach dem vorläufigen Ende des Ost-West-Konflikts ihre Territorien ausweiten und neu abstecken. Seit den 1990er Jahren bekämpfen sie sich mit Schrotflinten und mitunter auch mit großkalibrigen Waffen.

»Kurze Zeit arbeitete eine Beamtin bei uns. Wenn sie etwas verbot, erkundigten die Muskelpakete sich bei den männlichen Mitarbeitern, ob es stimme, was die Kollegin sagt. Eine Frau zählte nicht. Nachdem einer ihr mit seinem Pass ins Gesicht geschlagen hatte, ließ sie sich versetzen. Einem Polizisten rammten sie eine abgebrochene Flasche in den Hals. Einen Zentimeter weiter, und er wäre tot gewesen. Wichtig ist«, betont Olaf de Bodt, »dass dies absolut nicht der Großteil ist. Aber über die wenigen wird berichtet, und sie ängstigen. Sie sind gefährlich.«

Einmal klingelte bei ihm zu Hause nachts das Telefon. Es hatte eine Schießerei gegeben, und die Polizei bat ihn, möglichst rasch zu kommen. »Du kannst mit 120 durch die Stadt brettern, es ist egal«, hieß es. Er raste zum Büro, dann zur Polizei. Erstmals sah er, dass alle Kriminal- und Polizeibeamten Schusswaffen trugen. Bei Schießereien müssen die Hintergründe möglichst schnell ermittelt werden. Denn hin und wieder kommt es vor, dass Schussverletzte, die zur Erstversorgung ins Krankenhaus eingeliefert werden, von ihren Komplizen wieder herausgeholt und versteckt werden, bevor sie vernommen werden können.

»Ich hatte in dieser Nacht bis früh um fünf, halb sechs zu tun und kam um halb acht übermüdet ins Büro. Meine Chefin fragte mich, ob das notwendig gewesen sei. Niemand wollte damit zu tun haben.«

Olaf de Bodt glaubt, dass in den 1990er Jahren die Weichen falsch gestellt wurden. Unter den Beamten hieß es, man stehe auf verlorenem Posten, da die Ämter mit einer »Technik zu Fuß« ausgestattet seien. Die ausgebufften Kriminellen ließen sich mit Aliasdaten registrieren und gaben an, Brüder zu sein, um nicht in verschiedenen Städten untergebracht zu werden. Nicht wenige Kriminelle hatten bis zu fünfzehn verschiedene Namen, die erst nach zahlreichen Ladendiebstählen, Kämpfen gegen- und untereinander, Messerstechereien oder Schlägereien mit Baseballschlägern anhand von Fingerabdrücken zusammengeführt werden konnten.

»Einmal zog einer vor mir ein großes Messer, um mich einzuschüchtern. Allerdings sage ich nicht, der Tschetschene, der Algerier, die Ausländer handeln so. Im Jobcenter wuchs die Anzahl der Krakeler und Bedroher auch unter den Deutschen.«

Die Vorfälle, denen Beamte ausgesetzt sind, worüber sie aber nicht sprechen sollen, sind bedrohlich, und zuweilen sind sie sogar ziemlich gefährlich. Einmal wurde ein als zuverlässig bekannter Dolmetscher Ohrenzeuge eines Gesprächs zwischen zwei Algeriern, die planten, Olaf de Bodt umzubringen. Erst da erhielt dieser Polizeischutz, allerdings war der nicht umfassend, denn die Beamten kontrollierten nur ab und zu. Zu der Zeit befand sich seine Frau für einige Tage im Krankenhaus. Die Kinder waren noch klein und wurden von der Schwiegermutter betreut. Sie beobachtete, dass auf der Auffahrt zum Haus ein Passat stand, den sie nicht einordnen konnte. Irritiert rief sie in der Ausländerbehörde an. Der Schwiegersohn musste ihr offenbaren, dass dies seine Personenschützer seien, bat sie aber, sich so zu verhalten wie immer.

Nachts war das besonders schwer, denn alles wirkte noch bedrohlicher als am Tag: Polizisten patrouillierten mit Taschenlampen in der halb fertigen Siedlung, was die Rohbauten wie Hinterhalte in einem Horrorfilm erscheinen ließ. Wie Schwerter durchschnitten Lichtkegel die Finsternis, warfen Schatten und Licht in die Häuser.

»Ich konnte meinen Kindern, damals fünf und acht Jahre alt, nicht erklären, was los ist. Eine Mauer aus Traurigkeit baute ich um mich auf. Meine Kinder fragten zuerst: Papa, was ist mit dir los?«

Als ihm geraten wurde, eine Pistole zu tragen, lehnte er ab, nicht zuletzt wegen der Kinder, aber eine Gaspistole nahm er schließlich doch. Für die Kollegen wurde es normal, dass im Büro und zu Hause Waffen wie ein Teleskopschlagstock, eine abgesägte Latte oder ein Elektroschocker stets griffbereit waren.

»Psychisch war ich relativ fertig, nein, ich war fertig. Betreuung erhielt keiner, weder ich noch meine Kollegen.«

Alleingelassen, litt die Familie. Die Frau mied es, mit ihrem Mann zusammen gesehen zu werden. Vorwürfe blieben nicht aus.

»Ich wollte auch nicht klein beigeben. Es ist meine Natur, nicht aufzugeben. Bewerbungen auf andere Stellen wurden abgelehnt, weil die übergeordneten Behörden mich – vermutlich auf Betreiben meines Chefs – behalten wollten. Einer musste den Job ja machen.«

Die Zange, die ihn im Griff hatte, marterte ihn zunehmend. Ihm wurden Tabletten verschrieben. Er verstand sich als Macher, und er redete sich ein, ein großer, kräftiger Mann wie er müsse da durch.

Sein Vater, der die Bombenangriffe des Zweiten Weltkriegs durchlitten hatte und in einer Trümmerwüste aufgewachsen war, hatte tagsüber in der Stadtverwaltung gearbeitet und am Abend beim Wiederaufbau geholfen. Als der Sohn Olaf halbwüchsig war, sanierte er die Bauernhäuser in den umliegenden Dörfern. Vater und Sohn kauften alte Häuser, richteten sie in ihrer freien Zeit wieder her und verkauften sie dann – eins nach dem anderen. Beschäftigung hemmt Nachdenken, glaubt Olaf de Bodt heute.

Es gab Zeiten, da ging er mit seiner Familie nicht mehr in die Stadt. Tagsüber arbeitete er in der Behörde, in seiner freien Zeit werkelte er an den Häusern. Aber auch dort bekam er manchmal Panikattacken. Anders als sein Vater, der die Traumata des Luftkriegs überwunden hatte – nicht zuletzt weil sie Erinnerung waren und keine Gegenwart hatten –, geriet er in immer neue Gefahren, die ihn beunruhigten oder aufregten. Nie ließ die Marterung durch die Zange nach, ja sie nahm zu, da die Fragen von Flucht und Einwanderung allmählich ins Zentrum gerieten und die Anzahl der Ankommenden und zu Betreuenden unablässig anschwoll.

»Eines Tages lag ich im Bett, niemand sonst war im Haus, dennoch glaubte ich Schritte zu hören. Ich lauschte, sie gehörten mindestens zwei Personen. Ich schlich zur Schlafzimmertür, drehte fast geräuschlos den Schlüssel. Kaum war das dünne Klicken verklungen, zerriss ein Schlag die Stille. Holz splitterte, die Tür sprang auf. Vor mir standen drei Männer mit Stiernacken und breiten Oberarmen. Obwohl sie Motorradhelme aufhatten, spürte ich, wie ihre Augen mich anstarrten. Einen erkannte ich als einen abgelehnten Asylbewerber aus der Ukraine. Ich ging zurück, stolperte am Bett, stand wieder auf. Sie waren wie eine Wand und ließen die Angst in mir wachsen. Dann zog einer ein Messer und ging auf mich zu. Scheinbar dilettantisch stach er zu, und ich schlug ihm den Arm leicht zur Seite, wobei ich mich drehte, gerade stark genug, dass ein geübter Schlag mich bewusstlos zusammenbrechen ließ. Als ich wieder zu mir kam, war ich gefesselt.« Dieser Albtraum, der immer wiederkehrte, brachte ihn schließlich zu der Einsicht, dass er so nicht weitermachen konnte. Als die Kinder größer waren, zerbrach seine Ehe.

Warum wurden Beamte oft alleingelassen, zerrieben zwischen den Fronten? Mit der gravierenden Zunahme von Flüchtlingen und Migranten, Aus- und Einwanderern, der Vermischung der Welt in den großen Städten, sahen Scharlatane und Hetzredner ihre Stunde gekommen, Journalisten und Künstler suchten den Dialog und die Auseinandersetzung, und bei Wissenschaftlern stellte sich zunehmend das Bedürfnis ein, diese Entwicklung empirisch zu beobachten, denn Politik und Wirtschaft verlangten nach Beratung. Erkenntnisse und Wege ins Offene wurden zunächst von Einzelnen gewiesen, die allmählich zusammenfanden, aber im Vergleich zu den anschwellenden weltweiten Wanderungsbewegungen verlief dieser Prozess viel zu langsam, erfolgte die Anwendung der Erkenntnisse in der Praxis zu schleppend.

Hoch über den Dächern von Berlin treffe ich mich zum Gespräch mit Klaus J. Bade, dem Nestor der deutschen Migrationsforschung. Aus dem Fenster seiner Wohnung in einem der Hochhäuser im Berliner Hansaviertel schaut man aus 35 Metern Höhe über den Tiergarten zum Potsdamer Platz und bis weit in den Osten der Stadt. Die opulente Bibliothek zu Flucht und Vertreibung überrascht mich nicht, auch nicht der herumstreunende Kater Tolstoi, der schon bei vielen harten Fernsehinterviews ein weiches Schnittbild lieferte, aber die Malutensilien und die vielen Gemälde, deren Schöpfer mir unbekannt ist. Nachdem er Schriften und Materialien geordnet hat, gibt der Wissenschaftler nur noch selten Interviews. Er malt wieder so intensiv wie in seiner Jugend. Seine Wohnung ist zum Atelier geworden.

Klaus J. Bade erzählt, warum der Sommer 1992 sein Leben veränderte: »Ich war ja schon fast auf dem Weg, der Nachfolger Heinrich August Winklers in Freiburg im Breisgau zu werden.« Winkler war auf einen Geschichtslehrstuhl an die Berliner Humboldt-Universität gewechselt, erfreut über die Zäsur von 1989/90, die ihm einen anderen Blick auf den Verlauf der deutschen Geschichte verschaffte. Die Universität Osnabrück will den Migrationsforscher Bade aber behalten. Da die Flüchtlingszahlen wegen der Kriege an den Rändern Europas in die Höhe schnellen und es immer mehr Anschläge und Übergriffe auf die Ankommenden gibt, wird dem bekannten Osnabrücker Migrationsforscher und Politikberater ein ganz außergewöhnliches Angebot unterbreitet, das er nicht ablehnen kann. Er gründet das Institut für Migrationsforschung und Interkulturelle Studien an der Universität Osnabrück und baut es mit seinen Kolleginnen und Kollegen in den folgenden Jahren zu einer international renommierten Institution aus.

»Als es in Deutschland brannte, flossen endlich Gelder in die Migrationsforschung«, sagt er. »Immer, wenn Politik mit dem Rücken an die Wand kommt, wird versucht, Forschung einzubeziehen.«

2015, als Bade schon lange emeritiert ist, strömten endlich Millionen in die Wissenschaft, während das Geld bis dahin nur tröpfelte. Es ist ein Trauerspiel, das der Migrationsforscher seit den 1970er Jahren bis heute verfolgt, zumal erst jetzt das Geld für die visionären Projekte nationaler und internationaler Forschungsorganisationen in Sachen Migration und Integration fließt, für die er schon in den späten 1980er Jahren vergeblich geworben hatte. Immerhin konnte er die Umsetzung dieser Projekte nach dem Ende seiner aktiven Zeit noch beratend begleiten.

Als Deutschland schon längst ein Einwanderungsland war, leugneten viele Politiker das weiterhin unverdrossen in der Hoffnung, die Ankommenden würden wieder gehen – was sich unter anderem in dem Ausdruck »Gastarbeiter« offenbart –, und bezeichneten die Bundesrepublik weiterhin beharrlich als Zuwanderungsland.

»Bei Politik in Sachen Migration und Integration hatte ich lange den Eindruck, dass es nur bedingt um die Sache geht. Sie war oft eine Mischung aus Kraftdemonstration, Symbol- und Ersatzhandlungen,

Erkenntnisverweigerung und Opportunismus aus Angst vor den Bürgern als Wähler«, sagt Bade.

Im Laufe der Zeit dienten immer neue Einwanderergruppen als Feindbild, zuerst waren es die Italiener, die angeblichen Katzelmacher, dann die Spanier, Griechen und Jugoslawen, die als Messerstecher oder Schlimmeres galten, schließlich die ach so fremden Türken und dann die Asylsuchenden, die schwarz sind und aus Afrika kommen.

Der Wechsel der Einwanderergruppen, denke ich, korrespondiert mit dem Wechsel der Krisen. Erst der Krieg in der Ukraine, dann das griechische Drama und schließlich die massenhafte Ankunft von Schutzsuchenden – die Kameras schwenken weiter, und kaum etwas geschieht. So gut wie keines der sich mit den Fremden einstellenden Probleme ist gelöst, im Gegenteil: Über das Bild von den eingewanderten Türken legte sich der Islam, und auf der anderen Seite schickte die Türkei Imame, die zuweilen mehr Agitatoren als Seelsorger sind.

»Auf einer dritten Ebene gibt es einen Echoeffekt zwischen den Generationen«, sagt Klaus J. Bade. »Je mehr Integration gelingt, umso härter und schärfer können die Konflikte werden, da die Verletzlichkeit wächst. Wenn in der zweiten, dritten Generation immer noch gefragt wird: ›Woher kommen Sie denn?‹ und auf die Antwort: ›Aus Düsseldorf!‹ nachgefragt wird: ›Aber woher kommen Sie wirklich oder Ihr Vater?‹, dann wird das als kränkend wahrgenommen.« Das gilt zumal, wenn die Befragten jünger sind und nichtdeutsche Eltern haben, aber in Deutschland geboren wurden. Es ist eine der Paradoxien der großen Wanderung, egal ob diese als Arbeitsmigration, Vertreibung oder Flucht begann.

Ein anderer, fast spiegelverkehrter Widerstreit: Wenn sich die Lage in den armen Ländern verbessert, aber die Aussichten auf ein gutes Leben noch gering sind, wachsen die Chancen der Jüngeren, in die reichen Länder zu gelangen, weil dann mehr Familien einen Angehörigen – meistens einen Sohn – unterstützen können bei dem Versuch, in einem Land mit mehr Möglichkeiten sein Glück zu suchen.

Klaus J. Bade gilt weit über den deutschsprachigen Raum hinaus als innovativer Vertreter der Migrations- und Integrationsforschung, die er in Deutschland nachhaltig befördert und um die praxisorientierte Dimension der Angewandten Migrationsforschung erweiterte. Als Wissenschaftler war er Gründungsdirektor des Instituts für Migrationsforschung und Interkulturelle Studien (IMIS), ideeller Initiator und Mitbegründer des Rats für Migration (RfM), der Gesellschaft für Historische Migrationsforschung (GHM), stellvertretender Vorsitzender des Sachverständigenrats der Bundesregierung für Migration und Integration – kurz Zuwanderungsrat – und Gründungsvorsitzender des von ihm konzipierten Sachverständigenrats deutscher Stiftungen für Integration und Migration (SVR). Er ist ein bewegter Beweger: Mit Verve spricht er von Europa als einem Einwanderungskontinent mit sinkenden Geburtenraten, steigender Lebenserwartung und alternder Bevölkerung. Schon deshalb seien wir auf geregelte und aktiv gestaltete Einwanderung angewiesen.

Wer Bades Schriften studiert, die zahlreichen Medienbeiträge von, mit und über ihn verfolgt und vor allem seine Aufrufe und Reaktionen zu aktuellen Entwicklungen, sieht sich einem umfangreichen Werkkorpus gegenüber, das wissenschaftlich reich und vielschichtig ist, nicht zuletzt weil der Verfasser tief in die Vergangenheit bis in die Zeiten vor der Schrift zurückblickt und andererseits auch wagt, vorauszudenken in die Zukunft.[11]

Der interdisziplinär orientierte Historiker stand von Anfang an mit benachbarten geistes-, wirtschafts- und sozialwissenschaftlichen Disziplinen in Verbindung und später auch mit Naturwissenschaftlern, denn, so sagt er,»die Genomforschung entdeckt heute Verwandtschaften in vor- und frühgeschichtlichen Epochen, aber auch in der im engeren Sinne historischen Zeit. Das ist für Epochen, für die ›lesbare‹ Quellen fehlen, vielfach gleichbedeutend mit der Ablösung von herkömmlichen Forschungshypothesen und mit der Reformulierung von Forschungsfragen. Es geht dann z. B. nicht mehr um die hypothetische Frage, ob bestimmte, in weit entfernten Räumen lebende Völker oder Bevölkerungsgruppen ›ursprünglich‹ aus einem Raum stammen könnten, sondern nur noch darum, wann und wie sie sich in jeweils andere Räume ausgebreitet haben.« Über die Jahrtausende gab es enorme Verschiebungen, denn, so Bade,»Migration war der Normalfall, Sesshaftigkeit ein Luxus«. Schaut man nicht weit über die Gegenwart hinaus, so scheint es allerdings, als würde im sich immer mehr durchdringenden medialen und politischen Feld eine Art rasender Stillstand herrschen. Erst wer genauer hinsieht, bemerkt auch hier Entwicklungen.

Um die Wende der 1970/80er Jahre war in der alten Bundesrepublik politisch noch immer nicht entschieden, ob die Arbeitskräfte, die man seit Anfang der 1950er Jahre gerufen hatte, »Gastarbeiter« oder schon Einwanderer waren. Seit Mitte der 1980er Jahre kristallisierte sich dann in der politischen Diskussion eine mehr gefühlte als durchdachte Einteilung in »Gastarbeiter«, »Dauergäste«, »Einwanderer« heraus. Man bemerkt die Scheu vor dem Klischee, denn alle drei Kategorien sind nicht trennscharf und wurden deshalb gern in Anführungszeichen gesetzt, während man die ungeliebten Fremden am Arbeitsmarkt und ihre Familien zumeist noch lieber »Zuwanderer« nannte, in der Illusion, dass viele doch wieder in ihre Heimat zurückkehren würden. Schon damals warnte Bade davor, die Ausländer zu Sündenböcken zu machen. Als das Tina-Syndrom (*There is no alternative*) seine erste Hochblüte erreicht, erklärt er, dass Westdeutschland sich am Scheideweg befinde: Altersheim oder Einwanderungsland. Nach der Vereinigung von Ost und West konstatiert er ein verlorenes Jahrzehnt in der Migrationsfrage – auf der Bundesebene. Im Gegensatz dazu wurde auf der Ebene der Kommunen in puncto Integration meist erfolgreich entschieden, da man in der Praxis keine Zeit hatte für endlose Grundsatzdebatten.

Dass die Frage der Einwanderung die Westdeutschen schon in den 1980er Jahren umtrieb, zeigt der außerordentliche Erfolg des Buches *Ganz unten*. Zweiundzwanzig Wochen stand es 1985/86 auf Platz 1 der *Spiegel*-Bestsellerliste. Der Publizist Günter Wallraff hatte als vermeintlicher Türke zwei Jahre als Kanalarbeiter und als Hilfskraft in einem Atomkraftwerk, als Proband für Pharmakonzerne und in anderen Dunkelzonen der Wirtschaft malocht, wobei er von seinen deutschen Mitleidenden immer wieder schikaniert wurde, die ihren Frust an dem vermeintlichen Kanaken ausließen. Im Vorwort schreibt Wallraff: »Ich weiß immer noch nicht, wie ein Ausländer die täglichen Demütigungen, die Feindseligkeiten und den Hass verarbeitet. Aber ich weiß jetzt, was er zu ertragen hat und wie weit die Menschenverachtung in diesem Land gehen kann.«

Als nach Ende des Kalten Krieges, der die Welt entzweite, die Völker Europas allmählich zu alter Beweglichkeit zurückfanden, setzte sich, so Bade, der Treck gen Westen in Bewegung, wo Wohlstand und Freiheit lockten. Schon damals mahnte er, das Versteckspiel mit der Wirklichkeit zu beenden und die Fremdenangst als Gefahr erster Ordnung für die Gesellschaft anzuerkennen, denn »was man tabuisiert, kann man nicht gestalten«. Er wusste durchaus medientauglich zuzuspitzen. So prophezeite er 1993: »Ohne Einwanderung droht den Deutschen eine Einheitsrente von 600 Mark.«

Als Initiator, Herausgeber und Mitautor des »Manifests der 60«, eines Aufrufs von Wissenschaftlern der verschiedensten Fachgebiete und Forschungsrichtungen, forderte er 1994 eine andere Politik unter der Regie eines neu zu installierenden Einwanderungsministeriums für das vereinte Deutschland. Er war zunehmend besorgt angesichts der Gewalt gegen Ausländer – zuerst im Osten, dann im Westen –, immer neuer Flüchtlinge und Migranten und weltweit zunehmender Wanderungsbewegungen bei anhaltender politischer Ignoranz in der Migrationsfrage.

»Die Herausforderungen auf nationaler Ebene sind mit denen auf europäischer und globaler Ebene verschränkt«, sagt Bade. »Europa hat nicht nur die Chance, sondern auch genügend Gewicht in Weltpolitik und Weltwirtschaft, um in den Herkunftsregionen der auf Europa gerichteten Wanderungsströme die Lebensbedingungen zu verbessern und den Wanderungsdruck zu verringern. Es geht nicht nur um das wirtschaftliche Können, sondern auch um das politische Wollen. Solche Fähigkeiten zu solidarischem und präventivem Handeln können freilich nicht ohne Veränderungen in Werthaltungen, Lebens- und Konsumstilen in den europäischen Gesellschaften entstehen. Dieser Lernprozess muss in der eigenen Gesellschaft beginnen.« Beim Blick über die Dächer von Berlin postuliert er: »Ausgrenzung führt zur Selbstausgrenzung … Man entdeckt das Andere in sich, und das kann bis zur Selbstmuslimisierung führen.« Noch immer spitzt er zitierfähig zu, verändert geläufige Bilder, die sich ins gesellschaftliche Bewusstsein eingegraben haben, aber die Wirklichkeit nicht richtig abbilden und dadurch zu falschem Handeln verleiten. Er sagt etwa: »Das Boot ist nicht voll, aber es läuft aus dem Ruder.«

Bei seinen öffentlichen Auftritten fällt oft ein Satz, der seine Ungeduld erkennen lässt:»Das habe ich schon in den achtziger Jahren gesagt.« In der Tat! Bereits 1982 warnte er in der Wochenzeitung *Die Zeit*:»Noch ist die große Mitte ruhig. Vielleicht nur noch auf Zeit: Denn diese Frage könnte die Nation in feindliche Lager spalten, umso leichter, je mehr aufgeputschte Emotionen an die Stelle rationaler Argumentation und, notfalls, auch Konfliktbewältigung treten.«

Diese Gefahr ist mit der »Flüchtlingskrise« seit 2015 Realität geworden. Für einige Beobachter wie den aus Bulgarien stammenden Politologen und Kommentator der *New York Times* Ivan Krastev stellt sie das europäische Pendant zum amerikanischen 11. September 2001 dar. Klaus J. Bade charakterisiert sie als den markanten Ausdruck einer »Weltkrise, die Fluchtbewegungen erzeugt. Wenn man diese Weltkrise bekämpfen will, sollte man sich nicht auf die Begrenzung ihrer Folgen in Gestalt von Fluchtbewegungen, sondern auf die Analyse ihrer Ursachen konzentrieren und dazu weltökonomische, weltökologische und weltgesellschaftliche Systemfragen stellen.«

Es gibt im 21. Jahrhundert so viel Neues, auch neu Enthülltes, neu zu Untersuchendes. Verstärkt der neue Hass im Internet den alten, oder legt das Netz den Hass in den Köpfen, der verdeckt war, nun offen, weil die Hemmschwelle sinkt?

Die Historische Migrationsforschung hat nachgewiesen, dass es immer Abwehr von Migrationsbewegungen nach und innerhalb Europas und damit verbundene Ängste gegeben hat. Kein zentrales europäisches Land war im Laufe seiner Geschichte nur Einwanderungs- und nie Auswanderungsland oder umgekehrt. Vor und nach der Gründung des Deutschen Reiches 1871 war Deutschland vor allem ein Auswanderungsland. Das Gleiche galt nicht nur für den im selben Jahr gegründeten italienischen Nationalstaat, sondern auch für das Zarenreich, in dem man die Auswanderung nach Übersee und die Arbeitswanderung vor allem aus dem russischen Polen ins benachbarte Preußen zu verhindern suchte. Umso mehr verstärkte sich die in Preußen nicht nur behördlich geduldete, sondern sogar indirekt geförderte saisonale illegale Arbeitswanderung in die gutswirtschaftlichen Distrikte Ostelbiens, die infolge der Ost-West-Wanderung unter »Leutenot« litten. Preußische Anwerbe-Agenten und polnische Kolonnenführer, die man heute allesamt »Schlepper« nennen würde, arrangierten das. Klaus J. Bade habilitierte sich seinerzeit mit einer Arbeit über dieses Thema.

Bade, der in den 1970er Jahren an der Harvard University arbeitete und sogar erwog, in den USA zu bleiben, erzählt, dass viele der deutschen Auswanderergruppen des 19. Jahrhunderts in Amerika Parallelgesellschaften bildeten, wie man heute sagt, und die Amerikaner damals ähnliche Vorbehalte gegen diese deutschen Einwanderer hegten wie viele Deutsche heute gegen die Zuwanderer aus dem globalen Osten und Süden der Welt.

Die Amerikaner, so Bade, »regten sich mächtig über die Deutschen auf, die immer in ›ihre‹ Distrikte einwanderten, sich scheinbar nicht integrieren konnten oder wollten, die in der dritten Generation immer noch Deutsch sprachen und womöglich sogar noch katholisch waren! Die Distanz zwischen den ›white anglo-saxon protestants‹ in den Vereinigten Staaten des 19. Jahrhunderts und den irischen und deutschen Katholiken war größer als die Distanz zwischen europäischen Christen und Muslimen heute.«

Während sich Migrationsforscher nach dem Mauerfall und in den turbulenten Zeiten des Einigungsprozesses für ein Einwanderungsgesetz engagierten, warnte Klaus J. Bade als Erster vor der statistisch lange übersehenen hohen und zum Teil dauerhaften Abwanderung von qualifizierten Deutschen. Damals glaubten die meisten Bundesbürger, der Osten werde wie der Westen, und im Westen bleibe alles beim Alten. Als die rot-grüne Bundesregierung 2002 endlich mit dem Entwurf eines Zuwanderungsgesetzes reagierte, kommentierte Klaus J. Bade diese von ihm beratend, aber auch publizistisch begleiteten Bemühungen mit unüberhörbarer Ungeduld: Das »wäre schon Anfang der achtziger Jahre fällig gewesen und wurde damals auch angemahnt. Es hätte uns und den Zuwanderern vieles ersparen können. Es hat nicht sollen sein – ein ›historischer‹ Grund mehr, das längst überfällige Gesetz nun zügig umzusetzen.«

Weltgeschichtlich betrachtet haben zwei Epochenbrüche die neue große Wanderung seit den 1970er Jahren verursacht:

- Das Ende der Kolonialreiche brachte nicht in dem von der Öffentlichkeit erwarteten Umfang stabile neue Nationalstaaten hervor, sondern vielfach fragile, von inneren Konflikten erschütterte und mitunter bald zerfallende Staatsgebilde.
- Das Ende der Sowjetunion und ihrer Satrapen brachte weder Reformsozialismus noch Demokratie in gewünschtem Umfang hervor, sondern oft verfallende Staaten, aus denen sich eher Oligarchien als Demokratien entwickelten, und manche blieben bis heute Krisengebiete. Flüchtlinge, Auswanderer, temporäre beziehungsweise saisonale Arbeitswanderer und hochmobile ortlose Wanderarbeiter aus den so entstandenen Peripherien drängen zunehmend in Richtung der Zentren und werden an Halbperipherien wie den Außengrenzen der Europäischen Union aufgehalten.

Wer bis in die Metropolen vordringt, dem bietet sich im Kleinen ein ähnliches Bild. Auch hier gibt es Zentren, Halbperipherien und Ränder. Konflikte zwischen Vertretern der noch abgesicherten, etablierten Arbeiterschaft und der unteren Mittelschicht einerseits und dem Patchwork der Ankommenden andererseits werden ethnisiert und rassifiziert oder als Kriminalitätsproblem gedeutet.

»Staatsbürgerschaft in einem funktionierenden Nationalstaat ist die einzig sichere Lebensmittelkarte in der gegenwärtigen Welt«, bemerkte der hierzulande viel zu wenig beachtete Philosoph, Gesellschaftsanalytiker und Aktivist Gáspár Miklós Tamás.[12] Seine auf das Wesentliche verknappten Essays erhellen, wie alle aufsteigenden rechtsextremen Bewegungen oder autoritären Politiker – ob in oder außerhalb traditioneller Parteien – den Ausschluss, die Selektion von Migranten und Minderheiten oder angeblich Unproduktiven und deren »Entsorgung« als Hebel ihrer Machtentfaltung nutzen.

Die große Wanderung geht weiter, aber klare Vorhersagen sind problematisch. Während die Zahl der Klimaflüchtlinge von Jahr zu Jahr steigt, weil vor allem im globalen Süden verwüstete, verödete Gebiete sich ausweiten, gibt es keine Gewissheit, wie stark und wie schnell sich der Prozess entwickeln wird – zu zahlreich sind die Szenarien, deren Auswirkungen wiederum davon abhängen, wie auf die

Symptome von Dürre und Bränden, von Smog und Überflutungen reagiert wird. Es bestätigt sich wieder einmal: Prognosen bleiben schwierig. Deshalb vergleichen Forscher, Experten, Lobbyisten für Umweltschutz die Lage gern mit einem Flugzeug, in das man kaum einsteigt, wenn man weiß, dass die Absturzwahrscheinlichkeit zwischen zehn und zwanzig Prozent liegt. Aber beim grünen Umbau will man abwarten, obwohl die Absturzwahrscheinlichkeit mit jedem Tag zunimmt.

Bei genauem Hinsehen zeigt sich, dass das eine Geschichte für reiche Länder ist. Arme, die sich das Fliegen nicht leisten können, steigen täglich, ja stündlich in Boote, die für eine Fahrt übers Meer nicht geeignet sind und bei denen die Wahrscheinlichkeit, dass sie tatsächlich sinken, weitaus größer ist als für das fiktive Flugzeug die Gefahr des Absturzes.

Und wie steht es um die Chancen der Flüchtlinge? Die untere Schicht flieht gar nicht nach Europa, sondern innerhalb ihres Heimatlandes oder in die angrenzenden Staaten. Es ist allenfalls eine Minderheit, die Schlepper in untaugliche Boote setzen, mit denen sie nach Europa gelangen sollen. Diejenigen, die es tatsächlich bis Europa schaffen, stranden zum großen Teil in den Ländern dies- und jenseits der Außengrenzen, nur relativ wenige schaffen es bin in die Mitte des Kontinents.

Die Beamten in der Ausländerbehörde haben es mit diesen global gesehen wenigen zu tun. Sie stellen die Verbindung her. Wie ein dünnes Rinnsal stellen sie die Verbindung her zu den ungefähr zwei Dritteln der fast acht Milliarden Menschen weltweit, die im globalen Süden leben und von denen Hunderte Millionen in entsetzlicher Armut dahinvegetieren. Die meisten jener wenigen, die nach Europa auswandern, die fliehen wollen oder keinen anderen Ausweg sehen, müssen die gefährlichste Grenze der Welt überwinden. In deren nordafrikanischem Vorfeld gilt heute wieder, was der eingangs zitierte Alfred Polgar im Jahr 1938 auf seiner Flucht über die Tschechoslowakei und Frankreich nach Hollywood in einem Gleichnis ausdrückte: »Ein Mensch wird hinterrücks gepackt und in einen Strom geschmissen. Er droht zu ertrinken. Die Leute zu beiden Seiten des Stromes sehen mit Teilnahme und wachsender Beunruhigung den verzweifelten

Schwimmversuchen des ins Wasser Geworfenen zu, denkend: wenn er sich nur nicht an unser Ufer rettet! Abel, wenn er vor den Mordabsichten seines Bruders Kain geflohen wäre, hätte als Emigrant bittre Unannehmlichkeiten zu erdulden gehabt. Er wäre sein Leben lang in der Welt herumgelaufen mit dem Abel-Zeichen auf der Stirn.«

Der Seiltänzer setzt Fuß vor Fuß auf das dünne Seil über dem Abgrund. Zumindest sieht es so aus. Seilgänger ist genauer, denn es geht von ihm keine tänzerische Leichtigkeit aus. Keine Anmut der Zauberei, sondern die Angst der Sackgasse. Die Balancierstange umkrallt er, kein Sicherheitsseil wird ihn bei einem Fehltritt retten. Jeder Schritt ist gefährlich. Es ist keine gebannte Zuschauermenge, die seinen Gang über den tiefen Schlund verfolgt, vielmehr wird er von beiden Seiten beschossen. Eine Kugel traf ihn schon, zumindest blutet er, aber er kann sich noch über dem Abgrund halten. Oder ist es der Moment des Anhaltens, die letzte Energie vor dem plötzlichen Zusammenbruch, die das Bild von Normalität vorgaukelt? Er sitzt unentrinnbar in der Falle, er ist am Ende, nur eine unbändige Lebenskraft lässt ihn noch kämpfen.

Das Bild des Seiltänzers entstand während Olaf de Bodts erster Maltherapie in der Klinik. Diese existenzielle Einsamkeit vermutet niemand, der mit ihm durch sein Viertel schlendert. Ständig begrüßt er irgendwen, erläutert, woher dieser oder jener kommt – aus Bosnien, aus dem Kosovo, aus Kasachstan, aus dem Libanon, dem Westjordanland und dem Maghreb. Beim »Italiener« kommt der Chef aus der Küche, sie haben sich lange nicht gesehen. Er sei zu Hause gewesen, sagt der Mann. Umarmung. Ein Grappa vom Haus. Doch er war nicht in Triest oder Palermo, Rom oder Genua, er fuhr mit seinem Auto durch Europa und die Türkei bis zu seinem Geburtsort bei Erbil im Irak. Ein Teil seines Familienclans lebt noch dort, andere an verschiedenen Orten in Europa.

Nach dem Essen erläutert Olaf de Bodt bei einem Glas Wein sein Bild des von allen Seiten Angegriffenen. Mittlerweile sieht er die Situation, die ihn krank machte, als einen von ihm oder seinen Kollegen nicht zu lösenden Widerspruch, der immer mehr Menschen traumatisiert. Eine Mitarbeiterin, die er noch aus der Ausbildung kennt, eine junge Frau von Anfang dreißig, gestand ihm kürzlich, sie habe Albträume. Ob er so etwas kenne?

»Mit unserem Verhalten«, meint Olaf de Bodt, »machen wir uns die Hände schmutzig, und das, obwohl die meisten Asylbewerber mit einem Anwalt an ihrer Seite kommen, die Entscheidung rechtsstaatlich getroffen und in 99,9 Prozent der Fälle gerichtlich überprüft wird. Wir müssen alle Facetten berücksichtigen, sonst wird die Abschiebung auf juristischem Weg verhindert. Dennoch sehe ich mich durch den Ermessensspielraum heute als den ›Mann an der Rampe‹, natürlich nicht gleichwertig mit damals, aber ich musste entscheiden: Du bleibst in Deutschland und du wirst abgeschoben hinter die Außengrenzen der Europäischen Union.«

Noch immer schießen ihm Tränen in den Augen, wenn er von seinen beiden Zusammenbrüchen, der Traumatisierung und den mittlerweile professionellen Behandlungen in guten Kliniken spricht. Er weiß, die meisten traumatisierten Flüchtlinge werden eine solche Behandlung niemals erhalten.

Olaf de Bodt drohen Bilder, Erinnerungen zu bedrängen und zu quälen, sobald er einem der damals Beteiligten zufällig auf der Straße oder in einem Geschäft begegnet. Zuweilen geschieht das auch ganz unvermittelt und ohne Auslöser. Größere Menschenansammlungen, Volksfeste meidet er. Die Karte für ein Konzert der Rolling Stones, seiner Lieblingsband, ließ er verfallen. Der Anblick der vielen herbeiströmenden Besucher erschreckte ihn derart, dass er umkehrte und nach Hause fuhr. Die ungenutzte Karte verwahrt er in seiner Wohnzimmervitrine. Manchmal kann es auch ein Gebäude sein, das wie eine Katze der Erinnerung seine Krallen ausstreckt. Wenn er zu seinem Therapeuten geht, meidet er das Haus, in dem sein Büro untergebracht war. Einmal sprang dort einer, der abgeschoben werden sollte, vor seinen Augen aus dem Fenster.

Mit der Rückführung von Bürgerkriegsflüchtlingen aus dem zerfallenden Jugoslawien war Olaf de Bodt in seiner zweiten Phase in der Ausländerbehörde befasst. Jahrelang konnten sie in ihre Städte und Dörfer nicht zurückkehren, weil diese zerstört oder einem Nachfolgestaat zugeschlagen worden waren, in dem sie nicht akzeptiert wurden. Manche, die 1992 in die Bundesrepublik kamen – oftmals zu Angehörigen, die einst als Gastarbeiter angeworben worden waren –, wurden erst 2012 abgeschoben. In all diesen Jahren waren die Flüchtlinge vom Balkan ausreisepflichtig und nur geduldet. In dieser Zeit wuchsen manchmal zwei Generationen von Nachkommen heran, die Jugoslawien gar nicht kannten, nur Deutschland. Das geltende Recht verhinderte, dass sie eine Aufenthaltsgenehmigung erhielten. Da viele gut integriert waren, Wurzeln geschlagen hatten und vielfältig verflochten waren, wuchs der öffentliche Druck gegen Abschiebungen in die Nachfolgestaaten Jugoslawiens, die noch nicht in der EU waren oder sind. Familien wurden zerrissen, wenn Ehen mit Deutschen geschlossen worden waren.

Dass die Abschiebungen zum großen Teil Abschiebungen in die Armut waren, wusste Olaf de Bodt, da sie wegen der teilweise nur rudimentär wieder aufgebauten Infrastruktur auf dem Westbalkan nicht im Winter erfolgen sollten. Zunächst hatte man von staatlicher Seite versucht, diese Maßnahme mit Rückkehrhilfen zu umgehen, aber der Versuch war wenig erfolgreich, da die Betroffenen nicht in ihr Heimatland zurückkehrten, sondern in einen nur allzu oft maroden Nachfolgestaat. Dass sich dort mit 2000 Euro eine neue Existenz aufbauen ließ, war eine Illusion. Wie sehr die Rückkehr von der Situation vor Ort abhing, erkannte Olaf de Bodt schon daran, dass die Kroaten am ehesten die freiwillige Rückkehr erwogen, während die Kosovaren so lange wie möglich blieben.

Zuweilen traf Olaf de Bodt Rückkehrer, die ihre Verwandten in Deutschland besuchten. Sie berichteten ihm von dem Misstrauen, das die in der alten Heimat Gebliebenen ihnen entgegenbrachten. Da hieß es schnell, ihr seid in den goldenen Westen abgehauen, habt dicke Autos gefahren, und wir haben im Krieg gelebt und gelitten. Die Zurückkehrenden wurden durchaus nicht mit offenen Armen empfangen.

Olaf de Bodt quälten bald neue Albträume. In ihnen ging es um die Kinder, die aus allem – der Schule, dem Freundeskreis – herausgerissen wurden und in ein völlig fremdes Land kamen unter Menschen, deren Sprache sie kaum sprachen und zum Teil nicht einmal verstanden. »Nach Albträumen wachte ich schreiend auf und hatte die verstörten Kinder vor meinen inneren Augen.«

Alle versuchten, ihre Hände in Unschuld zu waschen. So erlebte de Bodt, wie ein Amtsrichter im Gerichtssaal zu dem Verhafteten sagte: »Sie sind nicht hier, weil ich es will, sondern weil es die Ausländerbehörde will. Sie beantragte Abschiebehaft, und mir sind die Hände gebunden.« Ein Polizeibeamter sagte zu einem zwecks Abschiebung Festgenommenen: »Ich drehe mich mal um, und du lauf mal weg.«

Mit schwindender Überzeugung sagte Olaf de Bodt Mitarbeitern wie Bürgern, wenn diese gegen die Abschiebung von gut eingelebten Menschen protestierten, die oft sogar Lücken an ihren Arbeitsstellen hinterließen: »Wir machen keine Gesetze, wir setzen sie um.«

Olaf de Bodt ist in einer Beamtenfamilie aufgewachsen, er kennt die besondere Treueverpflichtung des Berufsstandes. Er meinte es ernst, als er den Beamteneid ablegte, es war kein falsches Versprechen in der Hoffnung auf höhere Bezüge. Aber er sah, wie vieles porös wurde und schließlich zerbröselte. Und so kam es schließlich zu seinem zweiten, wahrscheinlich endgültigen Abschied von der Ausländerbehörde.

GIBT ES EINEN AUSWEG OHNE LEID?

Die Geschichte ... führt ihren Triumphwagen über Haufen von Leichen, nicht nur im Krieg, sondern auch in Zeiten »friedvoller« ökonomischer Entwicklung.

FRIEDRICH ENGELS

»Du kannst Deutsch sprechen«, sagt die schlanke Frau, die zu mir herunterschaut. Auf meinem Tisch liegt die von dem jugoslawischen Autor Ivan Ivanji selbst ins Deutsche übersetzte Romanbiografie *Kaiser Konstantin*. Ich sitze auf der Terrasse eines Cafés in Thessaloniki vor dem bleiernen Meer unter einem metallisch verhangenen Himmel. An der Hafenpromenade mit dem Weißen Turm tummeln sich schwarze Straßenhändler, die Schuhe, Uhren, Schmuck, Geldbörsen und anderes mehr feilbieten. Es ist, als würden sie hier schon immer stehen, scherzen, feilschen, verkaufen. Skeptisch beäugen flanierende Touristen die Waren. Eher – so scheint es – entscheiden sie sich für einen Drink in einem der Cafés oder in einer der Bars, die es hier reichlich gibt. Die Kellnerin mit den hochgesteckten Haaren beugt sich wieder zu mir herunter, stellt den Frappé sketo auf den osmanisch niedrigen Tisch.

Viele Städte sind Thessaloniki – in der Geschichte, aber auch in der Gegenwart. In der Nähe des alten Bahnhofs, wo gestern Deutsche und Kollaborateure Juden zur Vergasung deportierten, hausen heute Flüchtlinge, zum Teil in Bauruinen der griechischen Krise. Die Furie des Verschwindens tobte immer wieder durch die Stadt, Menschen wurden ausgetauscht, vertrieben, vernichtet, Flüchtlinge kamen an.

Plötzlich kehlige Stimmen, wildes Gefuchtel mit den Armen. Ich werde aus meinen Gedanken gerissen, weil sich etwas bewegt. Sekundenschnell packen die schwarzen Händler ihre illegalen Waren zusammen. Die angeblichen Produkte von Boss und anderen Luxusmarken liegen auf Decken, die zu Säcken werden, wenn sich ein Polizeiauto nähert. Zuerst sah ich das 2005 in Barcelona.

Sie verkaufen gefälschte Waren und haben oft falsche Lebensläufe, um als Flüchtlinge anerkannt zu werden. Die Kellnerin kennt diesen Kampf, die Händler kommen bald wieder, weil sie müssen, aber die Polizei muss auch. Es ist ein Kommen und Gehen, ein Vertreiben und Flüchten im Kleinen.

Warum die Kellnerin Deutsch lernt, will ich wissen. Sie hat ein Studium abgeschlossen und möchte nach Deutschland auswandern. Sie ist, wie ich bald erfahre, kein Einzelfall. Die Goethe-Institute sind so überlaufen, dass private Sprachschulen gegründet werden. Deutsch zu lernen, höre ich immer wieder auf meiner Reise quer durch den Balkan, sei eine Investition in die Zukunft. Beim Aufschreiben bemerke ich, dass ich, was ich nicht wusste, den Generalbass meiner Reise schon in diesem Café hörte: Touristen kommen, Einheimische gehen, Flüchtlinge wollen weiterziehen. Aber die Melodien unterscheiden sich doch sehr.

Der Fuß eines Uniformierten auf dem Rücken eines Niederknienden, ein bewaffneter Reiter über einem gestürzten Krieger. Momente nach einem Drama, Augenblicke des Sieges. Gesichtslose Gestalten, der Zahn der Jahrhunderte nagte im Stein. Es hupt und tuckert, es stinkt nach Benzin und Schweiß, Passanten hasten vorbei, Touristen machen Selfies vor den Ruinen des Galeriusbogens. Ein Presslufthammer dröhnt ein Stakkato.

Rom und Gegenwart verbinden sich im griechischen Thessaloniki. Die noch vor einem Jahrhundert beschauliche Hauptstraße, die auf Rom zurückgehende Egnatia, ist ein Moloch, vollgestopft mit Büros und Geschäften, Baustellen und antiken Trümmern. Der Stein gewordene Triumph des römischen Kaisers Galerius spricht nicht unmittelbar zu uns. Es gibt keine Offenheit wie beim Fries des Pergamonaltars. Gerade der naive Betrachter sieht dort ein scheinbar offenes Ringen. Peter Weiss hat es am Anfang seines Werkes *Ästhetik des Widerstandes* als Sinnbild des die Geschichte durchziehenden Klassenkampfes gedeutet. Nur das dramatisch Bewegte langweilt nicht, das scheinbar Entschiedene schon.

Wer die Geschichte des Galeriusbogens kennt, findet unter der Oberfläche Dramen von brennender Aktualität. Der Triumphbogen verherrlicht einen Sieg über die Perser. Immer wieder führte das Römische Reich Kriege im Nahen Osten, eroberte Gebiete und musste diese wieder zurückgeben, wenn sie hinter dem heutigen Jordanien lagen. Wie die USA sich derzeit zwischen Bagdad und Teheran überdehnen und ihre Weltvorherrschaft verlieren, musste auch Rom an den Ufern von Euphrat und Tigris lernen, dass es bei aller Machtfülle auch Grenzen für ein Imperium gibt.

Unter Kaiser Trajan, am Beginn des 2. Jahrhunderts, erreichte das Römische Reich seine größte Ausdehnung. Die nachfolgenden Kaiser aber mussten die Provinzen Assyria und Mesopotamia, weitgehend der heutige Irak, wieder aufgeben. Später entstand im iranischen Sassanidenreich ein Rivale mit Weltmachtanspruch. Galerius konnte die Perser zwar zurückschlagen, aber nicht verhindern, dass sie sich als Gegengewicht etablierten. So geschlagen, wie auf dem Triumphbogen dargestellt, blieben sie nicht lange.

Der römische Code ist in den USA bei allem zeitlichen Abstand und den dadurch entstehenden Differenzen von Anfang an nicht zu übersehen. Das Parlamentsgebäude heißt Capitol. Neben einheimischem Marmor ist hier weißer Stein aus dem italienischen Carrara verbaut worden. Die höhere Kammer heißt Senat. Und auf den Dollarnoten steht lateinisch: E pluribus unum – »aus vielen eines« oder eben one from many. In den Hauptstädten der US-Bundesstaaten entstanden säulenreiche kleine Roms wie einst in der Antike. Nun könnte ein Anzeichen des Alters in der gleichen Weltgegend zutage treten.

Kurzschlüsse, das Rom damals unterging und die USA in naher Zukunft, sollte man vermeiden. Selbst das persische Gegengewicht, durch das das alte Imperium genau dort in die Krise geriet, wo den USA das heute widerfährt, hat nicht verhindert, dass Rom danach weiterhin Großes leistete. So baute einer der Nachfolger des Galerius, der als Konstantin der Große in die Historie eingegangen ist, die Stadt Byzantion am Bosporus zum Neuen Rom aus. Nach seinem Tod wurde daraus Konstantinopel, die Hauptstadt des Oströmischen Reiches, und Byzanz das zweite Rom. Von hier lenkten die Osmanen die Geschicke eines Teils des Balkans, nicht zuletzt die von Thessaloniki. Heute ist diese Stadt Istanbul eine der bedeutenden Metropolen der Welt.

Thessaloniki, benannt nach einer Halbschwester Alexanders des Großen, stieg mit seinem Völkergemisch bereits in römischer Zeit auf. Als Galerius nach dem Sieg über die Perser hier im Triumph vorbeizog, war die Balkanhalbinsel erstmals vereint. Wenn die Überlieferung stimmt – gerade zu dieser Epoche überlagern und widersprechen sich viele Berichte –, saß ein Sklave neben dem Triumphator und erinnerte diesen beharrlich an die Sterblichkeit der gottgleichen Kaiser: *Memento mori! Memento mori!*

Die Römer fürchteten die Hybris, die die griechischen Helden zuweilen ergriff. Die Gier, die Überheblichkeit wurde vielen zum Verhängnis. Die Sieger von heute sind die Besiegten von morgen oder, mit Ivo Andrić gesagt: »Im Vollruhm der Tat verbrennt man, erblindet, ertaubt und verliert man für alle. Wer hat es gewusst, dass es so finster ist in den heroischen Seelen.«[13]

Im 5. Jahrhundert, nach der Reichsteilung von 395, der Geburtsstunde von Byzanz, entstanden Grenzen, die verschiedene Machthaber in den mehr als anderthalb Jahrtausenden seither immer wieder vor- und zurückverlegten. Aber die Scheidung zwischen Ost und West verlief immer in dieser Gegend. Der südliche Balkan entwickelte sich zu Europas Nahem Osten. Auf dieser Grenze ist das Werk des eben zitierten Ivo Andrić angesiedelt, des einzigen Nobelpreisträgers der Region im engeren Sinn. Im weiteren Sinn gehört die Türkei dazu und somit der zweite Nobelpreisträger Orhan Pamuk, der Andrić seinen Vorläufer nennt.

Heute ist das Gebiet zwischen Istanbul und Triest, zwischen Thessaloniki und Belgrad in eine Vielzahl von Staaten geteilt. Viele davon sind zu klein, um selbstständig agieren zu können. Größere Mächte versuchen, als Schutzmächte Einfluss zu gewinnen.

Geht man vom Galeriusbogen über die gewaltige Rotunde weiter vom Meer weg, kommt man zum einzigen Museum, das nicht auf den einschlägigen Touristenkarten vermerkt ist: das Atatürk-Museum. Der Staatsgründer der modernen Türkei wurde hier geboren. Den Verlust seiner Heimatstadt an Griechenland verwand er nie. Schon auf dem Weg dorthin sieht man bewaffnete Wachmannschaften. Das spiegelsymmetrisch aufgebaute Haus mit den zwei markanten Erkern beeindruckt durch Schönheit und Normalität. Die hohen Stahlgitter vor dem Eingang stören diesen Eindruck, sie haben etwas von Hochsicherheitstrakt. Besucher müssen klingeln. Drinnen durchläuft man eine Kontrolle wie bei einem Grenzübertritt.

Auf alten Fotos und Filmen präsentiert sich ein Thessaloniki, das der Brand von 1917 weitgehend zerstörte. Die Katastrophe begann in einem Lager von Weltkriegsflüchtlingen. Man sieht eine Stadt mit vielen osmanischen Häusern, darunter das Geburtshaus Atatürks. Auf manchen Bildern aus der Spätzeit der osmanischen Herrschaft wirkt die Stadt wie aus Tausendundeiner Nacht mit ihren bleistiftartigen Minaretten, die mit den Masten der auf dem Wasser schaukelnden Schiffe korrespondieren. Verschwunden ist das eine wie das andere – die Segelschiffe mit dem technischen Fortschritt, die Minarette mit der Vertreibung der Türken.

Neben der Rotunde, einem rätselhaften und beeindruckenden Gebäude, erhebt sich eines der wenigen Minarette, die es in Thessaloniki noch gibt. Mutmaßlich wurde der Bau als Grablege für den Christen verfolgenden Kaiser Galerius errichtet, später dann zu einer christlichen Kirche und in osmanischer Zeit zu einer Moschee umgebaut.

Thessaloniki blickt auf eine zweitausendjährige Stadtgeschichte zurück, allerdings sind viele Epochen darin nahezu ausgelöscht. Die osmanisch-jüdische Symbiose war die Glanzzeit dieser Stadt. Gerade das macht einigen Griechen zu schaffen. Während das osmanisch-jüdische Thessaloniki blühte, waren viele Städte Griechenlands über Jahrhunderte nur schwach besiedelt und das einst große Athen lediglich ein Dorf in antiken Ruinen.

Über zwei Jahrzehnte habe ich immer wieder mit dem in Athen lebenden Schriftsteller Petros Markaris diskutiert, der mit seinen Gesellschaftsromanen in Krimiform die Hauptstadt Griechenlands vielgestaltig charakterisiert. Der 1937 in Istanbul geborene Grieche mit armenischen Wurzeln hat am Bosporus ein österreichisches Realgymnasium besucht und Jahrzehnte später Brecht und Goethe übersetzt. In seiner Jugend erlebte er die Stadt als eine nichtidentitäre Metropole. Türken, Griechen, Armenier, Juden und andere lebten einträchtig nebeneinander, obwohl es 1923 den großen Bevölkerungsaustausch gegeben hatte, bei dem viele Griechen die Türkei und viele Türken Griechenland verlassen mussten. »Seit 1955 ging es immer mehr bergab«, so Petros Markaris einmal im Gespräch, »es wurde unerträglich. Während der Zypernkrise in den fünfziger Jahren erlebte ich eine schwere Zeit in der Türkei. So wurde man sofort ermahnt, wenn man auf der Straße griechisch sprach, man lebte in ständiger Angst vor Pogromen. Für meine Eltern war diese Explosion nationaler Gefühle wahrscheinlich noch schwerer erträglich. Die Griechen in der Türkei zahlten einen hohen Preis für den Freiheitskampf der Zyprioten. Ich bin nicht gegen den Freiheitskampf, aber gegen den Nationalismus. Ich werde niemals den Nationalismus der Zyprioten rechtfertigen oder entschuldigen, der bis heute da ist.«[14]

Als die britische Besatzungsmacht Zypern 1955 verließ und die griechische Mehrheit sich anschickte, die Insel vollständig zu übernehmen, warf ein türkischer Agent eine Bombe in das Geburtshaus Atatürks im griechischen Thessaloniki, woraufhin der provozierte Volkszorn in Istanbul hochkochte.

In *Istanbul. Erinnerungen an eine Stadt* setzt sich Orhan Pamuk mit diesem düsteren Kapitel auseinander. »Dadurch, dass nach Gründung der Nationalstaaten der türkische und der griechische Staat ihre jeweiligen Minderheiten wie Geiseln behandelten, haben in den letzten fünfzig Jahren mehr Griechen Istanbul verlassen als in den fünfhundert Jahren nach 1453.«[15] Bekanntlich eroberten die Türken damals Konstantinopel. Aus der Hagia Sophia (Heilige Weisheit), der Krönungskirche der byzantinischen Kaiser, wurde die Hauptmoschee der Osmanen und beeinflusste fortan die osmanische Baukunst.

Der Mob plünderte, vergewaltigte und raubte 1955 hemmungslos. Orhan Pamuk meint, man könne mit Fug und Recht behaupten, »dass diese Leute nicht minder erbarmungslos vorgingen als seinerzeit die Konstantinopel plündernden Soldaten Sultan Mehmeds. Zwei Tage lang wurde Istanbul für alle Nichtmuslime in eine Hölle verwandelt, die schlimmer war als ihr schlimmster orientalischer Albtraum, und später kam heraus, dass staatliche Agitatoren dem Pöbel in Aussicht gestellt hatten, es dürfe nach Herzenslust geplündert werden.«

Auf Fotos sieht man Häuser mit zerborstenen Fensterscheiben, ausgebrannte Autos liegen mit dem Dach nach unten auf dem Pflaster, das übersät ist mit zertrümmertem Hausrat und zerfetzten Papieren. Scharfkantige Scherben aus Glas und Porzellan bedecken die Straße. Man hört förmlich das Knirschen unter den Schritten der Passanten. Über all dem Schrecken flattern türkische Fahnen. Es sind Bilder, die denen der deutschen Pogrome vom 9. November 1938 ähneln.

Orhan Pamuk, aus einer wohlhabenden, westlich orientierten Familie stammend, weist auf einen extremistischen Aspekt der entfesselten Meute hin. Ihm sind die Pogrome auch deshalb so gegenwärtig – er erlebte sie als Dreijähriger –, weil man in seiner Familie über Jahre immer wieder davon sprach. Seine Großmutter und sein Onkel hatten ängstlich den Pöbel beobachtet, der neben den Parolen gegen Griechen und Christen auch die eine oder andere gegen Wohlhabende grölte. »Wenige Tage zuvor hatte mein Bruder in Aladins Laden eines jener kleinen türkischen Stofffähnchen gekauft, die wegen des aufkommenden Nationalismus damals überall erhältlich waren, und hatte es in das Auto meines Onkels gehängt. Diesem Umstand hatten wir es wohl zu verdanken, dass die Randalierer unseren Dogde weder umstürzten noch ihm die Scheiben zerschlugen.«[16]

Immer hat der Nationalismus auch einen sozialen Boden, er will ein Volk ohne Klassen und Schichten. In der Mitte Europas kennt man die Erfahrung ebenfalls. Hier bündelt sich dieser Schrecken in dem schönfärberischen Wort »Kristallnacht«.

Zu seiner Geburtsstadt Istanbul hält Petros Markaris Kontakt, bisweilen reist er drei- bis viermal im Jahr an den Bosporus. »Ich finde Istanbul eine spannende, eine ausgesprochen erotische Stadt. Man verliebt sich in sie. Diese alten, zum Teil verfallenden Stadtviertel, das Zentrum, der Bosporus, das Meer. Dieses Pendeln zwischen Europa und Asien ist einmalig.«[17]

Petros Markaris glaubt, dass die großen Monarchien des 19. Jahrhunderts, die supranationalen Staatsgebilde wie das Osmanische Reich und die ungarisch-österreichisch Doppelmonarchie, verhindert haben, dass die Bürger nationalistisch geprägt wurden. Erst mit dem Untergang dieser Reiche im Ersten Weltkrieg zog das Zeitalter der mörderischen Nationalismen herauf. Das alte Osmanische Reich kannte den Nationalismus gar nicht. Jahrhundertelang waren dort die Außenminister Griechen. In Griechenland dagegen tendierte man schon früh zum Nationalstaat.

»Atatürk, den ich bewundere, weil er in so kurzer Zeit viel geschaffen hat, benutzte den Nationalismus als ein starkes Mittel, um die Glieder dieser Gesellschaft zusammenzuhalten. Auch in Griechenland, auch in Serbien gibt es diesen aggressiven Nationalismus seit dem Zerfall der großen Monarchien. Es ist ein Teufelskreis, und es gibt keine politischen Lösungen. Leider. Bis wir so weit sind, werden wir nicht glücklich. Aber das ist nicht nur auf dem Balkan so. Als die französische Regierung das freie Selbstbestimmungsrecht anerkannte, waren die Spanier unglücklich – wegen der Basken –, und in Belgien waren sie es wegen Flandern. Wenn es so weiterginge wie auf dem Balkan, hätten wir ganz kleine Flecken als Nationalstaaten.«

In Grenz- und Übergangsregionen mit Einflüssen von verschiedenen Mächten können die Städte wachsen wie Bäume, die neue Ringe anlegen. So etwa in Baku oder Marrakesch. Dort aber, wo über Jahrhunderte Gewalten von Erdbeben bis Eroberern toben, findet man oftmals wie in Thessaloniki oder Belgrad nur noch Rudimente der älteren Geschichten und Epochen. Die einen fliehen, die anderen kommen an.

»Hütet euch, ihnen zu sagen«, so schrieb der auf Kuba geborene italienische Schriftsteller Italo Calvino aus seiner Erfahrung an den Rändern, »dass zuweilen verschiedene Städte auf demselben Boden und mit demselben Namen aufeinander folgen, entstehen und vergehen ohne gegenseitige Mitteilbarkeit. Manchmal bleiben auch die Namen der Einwohner und der Klang der Stimmen und sogar die Gesichtszüge die gleichen; doch die Götter, die unter den Namen und über den Orten thronen, sind wortlos gegangen, und an ihrer Stelle haben sich fremde Götter eingenistet.«[18]

Der Sturmwind der Globalisierung vereint die Menschheit und treibt sie auseinander. Die Furie der Vereinheitlichung der Welt kämpft dabei mit der Furie des Verschwindens. Dabei ist eine Sehnsucht nach dem Spezifischen entstanden. Immer mehr Menschen werden in ihrer Freizeit – die digitale Technik ermöglicht das – zu

Ahnenforschern. Ablagerungen, verborgene Schichten, Bruchstücke werden – oft mit ganz neuen, komfortablen Methoden – zusammengesetzt. Es formt sich bislang kein Ganzes, aber die Untoten der Vergangenheit kommen hervor. Gerade Thessaloniki beschäftigt sich in den letzten Jahrzehnten mit den Überbleibseln der untergegangenen Städte auf seinem Gebiet, so etwa mit jenem Thessaloniki, das als Jerusalem des Balkans galt.

Zum Holocaust-Gedenktag 2018 sprach Giannis Boutaris, damals Bürgermeister von Thessaloniki, einen denkwürdigen Satz: »Für die christliche Bevölkerung waren die Überlebenden ›nicht genutzte Seife‹, wie ein US-Reporter berichtete, eine Bedrohung aus der Vergangenheit, die einfach nicht verschwinden wollte.«[19]

Eine stille und manchmal nicht so stille Kollaboration mit den Nationalsozialisten hat es gegeben. Die einst von Juden bewohnten Häuser bezogen Griechen und andere. Und die Zerstörung des jüdischen Erbes ging weiter, als die Deutschen geschlagen und abgezogen waren. Griechen und Juden, aber auch Muslime lebten in Griechenland noch lange getrennt. So wurde in Hellas erst ein Jahr nach dem Beitritt zur Europäischen Gemeinschaft, dem Vorläufer der EU, die Zivilehe eingeführt. Juden konnten bis 1982 »richtige« Griechen nur heiraten, wenn sie zum orthodoxen Glauben übertraten. Die ethnische Trennung entlang religiöser Zuordnungen hatte es den deutschen Besatzern erleichtert, die jüdische Parallelgesellschaft zu deportieren und zu ermorden.

Das jahrhundertelange Neben- und nicht Miteinander hinterließ Spuren bis heute. Boutaris, der nach seinem altersbedingten Ausscheiden als Bürgermeister seit Juni 2019 Gründungsdirektor eines Holocaust-Museums ist, spricht davon, dass man auf den Straßen von Thessaloniki ganz nebenbei, aber für den Wissenden verstörend, auf eine uns noch immer verfolgende, uns heimsuchende Vergangenheit stößt: »Da ist etwa der mit Marmorplatten gepflasterte Vorhof der Agios-Dimitrios-Kirche, bestehend aus Hunderten von Grabstelen des jüdischen, einst von Deutschen und griechisch-orthodoxen städtischen Angestellten zerstörten Friedhofs, nach Ansicht des für den Wiederaufbau verantwortlichen Archäologen Stylianos Pelekanidis ›wertloses‹ Material. Da sind das Achepa-Krankenhaus und die

Aristoteles-Universität, errichtet auf einer der bedeutendsten Nekropolen Europas. Da sind die jüdischen Grabstelen, die vor dem historischen Gebäude des Militärischen Hauptquartiers und rings um das Königliche Theater ausgelegt sowie – im November 1948 – von der Stadt Thessaloniki beim Bau von Straßen und Bürgersteigen verwendet wurden, trotz heftiger Proteste der jüdischen Gemeinde.«

In die lange Reihe der Flüchtlinge, die hier ankamen oder von hier vertrieben wurden, wenn man sie nicht gar ermordete, gehört der überwiegende Teil der Juden Thessalonikis. Einige von ihnen, die griechischsprachigen Romanioten, lebten hier schon in der hellenistischen Epoche. Geprägt haben die Stadt aber vor allem die vielen Ende des 15. Jahrhunderts ankommenden sephardischen Juden. Diese Handelsleute, die die Seemacht Spanien vertrieb, waren in den Siedlungen an der Küste eine große Hilfe für die Osmanen, die aus dem asiatischen Erdozean mit seinen Steppen und Wüsten an die Gestaden des Mittelmeers kamen. Sie bauten Thessaloniki zu einem gewichtigen Hafen aus. Über drei Jahrhunderte war die jüdische Gemeinde dort so prägend, dass selbst Griechen und Türken, Bulgaren und Armenier, Albaner und andere Bewohner der Stadt sich an den Schabbat hielten.

Viele Sepharden sprachen Ladino, salopp Judenspanisch genannt. Überrascht hörte ich in Bulgarien, wie der große Romancier und Filmemacher Angel Wagenstein, dessen Vorfahren vor einem halben Jahrtausend aus Toledo vertrieben wurden, in dieser Mischsprache ein Lied sang. Wagenstein schrieb nach eigenen Erlebnissen das Drehbuch für den Filmklassiker *Die Sterne*, der 1959 den großen Preis der Jury in Cannes erhielt. Da der Film eine Produktion der ostdeutschen DEFA ist, Konrad Wolf Regie führte und die meisten Mitglieder des Filmteams DDR-Bürger waren, ist es der erste deutsche Spielfilm über die Shoah. Wegen der Nichtanerkennung der DDR lief der Film über die Juden Thessalonikis 1959 in Cannes als bulgarische Produktion. Einige Szenen sind untertitelt, da in Ladino gedreht.

Das Jerusalem des Balkans ist die griechische Hafenstadt nach ihrer langen blutigen Geschichte nicht mehr. Im Laufe des 20. Jahrhunderts – vor allem nach dem Bevölkerungsaustausch zwischen Griechenland und der Türkei 1923 und nach der Flucht, Deportation und Ermordung der Juden unter den Nationalsozialisten – schien es für immer vorbei zu sein mit dem Völkergemisch. Spätestens nach dem Bürgerkrieg war Thessaloniki 1950 eine weitgehend griechische Stadt. Doch seit die Griechen sich der verdrängten jüdischen Geschichte öffnen, findet man in den Straßen Thessalonikis Besucher aus Israel, die die Seelen ihrer vertriebenen und ermordeten Vorfahren suchen. Viel ist allerdings nicht erhalten geblieben von der »Madre de Israel«, der Mutter Israels, wie die jüdischen Einwohner die über Jahrhunderte weltweit größte jüdische Gemeinde nannten.

Schon seit dem Zusammenbruch der Sowjetunion 1991 veränderte sich die Stadt ganz allmählich. Es kamen Ukrainer und Kasachen, Russen und Georgier, Polen und andere Osteuropäer, schließlich Flüchtlinge aus den Zerfalls- und Aufteilungskriegen Jugoslawiens und zunehmend aus den Krisen- und Fluchtgebieten der Welt, aus Afghanistan und Pakistan, aus dem Nahen Osten und Schwarzafrika. Etliche Türken flohen nach dem gescheiterten Militärputsch 2016 nach Griechenland, wie zuvor die Griechen auf dem Höhepunkt der griechischen Krise nach Istanbul oder Izmir geflohen waren, da mochten die Beziehungen zwischen der Türkei und Griechenland noch so angespannt sein.

Es ist durchaus möglich, dass ein Grieche als Geburtsort das georgische Tiflis angibt und sagt, dass er mit seiner Familie in die Heimat zurückgekehrt sei, obwohl weder er noch seine Vorfahren, so weit man sich an sie erinnern kann, jemals in Griechenland waren. Die letzten Reste der Schwarzmeergriechen scheint es heute ins wirtschaftlich schwer gebeutelte Griechenland zurückzuziehen, das ihre Vorfahren in der Antike verlassen haben. Oder ist das nur eine Momentaufnahme vor einer neuen Suche und einem neuen Aufbruch rund ums Schwarze Meer?

Nicht alle, die nach Thessaloniki emigrieren, sind arm, allerdings haben die wenigen Reichen zum Teil bizarre Biografien. Um den 1959 in der Sowjetunion geborenen einflussreichen russisch-griechischen Oligarchen Ivan Savvidis ranken sich Geschichten, die schwer zu überprüfen sind. Sicher ist, dass er als Besitzer und Präsident des Fußballvereins PAOK Thessaloniki 2018 nach einer vermeintlichen Fehlentscheidung mit gezogener Pistole auf das Spielfeld rannte und den Schiedsrichter bedrohte. Die griechische Meisterschaft wurde daraufhin drei Wochen unterbrochen. Wegen Zigarettenschmuggels ist Savvidis bereits verurteilt, aber die Strafzahlungen ignorierte er bislang.

Vieles mag sich verändern, doch die neuralgischen Grenzregionen erweisen sich als überraschend beständig. Die Grenze zwischen Ost- und Westrom markiert die Übergangsregion bis heute. Das katholische Kroatien und das griechisch-orthodoxe Griechenland sind schwache Mitglieder der EU. In den Staaten dazwischen wirkt oft noch die muslimisch geprägte spätere Geschichtsepoche. Dass diese Grenzen noch virulent sind, zeigt sich im bis heute nachhallenden Kroatisch-Serbischen Krieg oder in der Zunahme der islamistischen Gewalt. Die Attentäter des 11. September 2001 hatten bosnische Pässe.

Nach dem Kaffee flanierte ich die Promenade entlang. Das Meer im Rücken, breiten die afrikanischen Händler wieder ihre Waren aus. Einer verkauft T-Shirts mit der Aufschrift »Greece Crisis«, und darunter steht:

»No job

No money

No problem«.

Für die Länder, in die ich nun aufbreche, gilt das erst recht, denn in ihnen ist die wirtschaftliche Lage im Schnitt noch schlechter.

Auf der Promenade, die zum Weißen Turm führt, dem Wahrzeichen der Stadt, posiert ein Mann ohne Kopf im weißen Anzug und mit Strohhut für Geld. Einige recken ihre Handys gen Himmel, um sich mit ihm abzulichten. Ein anderer Schausteller in goldenem Glitter macht dem Mann im weißen Anzug Konkurrenz. Kopflos, glitzernd drängt es zum Gold, zum Geld.

ALEXANDER DER GROSSE IN EINEM KLEINEN LAND

Die Hitze macht träge – bis auf das Hupen und Rauschen der klimatisierten Autos hört man kaum noch Geräusche, selbst Hunde und Katzen liegen ermattet unter einem wolkenlos blauen Himmel. Erst als der kalte Wind der Lüftung den Bus erfrischt, macht der Fahrer hin und wieder laute Scherze. Noch befinden wir uns in der schwülen

Ebene, gleiten vorbei an ausgedehnten Feldern, aber über den nahenden Bergen ballen sich schon dunkle Wolken. Als die Straße ansteigt, fährt der Wind in die Bäume, erste Tropfen streifen die Fenster, dann trommelt der Regen.

Die Fahrt nach Skopje verläuft zügig, und das scheint nicht nur zu gelten, wenn deutsche Reisende im Bus sitzen. Allerdings wird nach Flüchtlingen gesucht, schließlich ist es eine EU-Außengrenze. Grenzübergänge erfolgen immer konzentriert. Die weit umherschweifenden Gedanken der Reisenden richten sich allmählich nur noch auf eines: Wir nähern uns der Grenze. Das geht selbst Westeuropäern so, für die Grenzübergänge für gewöhnlich kein besonderes Hindernis darstellen. Dass die Grenze eine pochende Unruhe auslösen kann, wird jedem bewusst, der eine der Außengrenzen der EU überschreitet, erst recht, wenn er kein EU-Bürger ist.

Bei einer Zugfahrt von Thessaloniki nach Skopje erlebte ich einmal einen älteren, drahtigen Mann im Strickpullover und mit altertümlichen Gamaschen. Immer wieder tippte er mit dem Zeigefinger auf sein Handgelenk und schaute mich fragend an, alle paar Minuten wollte er die Uhrzeit wissen. Von innerer Unruhe bedrängt, ging er auf den Gang, riss die Schiebetür wieder auf, setzte sich erneut. Später war er tatsächlich einer der Letzten, die aus- beziehungsweise einreisen durften. Ein anderer Mitreisender musste an der Grenzstation den Zug verlassen – endgültig. Diesmal erlebe ich, wie der Busfahrer, der ungeniert mit einer Hand lenkte und mit der anderen salopp sein Handy hielt, auf einmal eilfertig rennt, die Papiere mit gekrümmtem Rücken in liebedienerischer Pose den Beamten vorlegt.

Immer noch ist die EU-Außengrenze auch eine der Zeit, denn man muss die Uhr um eine Stunde vor- oder zurückstellen. Der Verkehr wirkt geordneter als früher. Allerdings könnte das eine Täuschung sein. In der Türkei leben – nach Angaben des Flüchtlingswerks der Vereinten Nationen – mehr Flüchtlinge als in der EU. Was, wenn diese sich auf den Weg machen? Gründe dafür gibt es genug – erst recht, wenn sich in der Türkei die Widersprüche zwischen Wirtschaftskrise und überregionalem Gestaltungswillen, Abhängigkeit vom Handel mit der EU und Bewegung hin zu einem Führer der islamischen Welt noch verschärfen. Vorbei sind in Zentraleuropa die

Zeiten, als es einen nicht berührte, »wenn hinten, weit, in der Türkei, die Völker aufeinander schlagen«.

Auf dem Balkan bleibt die Lage angespannt. Emotionen wallten hoch, als sich Griechenland und Nordmazedonien nach jahrzehntelangem Streit einigten und Hellas nicht mehr den Zutritt des Nachbarlandes zur Europäischen Union und zur Nato wegen des Landesnamens verweigerte.

Es war nicht Altersstarrsinn, als der weltberühmte, fast 94-jährige Sänger und Komponist Mikis Theodorakis am 4. Februar 2019 in seiner Rede auf einer Massenveranstaltung gegen das Abkommen zwar entschieden für eine Entspannung mit dem Nachbarland plädierte, aber unter Beifall sagte, Griechenland solle das »Märchen«, dass Nordmazedonien ein Nachfolger des antiken Mazedonien sei, mit keiner Unterschrift bestätigen. Sollte die Regierung das erwägen, müsse es wegen der nationalen Tragweite eine Volksabstimmung dazu geben.

Bereits im Herbst 1992 hatte Mikis Theodorakis sich als Mitglied der Filmakademie in einem Brief an Wim Wenders gegen eine Anerkennung Mazedoniens ausgesprochen: »Denn die Makedonier lebten im griechischen Makedonien tausend Jahre, bevor die Slawen auf den Balkan kamen, und keiner bezweifelte bislang, dass Alexander der Große Grieche war und dass sein Lehrer Aristoteles griechisch sprach und schrieb. Mit alledem will ich nur darauf hinweisen, dass es sich hierbei keineswegs um eine politische Auseinandersetzung handelt, sondern um eine Frage moralischer Natur: Kann man akzeptieren, dass sich ein Staat anmaßt, die Geschichte eines anderen Volkes, dessen Symbole und Namen zu usurpieren?«[20]

Dagegen lässt sich einwenden, dass es eine direkte Verbindung zwischen der Welt Alexanders und der seines Lehrers Aristoteles zum heutigen Griechenland nicht gibt. Es ist der Fluch aller nationalen Erzählungen, die große Zeiträume umfassen, dass sie Kontinuitäten suggerieren. Schon die Relevanz der orthodoxen Kirche – der Einfluss von Byzanz also – zeigt das. In jedem Bus kann man beobachten, dass einige sich bekreuzigen, wenn er an einem Gotteshaus vorbeifährt.

Welche nationale Erzählung umschifft nicht die dunklen Seiten der Lichtgestalten? Welche Relevanz besitzt ein Eroberer wie Alexander für die Gegenwart? Familienerinnerungen, die meist nur wenige Generationen zurückreichen, sind nicht weniger fragmentarisch als große Erzählungen von Volk und Nation. Sie verschweigen Blaubarts Zimmer, wo die Leichen liegen. Deshalb ranken sich viele Dramen, Filme und Romane um Familiengeheimnisse und dunkle Räume.

Mit derartig kritischen Gedanken zum ansonsten bewunderten Mikis Theodorakis nähere ich mich dem Zentrum von Skopje, das ich lange nicht besuchte. Man hatte mich gewarnt vor den Denkmälern, die die Regierung im Zuge des Projekts Skopje 2014 errichten ließ. Als ich auf dem zentralen Platz eine 22 Meter hohen Reiterstatue Alexanders mit erhobenem Schwert sehe und auf der anderen Flussseite des Vardar einen riesigen Brunnen mit Philipp II., seinem Vater, bin ich dann doch überwältigt. Im Internet hatte ich mir schon ein ungefähres Bild gemacht, aber vor Ort wirkt alles stärker, monströser, hässlicher, lächerlicher. Löwen heulen wie Wölfe. Keine Schlachtszene besitzt eine Dynamik.

Ähnlich ist es bei den Partisanendenkmälern, die nicht aus der Zeit des verblichenen Sozialismus stammen, sondern aus den letzten Jahren. Die Männer sind Helden, die Frauen schön und die Kinder reizend – unsäglicher Kitsch, der für den großen Milan Kundera die Umsteigestation zwischen Sein und Vergessen ist. Es sind Denkmäler, die nicht zu denken geben, keine geschichtliche Erfahrung bewahren außer der, dass sie ein Phänomen unserer Epoche sind. Nicht zu Vereinbarendes wird vereint. Vergleichbares sah ich in Moskau, wo Zarentum, Russland und Sowjetunion zu einem irgendwie Großen verschmelzen. Vor der wiederaufgebauten mächtigen Christ-Erlöser-Kathedrale, die auf Geheiß des Diktators abgerissen wurde, lassen sich Passanten mit einem Stalin-Double fotografieren.

Wer an die antikisierenden Fassaden des einen oder anderen Gebäudes in Skopje klopft, vernimmt einen hohlen Klang. Obwohl erst im zweiten Jahrzehnt des 21. Jahrhunderts entstanden, wirkt alles so, als hätte Mikis Theodorakis das schon 1992 vor seinem inneren Auge gehabt, als er Wim Wenders schrieb: »Wenn ein Volk und mehr noch ein Künstler seine Wurzeln verleugnet, wird das, was er künstlerisch ausdrückt, eine Lüge sein. Und wie Sie sehr gut wissen, sind Kunst und Lüge wie Feuer und Wasser.«[21]

So schlecht, wie Theodorakis es darstellt, ist das im Januar 2019 beschlossene Abkommen allerdings nicht. So soll Nordmazedonien die legendäre Sonne von Vergina – das Wappen von Philipp II., das Archäologen im Grab des Königs von Makedonien am Fuße des Olymps, also im Herzen Griechenlands, fanden – nicht mehr offiziell nutzen. Ob der Streit mit antiken Symbolen nun beendet ist, wird sich zeigen. Zuweilen hört man, er sei so aufgeladen wie hierzulande Diskussionen über Geschwindigkeitsbegrenzungen auf der Autobahn.

Wer durch das Zentrum von Skopje schlendert, sieht ein Ausmaß an antikisierenden Klischees, dass man sich eher auf einem Rummel glaubt als in der Hauptstadt eines diplomatisch anerkannten Landes, das auf dem Weg in die Nato und die EU ist. Die archaischen Männer, die Geschichte machen, erweisen sich als Disneyfiguren für Arme. Möglicherweise ist aber das, was man hier sieht, eine Phase des Übergangs. So etwas hat es auch in Deutschland gegeben. Im Laufe des 19. Jahrhunderts lebte hier die heroische germanische Hermannerzählung auf, nach der dieser Recke die römischen Legionen des Varus mit seinen Mannen schlug. Im Kampf um die nationale Einheit tat sie ihre Wirkung.

Das gigantische Hermannsdenkmal im Teutoburger Wald, eine der höchsten Statuen der westlichen Welt, wurde mit großem Pomp 1875 eingeweiht. Auf dem gezückten und erhobenen Schwert wird die »deutsche Einigkeit« als »meine Stärke« beschworen und die Stärke als Deutschlands Macht. Auf dem Schild steht geschrieben: Treufest. Damals war die erste deutsche Einheit erst wenige Jahre alt und Deutschland ebenso wie Italien und Russland oder andere europäische Staaten ein Land, aus dem viele auswanderten.

Ähnlich wie die Deutschen damals und die Griechen heute, aber ohne die EU-Freizügigkeit, wollen immer mehr begabte und gut ausgebildete Nordmazedonier ihr Heimatland verlassen. Deutschland ist für viele das Ziel ihrer Träume. Deutschkurse gelten auch hier als Investition in eine bessere Zukunft. Bei Gesprächen in und um das Goethe-Institut erfahre ich, dass hin und wieder sogar Dokumente gefälscht werden in der Hoffnung, diesem Ziel so näher zu kommen.

Wie die Mauern der Festung Kale, die in osmanischer Zeit das Zentrum der Macht war, thront hoch über dem Fluss Vardar ein modernes Fort: die neue amerikanische Botschaft. Die Angaben von Anfang 2020, es arbeiten dort über siebzig Diplomaten und fast 240 lokale Beschäftigte, fehlen mittlerweile. Es ist eine der größten US-Botschaften in einem der kleinsten Länder Europas. Gerüchte umranken das Areal. Es soll noch bis zu zwölf Etagen unter der Erde geben und das Ganze das geheimdienstliche Pendant zur Militärbasis Bondsteel im nahen Kosovo sein.

Ein Witz kursiert: »Warum gab es in den USA noch keinen Putsch?« – »Weil es dort keine amerikanische Botschaft gibt.«

Nordmazedonien hat keine Bodenschätze, aber geostrategische Bedeutung. Der Transport von Rohstoffen aus Vorderasien nach Europa könnte südlich von Russland mit einer Hauptschlagader quer durch das Land gehen. Das wäre ein Affront gegen Russland, das traditionell gute Beziehungen in diese Region unterhielt, wo in den Klöstern von Ohrid und Umgebung die Christianisierung der Slawen begann. Gerade die Schüler der in Thessaloniki geborenen Missionare Method und Kyrill haben sie vorangetrieben. Die Brüder schufen mit der Entwicklung der altslawischen Schrift das Fundament für die Herausbildung der slawischen Kulturen. Das heute in Russland oder Serbien benutzte Alphabet geht dagegen nicht auf Kyrill zurück, auch wenn es nach ihm benannt ist.

Die Chinesen betrachten das Gebaren der USA misstrauisch, da es ihr imperiales Projekt der neuen Seidenstraße stören könnte. Wie in der Zeit vor dem Ersten Weltkrieg, als drei Großmächte – das Russische Reich, das Kaiserreich Österreich-Ungarn und das Osmanische Reich – die Region fast vollständig unter sich aufteilten, ist Südosteuropa heute ins Fadenkreuz der Weltmächte USA, China und Russland geraten. Dazu kommen wichtiger werdende Mittelmächte wie die Türkei oder Saudi-Arabien. Die EU ist wie der Balkan gespalten.

Am Bahnhof von Skopje zeigt die Uhr – obwohl es heller Tag ist – 5 Uhr 17. Beim näheren Hinschauen entpuppt sich das Gebäude als Ruine. Es ist das Wahrzeichen für das verheerende Erdbeben, das sich um diese Uhrzeit am 26. Juli 1963 ereignete: 1070 Menschen starben, Dreiviertel der Einwohner verloren ihr Obdach, die Altstadt wurde bis auf Reste zerstört. Dass der Grund arbeitet, ist besorgniserregend und berührt die gesamte Region – bis hin zur immer wieder vibrierenden Megacity Istanbul, die monatlich wächst und in deren Großraum 18 Millionen Menschen leben.

Es handelt sich um eine Region an einem neuralgischen Punkt der Welt- wie der Naturgeschichte. Die Afrikanische Erdplatte schiebt sich Jahr für Jahr minimal, aber beständig unter die leichtere Eurasische Platte, die nach Meinung von Geologen bereits in Tausende Teile zersprungen ist und deren Risse auf katastrophale Erdbeben vorausdeuten.

Schon in Thessaloniki sah ich Spuren von Erdbeben. So ist das Minarett neben der Rotunde aus römischer Zeit nicht nach der Vertreibung der Türken beschädigt worden, sondern 1978 bei einem Erdbeben. Es werden für die Zukunft aber noch stärkere Erschütterungen als die im 20. Jahrhundert erwartet.

DIE BRÜCKE ÜBER DEN IBAR

Brücken spielen eine besondere Rolle in der Bilderwelt des Balkans. Die Zerstörung der in einem Bogen die Neretva überspannenden alten Brücke in Mostar wurde zum Symbol für die Zerfalls- und Aufteilungskriege Jugoslawiens. Viele Jahre gab es nur eine Behelfsbrücke neben nutzlosen Stümpfen über dem rauschenden Wasser. Wiederaufgebaut blieb Mostar eine geteilte Stadt, weshalb die neue Verbindung kein Symbol mehr ist.

Um die Einheit von Verbindung und Zerstörung geht es auch in Ivo Andrićs *Die Brücke über die Drina*, dem Epos der Region. Gleich in der ersten Episode dieser Jahrhunderte umfassenden Chronik wird die Brücke fertiggestellt und die archaische Todesstrafe der Pfählung an dem Bauern und Saboteur Radislav vollzogen. Es hätte den 1975 verstorbenen, weltweit bekannten Autor wohl nicht gewundert – indirekt lebt in seinem Werk die jugoslawische Utopie –, dass bei einem Verfall dieses Gemeinwesens die Drina wieder ein Massengrab werden könnte. Bei aller Schonungslosigkeit der Szenen in seinen Chroniken des laufenden Unrechts betonte der Autor oft: »Von allem, was der Mensch baut und aufbaut, gibt es nichts Besseres und Wertvolleres als Brücken.«

Die moderne Brücke über den Ibar in Mitrovica wird wohl nie Touristen anziehen wie die in Višegrad, die Andrić als Symbol der Region gestaltete, oder vor allem die in Mostar, die näher an den Ferienorten der Adria liegt. Unter dem schwungvollen Bau fließt der Ibar hier als ruhiges Flüsschen, lockt nicht wie in Mostar junge Männer an, in die tosenden Fluten zu springen. Es gibt auch keinen majestätischen Anblick wie das landschaftliche Amphitheater in Višegrad, wo Wassermassen aus den schroffen Felsen der Berge hervorströmen und in der sich öffnenden Landschaft im breiteren Flussbett ruhiger werden. Aus elf gleichmäßigen, weit gespannten Bögen besteht das Bauwerk über dem Fluss.

Trotz ihrer äußeren Banalität stellt gerade die Ibarbrücke in Mitrovica heute das innere Drama der Region dar. Bei meinem letzten Besuch erschien auf den ersten Blick alles normal: Die Barrikaden aus Schutt und Autowracks beidseits des Flussübergangs sind im mehrheitlich serbischen Norden wie im vorwiegend albanischen Süden verschwunden. Passanten überqueren den Fluss problemlos. Aber der zweite Blick zeigt: Die Fahrbahn ist immer noch geschlossen, ein Hund döst schlafend auf ihr. Uniformierte bewachen die Brücke, und ein Polizist verweist darauf, dass hier nicht geparkt werden darf. An beiden Ufern stehen sich konträre Monumente von Männern gegenüber, die Geschichte machten, und erinnern unversöhnlich an die jeweils eigenen Opfer auf der Blutspur der Geschichte. Das ist nichts Neues: Die symbolisch aufgeladenen Brücken verbinden, was getrennt bleibt – Ost und West, Christentum und Islam, Katholizismus und Orthodoxie. Erst beim dritten Blick auf die Brücke über den Ibar wird ein neues Drama mit internationalen Dimensionen sichtbar.

Aber der Reihe nach: Vom nordmazedonischen Skopje mit seinen Geschichtsklischees kann man die Städte und Dörfer des Kosovo nicht bereisen, wenn man anschließend nach Serbien fahren will. Zuerst muss man nach Serbien einreisen, dann ins Kosovo, dann wieder nach Serbien. Oder man bleibt nach einer Lesart, die auch in Griechenland gilt, immer in Serbien. Im Kosovo hat Belgrad seit 1999 aber gar keine Kontrolle mehr, dafür trifft der Reisende auf Militär – wenn auch deutlich reduziert – aus Italien, Deutschland oder aus Nicht-Nato-Staaten, das neuralgische Punkte kontrolliert. Wer die Grenze mit den Buden rechts und links passiert hat, durchfährt den lang gestreckten Ort Presevo mit seiner mehrheitlich albanischen Bevölkerung, danach windet sich die Straße allmählich hoch ins Gebirge.

Egal ob bleistiftartige osmanische Minarette sich über der Landschaft erheben wie in Presevo oder die Kuppeln orthodoxer Kirchen vorherrschen, überall sieht man selbst an Werktagen junge Männer in Cafés die Zeit totschlagen. Kommt man mit ihnen ins Gespräch, so äußern sie oft den Wunsch auszuwandern. Im Kosovo wird neben Deutschland gern die Schweiz genannt, wo es eine große albanische Diaspora gibt. So stammen entscheidende Spieler und Spielerinnen der Schweizer Fußballnationalmannschaften aus dieser Region.

Wenn ein »Gebietsaustausch« im Gespräch ist, hört man in den internationalen Medien hin und wieder von Presevo: Vielleicht könne man das mehrheitlich albanisch bewohnte Gebiet dem Kosovo übergeben und das mehrheitlich serbische Gebiet dort unter die Hoheit Belgrads stellen? Vor Ort sieht man die Berge, die dann zwischen den Orten liegen würden. Es ist eine Crux mit den Bergketten, die das Land nicht abschotten, sondern Landesteile trennen. So hatte Dubrovnik an der Adriaküste stets engere Beziehungen zu Venedig als zu Belgrad im Landesinnern. Berge erschweren die Besuche zwischen Nachbarn, aber halten Reisende von Süd nach Nord oder umgekehrt kaum auf. Das gilt für Truppen und ebenso für Flüchtlinge.

Oft hört man, eine neue Grenzziehung auf dem Balkan würde wie ein Dominostein wirken, der fällt und schließlich alles umwirft – nicht zuletzt das fragile Bosnien-Herzegowina. Das mag sein, aber wenn sich ein Vierteljahrhundert nach den Grenzziehungen noch kein Staat herausgebildet hat, muss die Frage erlaubt sein: Wie lange soll das noch dauern? Seit 1995 gilt die Übergangslösung, dass ein ausländischer Hoher Repräsentant – seit 2009 ein österreichischer Diplomat – sämtliche Einrichtungen überstimmen, Gesetze kassieren oder erlassen kann. Bosnien ist weit eher ein Protektorat als ein Staat.

Auf dieser Erde ist nichts von Dauer – bis auf das Provisorium. Unmöglich zu sagen, von wem dieser Satz ursprünglich stammt, den man in mannigfachen Variationen liest und hört. Wahrscheinlich findet sich schon eine antike Quelle für den Satz: »Es gibt nichts Beständigeres als die Unbeständigkeit.« Auf jeden Fall aber steht das bei Grimmelshausen, der die Schrecken des Dreißigjährigen Krieges erlitt und davon berichtete, wie fremde Mächte in den zersplitterten deutschen Ländern eingriffen. Heute trifft der Satz für das Staatenmosaik des Westbalkans zu.

Auf dem Amselfeld, der namensgebenden Landschaft des Kosovo, wird das Gelände flacher und die Besiedlung dichter. Die höchsten Gebäude sind Minarette, dann folgen die Hochhäuser. Die Hauptstadt Priština wuchert. Ohne erkennbare Stadtplanung werden neue Häuser gebaut. Ganze Stadtviertel entstehen in Windeseile.

Der Verkehr pulst und stinkt. Besonders im Winter, wenn viele die veralteten Öfen heizen, werde die Luftverschmutzung zum Problem, sagt der Taxifahrer im schwäbischen Dialekt mit albanischem Akzent. »Das war der größte Fehler meines Lebens«, urteilt er über seine Rückkehr aus Augsburg. Nach dem Krieg glaubte er, dass seiner Heimat eine europäische Perspektive geboten werde, nämlich Mitglied der EU zu werden. Nun muss er bedeutend mehr für viel weniger Geld arbeiten, um seine Familie mit zwei fast erwachsenen Töchtern durchzubringen, die – man ahnt es schon – in Deutschland studieren wollen.

Nach einigen Schlenkern zur Umfahrung von Staus komme ich beim Unternehmer Fazil an. Er wuchs in der Schweizer Diaspora auf, betreibt dort noch eine Firma, baut aber seit 2010 ein IT-Unternehmen im Kosovo auf, in dem er junge Menschen kostenlos ausbilden lässt. Meistens leben die Azubis vom Geld der Eltern oder werden aus der Diaspora unterstützt. Es sei hier ganz normal, mit 26 Jahren kein Bankkonto zu haben, andererseits habe jeder Kellner ein Diplom.

Fazils Unternehmung wirft Gewinn ab, weil die jungen Leute nach Abschluss der Ausbildung mindestens zwei Jahre für seine Firma arbeiten – zu Löhnen deutlich höher als im Kosovo, aber wesentlich niedriger als in der Schweiz. Fazil kritisiert die verbreitete Mentalität, der Staat solle es richten. Der Staatsdienst, auch das bleibt eine Konstante der Reise, wuchert üppig, und man kann kaum daraus entlassen werden – im Kosovo so gut wie gar nicht. Insgesamt gebe es dennoch Fortschritte, bemerkt der Unternehmer. Als er 2010 nach Priština kam, sah man überall Aggregate, weil ständig der Strom ausfiel, heute passiere das selten und dauere fast nie länger als eine Stunde. In der Tat ist das Leben in mancher Beziehung einfacher geworden, zugleich scheint Priština förmlich aus den Nähten zu platzen. Überall Verkehr und Baustellen, Lärm und Staub.

Fazil, dessen Firma in einem auf der grünen Wiese neu entstandenen Areal liegt, lebt in einem Haus am Rande der Stadt – im grünen Kosovo. Mit Familie. Sein Vater arbeitete in den 1980er Jahren immer wieder für mehrere Monate in der Schweiz, kam zurück nach Jugoslawien, ging wieder in die Schweiz. Das machte er so lange, bis er endlich bleiben und seine Familie nachholen konnte. Nun kehrt der Sohn zurück.

Wer es sich leisten kann, so merkt man bald, baut sich wie Fazil ein Haus im Grünen. Nicht wenige entstehen mit Geldern aus der Diaspora, manchmal für Angehörige, nicht selten geplant als Alterssitz. Überhaupt spielen die im Ausland lebenden Kosovo-Albaner eine wichtige Rolle beim Aufbau des Landes. Ihre Vertreter werden wegen ihrer größeren finanziellen Möglichkeiten gerne »Schatzi« genannt.

Jeton Neziraj muss man sich als einen glücklichen Menschen vorstellen. Ich treffe ihn im Kulturzentrum von Priština, das er leitet. Es befindet sich in der Nähe der Bill-Clinton-Statue, die ebenso wie andere Denkmäler der Stadt die Ödnis des sozialistischen Realismus verströmt. Es wird gerade deutscher Poetry Slam dargeboten, wofür es vor wenigen Jahren kaum ein Publikum gegeben hätte. Mit dem deutschen Autor Timon Perabo hat Jeton Neziraj *Sehnsucht im Koffer*, ein Buch über die Migration zwischen Kosovo und Deutschland, geschrieben.

Schon das Jugoslawien unter Tito haben viele Kosovaren Richtung Deutschland verlassen, weitere folgten vor und während des Krieges, und ein Ende dieses Exodus ist nicht abzusehen. Sprichwörter bewahren die Erfahrung der Migration: »Wer den Schmerz der Auswanderung nicht gekostet hat, kennt das Leben nicht.«

Einige Wörter mit hörbar deutscher Grundierung sind als Lehnwörter in den Sprachgebrauch eingegangen: Gasterbajter, Fasader, Baushtela und – Duldung. Oft erhalten die Migranten vom Balkan keinen Flüchtlingsstatus, weshalb immer wieder Kosovaren, vor allem Roma, abgeschoben werden. Früher ging man von hier nach Istanbul oder nach Thessaloniki, seit den 1960er Jahren dann in die alte Bundesrepublik, weshalb man auch in abgelegenen Dörfern jemanden finden kann, der Deutsch spricht. Gastarbeiter wurden typisch für die Region. Schon bald bot das Goethe-Institut den aus Deutschland Zurückgekehrten eine Rentenberatung an, eine Auskunftsstelle, die stets rappelvoll ist.

Jeton Neziraj fügt in dieses Bild einige Details ein. Er erinnert sich an Familienfeste, die so gelegt wurden, dass die »Deutschen«, wie die in der Bundesrepublik arbeitenden Kosovaren genannt wurden, dabei sein konnten. Sie rückten mit Videorekordern, Schokolade und allerlei anderen Geschenken an. Fast immer heirateten sie eine Kosovarin, was auch so gewünscht war. In Zeiten der Duldung war der ein gemachter Mann, der eine Deutsche heiraten, dauerhaft in dem reichen Land arbeiten und den Daheimgebliebenen etwas schicken konnte.

Dass der Auswanderungsdruck im Kosovo groß ist, dafür gibt es viele Hinweise. Häufiger als anderswo werden Dokumente gefälscht, Wachleute sind bei Deutschprüfungen des Goethe-Instituts zugegen, falls sich der Frust über eine nicht bestandene Qualifikation gewalttätig entlädt. Das Kosovo, in dem deutsche Soldaten erstmals nach dem Zweiten Weltkrieg scharf schossen, bleibt das einzige Gebiet auf dem Westbalkan, aus dem man ohne Visum nicht ausreisen darf. Allerdings wird die »Westbalkan-Regelung« zunehmend auch für das Kosovo angewandt. So darf, wer etwa einen Arbeitsplatz als Pflegekraft vorweisen kann, nach Deutschland ausreisen. »Die Kranken bleiben hier, unsere Ärzte gehen als Pfleger zu euch«, klagt eine Frau bitter und zornig, als wir im Café darüber sprechen.

Jeton Neziraj, dessen Theaterstücke in vielen Ländern aufgeführt werden, erklärt, er würde nie, niemals auswandern. »Ich erlebe die Geburt einer Nation, was kann es für einen Dramatiker Besseres geben?« Wie der Unternehmer Fazil registriert er Verbesserungen. Sein

Stück 55 *Shades of Gay* wäre vor fünf Jahren nicht gespielt worden. Homosexualität auf einer Bühne wäre obszön im altgriechischen Sinne gewesen. Inzwischen gelte das nicht mehr, die Gesellschaft sei offener geworden. Hier könne man noch etwas bewegen, so der Theatermann, der von Konflikten lebt. Fast wörtlich hatte das auch der Unternehmer, der Lücken finden muss, gesagt.

Unbedingt will ich das alte serbische Patriarchenkloster in Peć sehen, das albanisch nun Peja heißt. Es wird immer noch von ausländischen Truppen bewacht. Seine Bedeutung und die anderer serbischer Erinnerungsorte lernte ich durch den Historiker Aleksa Djilas kennen. Er ist der Sohn des Partisanen, Politikers, Dissidenten und weltweit beachteten Autors Milovan Djilas.

Nachdem der Vater gestorben war, zog Aleksa in dessen Wohnung. Für ein von mir 2008 herausgegebenes Buch schrieb er über das damals schon akut bedrohte Europa: »Die westliche Demokratie lässt sich nur dann erhalten, wenn sie sich weiterentwickelt. Europa wird nicht vereint bleiben, vor allem wird es sich nicht weiter vereinen, wenn es sich nicht bemüht, seiner Vereinigung einen kulturellen und geistigen Sinn zu verleihen.« Mit einem für viel Diskussion sorgenden Schluss warnte er vor den Langzeitfolgen der kulturellen Anämie in der herrschenden Politik. »Ohne ihre Kirchen, Klöster und historischen Denkmäler im Kosovo, vertrieben aus Gegenden, in denen viele wunderbare Legenden entstanden sind, die es ihnen ermöglichten, während der langen osmanischen Herrschaft ein Bewusstsein ihrer selbst zu bewahren, werden die Serben nicht nur geistig verarmen, sondern es wird auch viel schwieriger, sie für die moderne Demokratie zu gewinnen.«[22]

Auf der Fahrt zum Patriarchenkloster taucht bald nach dem Straßengewirr von Priština hinter dem sagen- und mythenumwobenen Amselfeld die eindrucksvolle Bergwelt der Schwarzen Berge mit ihren schroffen Felsen am Horizont auf. Rechts und links banal bebaute Gegend, vor uns ein UNESCO-Weltkulturerbe, auf das kein Schild, kein Wegweiser aufmerksam macht.

Rot leuchtet das Kloster nicht seit dem 13. Jahrhundert, als es gegründet wurde, sondern neuerdings infolge des Konflikts: Im März

2009 – die UNESCO hatte das Kloster auf die Rote Liste des bedrohten Welterbes gesetzt – ließ Bischof Artemije die Fassade rot streichen, ein für alle sichtbarer Protest. Die Anlage ist ein Kleinod, das Prägungen aus West und Ost klassisch vereint: eine orthodoxe Kirche mit romanisch-gotischen Fenstern. Das Innere mit seinen Bildwerken und Schreinen, die von Meistern ihres Fachs gefertigt wurden, ist beeindruckend. Aber vielleicht ist der Ausdruck Meister viel zu eng für die Künstler, die hier am Werk waren, denn damals spielten diese eine Mittlerrolle zwischen Erde und Himmel.

Dies ist der heiligste Ort der serbisch-orthodoxen Kirche, und er liegt mitten in einem albanisch besiedelten Gebiet. Die meisten Serben sind vertrieben oder verließen die nahe Stadt, in der es selbst für die albanische Mehrheit kaum Arbeit gibt. Auch an Werktagen sieht man überall junge Männer müßig herumstehen – rauchend, wartend, auf ihr Smartphone starrend. Wer kann ihnen etwas anbieten, das sie glauben lässt, Teil eines Großen zu sein?

Mit Bussen werden Besucher zum Patriarchenkloster gebracht. Ausländische Touristen kommen, die Nonnen verleihen Guides in mehreren Sprachen, verkaufen auch Bilder und Armbänder, Honig und selbst gebrannten Schnaps. Einige machen Selfies mit den orthodoxen Nonnen, die meist wenig glücklich dreinschauen. Die Ordensschwestern wissen: Ohne Besucher gibt es keine Zukunft. Dass die Normalität eine vorgetäuschte ist, fällt bereits am Eingang auf, wo die Pässe kontrolliert werden, als wollten die Besucher nicht ein Weltkulturerbe besichtigen, sondern eine Landesgrenze überschreiten.

Dezent, aber irgendwie unübersehbar steht ein Kfor-Militärjeep mit Uniformierten in der Nähe des alten Eingangstors. »Du kannst Deutsch sprechen«, antwortet einer als ich mich an sie wende, denn die drei kommen aus Österreich. Die Waffen liegen lässig herum, was manchmal mehr sagt als jede Antwort auf die Fragen eines Zivilisten.

Um das Eis zu brechen, erzähle ich davon, wie ich 2004 mit britischem Militär durch das bei Pogromen verwüstete serbische Viertel in Prizren ging. Die Ruinen waren mit Stacheldraht verschlossen. Die deutschen Rekruten hielten sich nach den Ausschreitungen und Vertreibungen der Serben sichtlich beeindruckt nah beieinander mit ihren Maschinenpistolen, die immer einsatzbereit waren. Damals sei er noch nicht in der Region gewesen, sagt einer, aber beim ersten Mal, 2008, seien die Spannungen nicht zu verkennen gewesen. Es war das Jahr, in dem das Kosovo seine Unabhängigkeit erklärte.

Eine Entspannung registriere ich auf dem Balkan durchaus – nur nicht in Bezug auf die soziale Lage, die viele an Auswanderung denken lässt. Im geteilten Mitrovica mit seiner gesperrten Brücke über den Ibar sieht es dagegen eher nach einer Ausweitung des Konflikts aus, was eine baldige Lösung nicht wahrscheinlich macht.

Wer an den Ufern des träge dahinfließenden Ibar entlangspaziert, findet im mehrheitlich von Serben bewohnten Teil das Konterfei Putins auf T-Shirts gedruckt und in den größeren albanischen Vierteln amerikanische Symbole. Diese Signale der Spaltung habe ich auch in anderen Weltgegenden rund um Europa und seinen Übergangsregionen gesehen – im Kaukasus, im Baltikum und nun hier. Ein unvergessliches Bild für diese Gespaltenheit entdeckte ich in Georgien, wo im ersten Stock eines Hauses eine amerikanische Fahne flatterte, während im Parterre eine Ferienwohnung in kyrillischer Schrift angeboten wurde, schließlich kommen die meisten Urlauber aus den Nachfolgestaaten der Sowjetunion oder sprechen die russische Sprache.

Wenn sich Großmächte gegenüberstehen, deren Machtgefüge sich gravierend verschiebt, kann es gefährlich werden. So entstand das Pulverfass Balkan. Im Ersten Weltkrieg war die Region allerdings eher die Lunte, die »jenen furchtbaren Balkan, der Europa heißt«[23] (Egon Erwin Kisch), anzündete.

Kurz vor dem Kosovokrieg 1999, dem bislang letzten Krieg in Südosteuropa, für dessen ungelöste Konflikte die Brücke über den Ibar steht, appellierte der russische Präsident Boris Jelzin in einem erst unlängst publizierten Briefwechsel mit dramatischen Worten an Bill Clinton, das Bombardement Serbiens zu unterlassen. »Im Namen der Zukunft, in unser beider Namen, im Namen der Zukunft unserer Länder, bitte ich Sie, auf einen Angriff zu verzichten.« Bekanntlich ließ der US-Präsident sich nicht umstimmen, und Jelzin prophezeite: »Mein Volk wird von jetzt an Amerika und die Nato ablehnen. Ich erinnere Dich daran, wie schwierig es für mich war, die Menschen und Politiker in meinem Land davon zu überzeugen, nach Westen, zu den USA, zu schauen. Das ist mir gelungen, und nun war alles umsonst.« Ein Dreivierteljahr später trat Jelzin zurück, Wladimir Putin trat seine Nachfolge an.

Für die Bundesrepublik Deutschland und die USA ist Mitrovica eine Stadt im Kosovo, den sie als Staat anerkannt haben, für Russland und China jedoch immer noch ein Teil von Serbien. Russland ist schwächer als einst die Sowjetunion, aber es spielt wieder eine Rolle in der Welt. Putin würde an einen amerikanischen Präsidenten niemals so flehentliche Briefe schreiben wie sein Vorgänger. China könnte auf dem Weg zur führenden Weltmacht sein. Die Hegemonie der USA ist gebrochen. Der Hegel'sche Weltgeist, von dem man 1989 annahm, dass er in der liberalen Demokratie endgültig zu sich gekommen sei, ist wieder aufgebrochen. Das erklärte Ende der Geschichte erwies sich erneut einmal als der Beginn einer neuen.

Welche Folgen der tendenzielle Abstieg der USA bei gleichzeitigem Aufstieg Chinas, ja etlicher asiatischer Staaten hat, ist noch offen, aber er wird die kommende Entwicklung entscheidend beeinflussen. Die zerklüfteten Staaten Europas – speziell die Europäische Union – werden dabei aber keine Zuschauer sein, sondern als Akteur auftreten.

China hat mittlerweile seine Blicke nicht nur auf den Balkan gerichtet. Für das Projekt der neuen Seidenstraßen werden Häfen gekauft, etwa vom bedrängten griechischen Staat die Mehrheit am Hafen von Piräus. Auch die Nachfolgestaaten Jugoslawiens verschulden sich immer stärker – jetzt bei China. Vor allem das kleine Montenegro, dessen gewaltige Berge sich hinter dem Patriarchenkloster von Peć so beeindruckend erheben, könnte in dessen Abhängigkeit geraten.

Putin bezeichnete 2008 die Anerkennung der Unabhängigkeit des Kosovo als »schrecklichen Präzedenzfall«. Er revanchierte sich im Kaukasus, der für Russland eine ähnliche Bedeutung hat wie der Balkan für Zentraleuropa, indem er die Unabhängigkeit von Südossetien und Abchasien anerkannte. So umlagern Scherbenstaaten als willige Satrapen die entstehenden Schwergewichte einer multipolaren Welt.

Träge fließen die Wasser des Ibar, nah ist das jeweils andere Ufer für die verfeindeten Gruppen, die nun internationale Unterstützung erfahren. Ich blicke nach oben, versuche das Zeichen auf dem nahen

Hügel zu entziffern, auf dem sich ein schlichtes Monument erhebt. Zwei mächtige, sich nach oben verjüngende Säulen tragen eine Art Wanne, die einer Lore ähnelt. Das Werk des Architekten, bildenden Künstlers und Essayisten Bogdan Bogdanović, der im Wiener Exil starb, erinnert an die Bergwerkstradition der Region und speziell an die Seite an Seite gefallenen serbischen und albanischen Partisanen. In seiner umwerfenden Schlichtheit ist es auch eine Brücke, was aber kaum noch jemand versteht. Was Serben und Albaner heute verbindet, ist der Wunsch zu emigrieren.

BELGRAD AM MEER

In Belgrad kann man das Gefühl haben, in einer Hafenstadt zu sein. Die zusammenströmenden Wasser der beiden großen Flüsse Donau und Save spiegeln zu manchen Tageszeiten den Himmel, als liege Belgrad am Meer. Wenn es dämmert und die Sonne hinter der bewaldeten Großen Kriegsinsel in der Mündung der beiden Flüsse verschwindet, beginnt das Dröhnen der Beats in den Flusskneipen. Das Publikum ist international.

Mittlerweile ist die Metropole eine Partystadt geworden, in der man weniger serbischen Turbo-Folk hört als die Musik seit den 1960er Jahren. Heute ist es vor allem die Musik von Queen, möglicherweise weil die extrem erfolgreiche Filmbiografie des 1991 an Aids verstorbenen Bandsängers Freddie Mercury vier Oscars erhielt. Aber schon überstrahlt die Abendsonne ein Schiff, von dem Dancefloor herüberschallt. Hip-Hop und Reggae, Elektro und Rock'n'Roll – alles scheint möglich. Musik gefällt, wenn sie laut ist. Tausende kommen hier zusammen, um zu feiern – in vermeintlich versteckten Klubs oder auf der Partymeile rund um die immer wieder umkämpfte alte Festung, die hoch über dem Zusammenfluss von Donau und Save liegt.

Wegen ihrer strategischen Lage war die Metropole Belgrad länger römisch, byzantinisch, bulgarisch, ungarisch und osmanisch beherrscht als serbisch. Die Große Kriegsinsel in der Mündung heißt so, weil sie im 19. Jahrhundert die Grenze zwischen dem Kaiserreich Österreich-Ungarn und dem Osmanischen Reich markierte. Kaum ein Haus ist hier älter als hundert Jahre, denn immer wieder zerstörten Armeen die Stadt. Die letzten Bomben fielen 1999 im ersten Nato-Krieg. Einige Ruinen zeugen noch davon, verstärken den Opfermythos, aber das Grau des Krieges und der Sanktionen scheint verschwunden. Doch wer in die Hinterhöfe geht oder das Zentrum verlässt, erkennt schnell: Nur dort, wo die internationale Partyszene sich tummelt, sind die Fassaden herausgeputzt. Die Oberschicht Serbiens verbindet sich gern mit dieser Szene. Bei einem Durchschnittslohn von umgerechnet 300 Euro können die meisten Serben aber nur ausnahmsweise in die Cafés und Restaurants einkehren, die von dieser Melange frequentiert werden.

»Die SNS, eine Art AfD, ist hier an der Macht«, meint der renommierte Publizist Andrej Ivanji. »Im Gegensatz zur AfD agiert sie aber zunehmend in einem Einparteienstaat, und überdies verübte die regierende Partei in den neunziger Jahren Massenmorde.« Lange unterstützte der heutige »Volksführer« Aleksandar Vučić die nationalistische Politik von Slobodan Milošević, die das Land zwar nicht allein, aber maßgeblich zerstörte. Ironisch paraphrasiert Andrej Ivanji den ersten Satz aus Kafkas Die Verwandlung. »Als Aleksandar Vučić eines Morgens aus unruhigen Träumen erwachte, fand er sich in seinem Bett zu einem lupenreinen Demokraten verwandelt.«

Aleksandar Vučić stieß in das Vakuum nach Milošević vor, bot sich dem Osten wie dem Westen an. Er besuchte regelmäßig seinen Freund Wladimir (Putin) wie seine Freundin Angela (Merkel). Der staatliche russische Energiekonzern Gazprom wurde in Serbien zum Monopolisten. Beim Staatsbesuch jubelten Putin die Massen zu, verkauften Straßenhändler die T-Shirts mit seinem Konterfei. Offiziell geht es in Richtung EU, praktisch entgegengesetzt.

Die EU ist ratlos aufgrund innerer Konflikte, aber auch weil die Osterweiterung in der alten Form in Serbien nicht möglich ist. Alle Staaten wurden zuerst Mitglied der Nato, dann der EU. Durch den Kosovokrieg ist die Nato hier verhasst.

Andrej Ivanji, Vater von Zwillingstöchtern, veranschaulicht im Gespräch die Gefühlslage: Nach dem Brand von Notre-Dame in Paris freute sich ein Lehrer seiner Töchter. Er triumphierte, weil vor zwanzig Jahren die Belgrader Innenstadt brannte und nun ein prägendes

Baudenkmal eines damaligen Gegners betroffen war. Als eine seiner Töchter erklärt, sie hätte die Kirche gern gesehen, wird sie von Mitschülern als Albanerin beschimpft. Wahrscheinlich unterstützen viele westliche Regierungen die Belgrader Regierung, so Ivanji, weil sie an eingefrorene Konflikte nicht rühren wollen. Stabilität geht vor Demokratie. Das bitterböse Wort von der »Stabilitatur« macht die Runde.

Andrej Ivanjis vernichtendes Urteil wird von der international renommierten Organisation »Reporter ohne Grenzen« geteilt. Die Sicherheit für Journalisten sinkt, Drohungen und Anschläge nehmen zu. Regierungstreue Medien, die von Werbeeinnahmen profitieren, verleumden investigativ arbeitende Kollegen, deren Publikationen eine immer geringere Reichweite erzielen. Es sind Geschichten einer alles durchdringenden Geldwäsche, an der Tankstellen, die angeblich große Gewinne machen, Luxushotels und andere Konzerne beteiligt sind.

Vučićs »autoritäres Mafiosi-Regime«, so der Belgrader Soziologe Jovo Bakić, kontrolliere die Justiz, die Medien und den Staatsapparat. Es gibt eine Verflechtung von Politik, Oligarchie und Mafia, die kaum aufzulösen ist. Seit Aleksandar Vučić erst Ministerpräsident und dann Präsident wurde, hat »Reporter ohne Grenzen« Serbien Jahr für Jahr herabgestuft.

Während die Pressefreiheit beharrlich abnimmt, steigen die Löhne. Sie sind immer noch niedrig, aber es gibt neuerdings Ventile, die einerseits die soziale Frage im Land entschärfen und andererseits dazu beitragen, den Fachkräftemangel in Deutschland zu verringern. In Serbien werden Lokführer ausgebildet, obwohl es kein taugliches Liniennetz mehr gibt. Einige büffeln Deutsch, denn sie werden bald für 3000 Euro Monatsgehalt in Sachsen arbeiten. Die Übersiedlung mit ihren Familien wird finanziert. So werden die heimischen Sozialsysteme entlastet, und obendrein wird der Rücklauf von Geldern aus dem Ausland nach Serbien gesichert.

Hier entsteht ein korruptes, international vernetztes System. Proteste dagegen bewirken so gut wie nichts, weil die Bewegungen dahinter zersplittert und zerstritten sind und wie in Belarus regierungstreue oder bezahlte Mitläufer mit Bussen zu Gegendemonstrationen angekarrt wurden. Das änderte sich 2020 nach landesweiten

Protesten in Minsk. Ein Zurück ist nicht mehr möglich, allerdings ist ein Weg ins Offene noch nicht sicher.

Bestechung und Vetternwirtschaft gab und gibt es überall, nur waren und sind sie nicht gleichmäßig in der Welt verteilt. Keine Partei in Deutschland würde bei einer Bundestagswahl mit dem Hauptanliegen antreten, endlich die Korruption zu beenden. Das ist aber häufig der Fall an den Rändern Europas und im Süden. Dass sich die Korruption dort derart ausbreitet, wird zumeist kulturell und geschichtlich begründet, auf dem Balkan etwa mit dem Erbe des Osmanischen Reiches. Allerdings findet man die überbordende Korruption ebenso in Ländern, in denen andere Traditionen wirken. Gemeinsam ist ihnen allen eine gravierende ökonomische Schwäche. Die Korruption verstärkt dieses Manko, ist aber nicht die Ursache, sondern vielmehr eine Form der Verteilung von Ressourcen.

In der Ukraine oder in Serbien schustern die Regierungen Posten und Einfluss ihren Anhänger zu, da die ökonomische Grundlage nicht für alle reicht. Deshalb werden die Hoffnungen, ein als Lichtgestalt Gepriesener könnte an der Korruption etwas ändern, regelmäßig enttäuscht. Der starke Mann betritt die Bühne gewöhnlich bei schwacher oder abnehmender Wirtschaftskraft. Oft kann er nur einige Pfründe auf den Inseln des Wohlstands im Meer der Unsicherheiten neu verteilen.

Die Kontrolle über die Quellen des Reichtums ist Voraussetzung für den Machterhalt. Die staatliche Macht kommt häufig vor der ökonomischen und verbindet sich stets neu. Manchmal gelangen Oligarchen sogar direkt an die Macht. Wo sie regieren, gibt es arme Bauern, die für den Eigenbedarf anbauen und ein bisschen für die örtlichen Märkte und ab und zu als Tagelöhner arbeiten.

Wie Kellner auf Trinkgeld angewiesen sind, sind an den Rändern Europas mehr Menschen als anderswo von illegalen Zuwendungen abhängig. So bringt man einen Umschlag mit Geld oder andere Gaben zum noch nicht ausgewanderten Arzt. Man schimpft auf die Politik und auf die korrupten Eliten, aber im Kleinen ist man selbst Teil dieser angeblichen Kultur. Häufig gerät die anhaltende ökonomische Schwäche am Ende in den toten Winkel. Ob die Herrscher sich lange an der Macht halten oder die Führer kommen und gehen –

die Armut bleibt (Ausnahmen wie der Aufstieg Chinas bestätigen die Regel), und sie beherrscht alles.

Heute ist der Westbalkan ein gärender Rand mit eingefrorenen, oft bizarren Auseinandersetzungen. An diesen Rändern bilden sich die Konfliktlinien des vereint-ungeeinten Kontinents heraus. Vor dem serbischen Parlament wird der Toten des Kosovokrieges gedacht – mit Fotos und mit einer Losung aus dem Spanischen Bürgerkrieg der 1930er Jahre: *No pasarán!* Sie werden nicht durchkommen! Gegner des spanischen Diktators Franco schworen ihre Anhänger damit ein. Daneben hängt eine große Fahne des EU-Landes. Da man Abspaltungen der Basken und Katalanen befürchtet, erkennt Spanien – im Gegensatz zu Deutschland und den meisten anderen Staaten der EU – die Unabhängigkeit des Kosovo nicht an. Auch auf der Iberischen Halbinsel steigen die Auswanderungszahlen.

TOURISTEN KOMMEN, EINHEIMISCHE GEHEN

Grauer Himmel, graue Häuser – Tristesse, wenn nicht die Bäume grün und üppig hervorragen, notiere ich auf der Fahrt nach Zagreb.

Widersprüchliche Geschichten trennen die Nachfolgeländer Jugoslawiens und sollen es auch. Der 5. August ist für Kroatien der Tag des Sieges und der heimatlichen Dankbarkeit, in Serbien läuten dagegen die Trauerglocken, denn nach Jahrhunderten endete mit den Vertreibungen von 1995 die serbische Besiedlung im Gebiet des heutigen Kroatiens. Es sind die beiden größten Nachfolgestaaten Jugoslawiens, die sich mörderisch bekämpften. Die Serben töteten mehr als die Kroaten. Um das kroatische Vukovar tobte die einzige Schlacht, alles andere waren Gefechte, Massaker, Belagerungen. Noch Jahre später erinnert die einstmals bezaubernde Barockstadt Vukovar an zerbombte deutsche Städte im Jahr 1945. Das änderte sich mittlerweile, aber die Stabilität fehlt weiter. Besonders eklatant ist es in Bosnien-Herzegowina, das seit 1995 ein Staat werden soll, es aber nicht wird.

Alle drei Ethnien – Bosniaken, Serben, Kroaten – haben Schulbücher mit sich widersprechenden Deutungen. Entkoppelte Länder, entkoppelte Gesellschaften. Albanisch ist anders, aber die Sprachen der anderen ähneln sich. Übersetzungen gibt es nicht. Diese seien auch heute nicht nötig, so der Verleger Seid Serdarević, der mit Fraktura den Verlag in Kroatien leitet, in dem die große Erzählkunst lebt. Seine Bücher kann er nicht einfach in Belgrad verkaufen, da der Zoll das Geschäft auf dem kleinen Markt zunichte machen würde. Er benötigt dafür einen serbischen Partner, der wiederum für seine Bücher einen kroatischen braucht. So entstehen unweigerlich Mauern in den Köpfen. Dazu tragen auch die Feste bei, wobei auf allen Seiten den religiösen Vorrang eingeräumt wird. Weil das katholische und das orthodoxe Ostern und Weihnachten stets auseinanderliegen, wird auch hier der Keil der Spaltung eingetrieben. Hoffnungsvoll stimmt, dass die Zahl der gemischten Paare beständig steigt und Silvester immer noch das wichtigste Fest ist.

Wie ein Wahrzeichen bäumt sich die Kathedrale von Zagreb auf. Einrüstungen zeugen wie Notverbände eines Verwundeten von ihrer Hilfsbedürftigkeit. Wenn Steine sprechen könnten, würden diese hier von Krieg, Erdbeben und anderen Erschütterungen erzählen. Bekanntlich tun sie das nicht. Deshalb treffe ich mich schräg gegenüber der Bischofskirche mit Slobodan Šnajder, dessen Vorfahren im 18. Jahrhundert aus einer armen Region der zersplitterten deutschen Länder hierher kamen. Die Schneiders, wie sie damals hießen, siedelte man in einer Gegend an, aus der gerade die Türken vertrieben worden waren. Seine Familiensaga *Die Reparatur der Welt* beginnt im Deutschland des Hungerjahrs 1769: »Auch die Kriege haben das ihre getan. Soldaten essen, säen aber nicht. Die Ställe stehen leer, kein Vieh ist zu hören, dafür wimmern die Häuser vor Hunger. Die Armut hat keine Freunde.«

Selten war die Region eine, in die viele einwanderten, eher verließ man sie. Auch geflohen wurde in beide Richtungen. Mein Vater entkam auf der Balkanroute vor den Nazis nach Istanbul. Klaus J. Bade hat wohl recht: Am unerbittlichsten reagieren jene gegen Migranten, die ihre eigenen familiären Flucht-, Vertreibungs- und Auswanderungsgeschichten verdrängen. Die Erfahrungen und Befürchtungen auf der Balkanroute des Jahres 2015 sind zwiespältig. Viele halfen gerade, weil sie selber Fluchterfahrungen hatten, aber wenn die Massen lange hätten aufgenommen werden müssen, wäre es wohl zum Kollaps gekommen. Die Ursache für das Übel des Westbalkans heute sieht Slobodan Šnajder in einer neuen Kaste, die den Reichtum weitgehend aufgeteilt hat. Als der anfangs stalinistische Milovan Djilas sich zum weisen Dissidenten entwickelte, analysierte er das System, das eine klassenlose Gesellschaft als Ziel vorgab, aber eine neue Klasse ausbildete, die sich aus den Mitgliedern der Kommunistischen Partei rekrutierte. Da die neuen Mächtigen noch mehr abgeschottet sind als die alten, so Šnajder, kann man heute ein Buch schreiben mit dem Titel: Die neue Kaste.

Slobodan Šnajder beobachtet eine wachsende nostalgische Sehnsucht nach Jugoslawien von unten und eine schroffe Ablehnung von oben. »Tito wird nicht wegen seiner Fehler gehasst, sondern wegen seiner Erfolge.« Nicht allein aus eigenen Beobachtungen, auch von seinem Sohn, einem Informatikprofessor, weiß er: Gerade gut Ausgebildete wandern aus. Wirtschaftliche Stärke und kulturelle Nähe machen Deutschland zum beliebten Ziel. »Kroatien entleert sich.«

Nach einem Spaziergang durch die Oberstadt mit ihren wohlgestalteten Palais und heimeligen Bürgerhäusern sehen wir auf die Unterstadt mit der hufeisenförmigen Anlage aus der österreichisch-ungarischen Doppelmonarchie und der disparaten Vielfalt der Epochen danach. Slobodan Šnajder bekennt, er schreibe an einem Roman, der keine Odyssee quer durch Osteuropa sei, sondern Geschichten über Zagreb von 1918 bis zum Ende Jugoslawiens erzähle. »Jeder wähnt sich als Opfer, keiner als Täter.« Dieses schlichte Muster wolle er durchbrechen.

Während der Pandemie gingen Bilder von hochschwangeren Frauen und Müttern mit Babys um die Welt, die wegen eines Erdbebens die Entbindungsklinik in Zagreb hatten verlassen müssen und nun verschreckt auf einem Platz zusammenstanden. Seitdem beschädigten weitere Erdstöße die Altstadt und die eingerüstete Kathedrale so schwer, dass umfangreiche fremde Hilfe notwendig sein wird. Wenn diese nicht kommt, wird das den Migrationsdruck erhöhen.

Die Hochebene ist umringt von Gipfeln, die von geballten Wolken umgeben sind und irgendwie Vulkanen gleichen. Graue Felsspitzen ragen in der weiten Fläche auf, die wirkt wie ein riesiger Friedhof unbekannter Soldaten, gefallen in den Kriegen, die hier tobten. Die Straßen nach Split werden ausgebaut, die Busse erneuert. Der Fahrer im Rentenalter sagt, es sei die erste Fahrt dieses neuen Fahrzeugs. Viele seiner jungen Kollegen arbeiten im Ausland.

Aus Begegnungen und Beobachtungen, Erinnerungen und Gedanken versuche ich, ein Destillat zu gewinnen. Das Patchwork aus Minderheiten und Konflikten lässt sich nicht verbinden.

War es geschichtsvergessen, war es hochmütig, dass man nach den Zerfalls- und Aufteilungskriegen in Jugoslawien glaubte, die Region schnell in die Europäische Union führen zu können? Nur wenige wie Peter Scholl-Latour sahen darin eine Hybris, die Berufskrankheit vermeintlicher Sieger der Geschichte. Bereits 1995 antizipierte er im Schlussabsatz der erweiterten Taschenbuchausgabe von *Im Fadenkreuz der Mächte. Gespenster am Balkan*, dass die überwunden geglaubte Konfrontation zwischen Ost und West »in neuer und alter Form jederzeit wieder aufflackern könnte« und wir in eine »Ära unkontrollierbarer und auswegloser Regionalkonflikte« eingetreten seien. »Was sich auf dem Balkan abspielt, ist kein Epiphänomen, sondern die Ankündigung künftiger Zerrüttungen.«

Die Adria, zum Greifen nah liegen die Inseln wie Broschen im glitzernden Meer. Eine Idylle, wenn man hier nur leben könnte. Immer wieder forderten Experten wie der Historiker und Publizist Timothy Garton Ash, der selbst während der Kriege viele Male vor Ort war, die Region schnell in die EU einzubinden. So schrieb er 2009: »Ich stimme denen zu, die sagen, wir in Europa sollten uns das strategische Ziel setzen, alle Staaten des westlichen Balkans einschließlich Serbiens und Montenegros bis zum 28. Juni 2014 zu Mitgliedern der Europäischen Union zu machen, dem hundertsten Jahrestag der Ermordung Erzherzog Franz Ferdinands in Sarajevo, die das Fass zum Überlaufen brachte und den Ersten Weltkrieg auslöste. Es wird sich zeigen, ob das heutige Europa zu einer solchen historischen Vorstellungskraft und strategischen Risikobereitschaft fähig ist.«[24]

Die Europäische Union war dazu nicht in der Lage. Nun geht sie das Vorhaben mit neuem Personal an, nennt als mögliches Ziel das Jahr 2025. Wird es ein Mantra wie die Zweistaatenlösung zwischen

Israel und Palästina, die schon lange nicht mehr auf der aktuellen Agenda steht? Dass der Beitritt zur EU die Abwanderung aus den Ländern des Balkans nicht aufhalten kann, sieht man im 2013 beigetretenen Kroatien.

Im Hafen von Split liegen Kreuzfahrtschiffe. Als der Bus dort ankommt, legt einer dieser Menschentanker gerade ab. Eine grauschwarze Rauchfahne steht in der Luft. Im neuen Atlas der Globalisierung, der den von 2015 ablöst, gibt es erstmals einen Beitrag zum *Overtourism*, ein Begriff, für den es keine deutsche Entsprechung gibt. In einzelne Orte kommen so viele Besucher, dass sie überlaufen sind. In Kroatien ist das vor allem Dubrovnik, aber auch Split.

Kroatien ist von allen EU-Staaten das Land, das am meisten vom Geld der ausländischen Reisenden abhängt, daher treten die Begleiterscheinungen des Overtourism hier besonders deutlich hervor. Trotz Tourismustraditionen, die bis ins 19. Jahrhundert reichen, profitieren die Einheimischen kaum von den Umsätzen. Hubert Beyerle, der mehrere Reisebücher über Kroatien verfasste, schreibt, dass es viele Einheimische in den Norden Europas zieht, während die Touristenmassen Kroatien überrollen. In den letzten Jahren verdreifachte sich die Zahl der Auswanderer auf jährlich 30 000 und mehr. Allein in Deutschland lebt bereits eine halbe Million Kroaten.[25]

Die Kreuzfahrttouristen bringen nur wenig Geld in die Städte, in denen sie von Bord gehen. Die internationalen Hotels beschäftigen ausländisches Personal, etwa von den Philippinen, weil es billiger ist. Die Einheimischen, die Zimmer vermieten, verlangen Bargeld, suchen ihre Einnahmen an der Steuer vorbei zu erzielen. Obwohl ich meine Übernachtungen mit Kreditkarte reserviert habe, heißt es: *Cash only!* Es ist ein Slogan, den man häufig hört und liest. Wenn man nicht unmittelbar nach dem Auschecken abreist, kann man sein Gepäck nicht im Hotel unterstellen, aber am Busbahnhof und rund um den Hafen bieten Kioske für einige Euro oder Kuna an, die Koffer stundenweise aufzubewahren.

Musiker spielen in den Gassen und auf den Plätzen, bieten ihre CDs an, Kellner versuchen Flanierende in Restaurants zu locken, die es in solcher Fülle gibt, dass die Altstadt nur in der Frühe zu genießen ist, bevor die Kreuzfahrttouristen kommen. Reiseführer versuchen ihre Gruppen zusammenzuhalten und erklären die Geschichte widerspruchsfrei. In und aus den monumentalen Überresten des römischen Kaiserpalastes entstand hier eine venezianische Altstadt mit Kirchen, Moschee, Synagoge – eine Mischung und ein Original zugleich. Diokletian, der diese gigantische und nach zwei Jahrtausenden mit Phasen des Verfalls und der Überformung immer noch beeindruckende Palastanlage als Alterssitz nutzte, war überzeugt, dass der Verfall des Imperium Romanum nicht aufzuhalten sei. Manche vermuten sogar, dass sein plötzlicher Tod ein Selbstmord war. Mit Blick auf dieses epische Gebäude, das die Reiche kommen und gehen sah und das besser als Venedig die Kreuzfahrtschiffe und die Plattenbauten der Tourismusindustrie überleben wird, denke ich an meinen Besuch beim greisen Ivan Ivanji in Belgrad, der ein Übersetzer in vielfacher Weise ist. Ins Deutsche übersetzte er Werke unter anderem vom großartigen Danilo Kiš, ins Serbische übertrug er Brecht und Grass.

»Zweimal habe ich mich mit Grass überworfen«, erzählt er in seiner Wohnung. »Einmal, als ich ihm sagte, dass ich ihn nicht mehr übersetze, weil ich mehr Zeit für meine Romane brauche, und dann beim Kosovokrieg, den er am Anfang unterstützte. Später sah er den Fehler ein, wir versöhnten uns kurz vor seinem Tod, und mein Sohn Andrej führte das letzte Interview, das er gegeben hat.«

Als Überlebender von Buchenwald und Auschwitz übersetzte Ivan Ivanji für die Nachgeborenen die Lagererfahrungen eines extremen Jahrhunderts. Als Dolmetscher von Tito erlebte er Walter Ulbricht und Willy Brandt, Erich Honecker und Helmut Schmidt, Bruno Kreisky und Kurt Waldheim. »Meine römischen Romane, die ich für mein Opus summum halte und dabei den Kaiser Konstantin besonders, hätte ich ohne die Erlebnisse im Hofstaat von Tito mit seinen Liebschaften und Intrigen nicht schreiben können.«

Die Trilogie beginnt mit einem Werk über Diokletian. Ein abgebrochener Artikel über den Palast in Split war die Initialzündung für die Romane zu der nur sieben Jahrzehnte dauernden Herrschaft der römischen Kaiser, die aus der heute Westbalkan genannten Welt stammten. Weltgeschichtlich war sie nicht nur durch die Gründung Konstantinopels prägend. Diokletians Nachfolger ist Konstantin, der in der Krise an die Macht kam und als Großer in die Geschichte einging. Bei Ivanji reift bei diesem Kaiser allmählich die Erkenntnis, »dass die Alleinherrschaft nur mithilfe einer einheitlichen Glaubenslehre zu verwirklichen war. Was er tun würde, wusste er noch nicht, doch er überlegte, auf welche Weise ihm die bis vor Kurzem noch verfolgten nahöstlichen Anhänger des Gottes nutzen können, der angeblich seinen einzigen Sohn für die Errettung der Menschheit geopfert hatte.«[26] Das westliche, christliche Abendland entstand in dieser Region.

Eine solche Idee, ein solcher Glaube oder auch eine Illusion war im 20. Jahrhundert der Sozialismus. Noch in den 1970er Jahren, als schon niemand mehr in die Sowjetunion reiste, fuhren westliche Intellektuelle nach Jugoslawien, um eine nachkapitalistische Gesellschaft zu erleben. Ausgeträumt ist der jugoslawische Traum, das Land zerfallen in ein Staatenmosaik. Albanien bleibt ein Sonderfall, und Griechenland erlebte den schlimmsten Zusammenbruch eines EU-Landes. Kann es heute einen neuen Konstantin geben, der eine Idee von unten aufgreift und dann von oben verbindet? Wer kann den Zerfall einer »Ära der unkontrollierbaren und ziemlich ausweglosen Regionalkonflikte« aufhalten?

Ohne ein neues einigendes Band wird der entkoppelte Westbalkan eine Region im Fadenkreuz der nunmehr globalen Großmächte bleiben und zunehmend zur Achillesferse des innerlich vielfach gespaltenen EU-Europas werden. Dass sich auf der Balkanhalbinsel rasch eine Einigung erzielen lässt, ist angesichts ihrer Geschichte unwahrscheinlich. Aber immerhin könnte die Einhegung der Konflikte durch ein übergreifendes Vorgehen erreicht werden. Die EU kann ihre Gestaltungsmacht letztlich nur durch eine radikale Umwandlung zurückgewinnen.

Auf dem Westbalkan zeigt sich zugespitzt der immer stärker hervortretende Konflikt zwischen einer von Deutschland ökonomisch dominierten EU und dem Ausbluten Südosteuropas. Ohne einen Neustart – sei es in Form einer ökonomischen Balkanföderation, sei es in einer Anbindung an die EU jenseits der Funktion als billige Werkbank des Westens oder als etwas Drittes – werden die multiplen Krisen den westlichen Balkan weiter destabilisieren, die Auswanderung verstärken. Für Zentraleuropa ist die Balkanhalbinsel – mehr noch als der Kaukasus – die Achillesferse des Kontinents.

WARUM LEBEN IN DEUTSCHLAND ANDERE MIGRANTEN ALS ANDERSWO?

Der Fremde ist nicht gemeint als der Wandernde,
der heute kommt und morgen geht, sondern als der,
der heute kommt und morgen bleibt.

GEORG SIMMEL

Als ich Valentīna Freimane das erste Mal besuche, bittet sie mich, die Zeitung aus dem Briefkasten zu holen – verständlich bei einer Frau im zehnten Lebensjahrzehnt. Später erfahre ich, es ist ihrer Beine wegen, die sie sich im Winter 1942/43 bei eisiger Kälte in Osteuropa ruinierte. Da war sie noch eine junge Frau.

Lebensgeschichten wie die von Valentīna Freimane helfen uns zu verstehen, warum sich das vereinte Deutschland in den 1990er Jahren tolerant und hilfsbereit gegenüber Juden und Jüdinnen aus den Nachfolgestaaten der Sowjetunion zeigte. Die vom zentralen Runden Tisch im Frühjahr 1990 in der DDR geschaffene Einwanderungsmöglichkeit konnte seit 1991 bundesdeutsches Recht werden. Als Kontingentflüchtlinge kamen rund 220000 Menschen; zugleich erreichte die Zahl der in Deutschland ankommenden Russlanddeutschen einen Höchststand.

Die Ankommenden waren Auswanderer, weil sie ein besseres Leben in Deutschland suchten, und Flüchtlinge, weil sie ein zerschlagenes Imperium verließen, in dem die Lebenserwartung drastisch sank. Genau genommen waren einige sogar Arbeitsmigranten, eine Unterscheidung, die damals noch kaum Beachtung fand.

Welche Schrecken Valentīna Freimane erleben würde – nicht nur die bittere Kälte in der schier unendlichen Weite des Ostens –, das hatte man an ihrer Wiege nicht ahnen können. Die lettische Filmkritikerin wird 1922 geboren und wächst auf in der alten Hansestadt Riga mit ihren gotischen Backsteinkirchen und orthodoxen Gotteshäusern, ihren spätmittelalterlichen Kontoren und den Jugendstilvillen vom Ende des 19. Jahrhunderts. Ihr Vater Leopold

Loewenstein arbeitet als Anwalt für Medienkonzerne wie die UfA in Paris und Berlin. Dort lebt sie in einem bildungsbürgerlichen Haushalt mit Hausmusik und Gouvernanten, die sie umsorgen. Bei den Loewensteins gehen Künstler ein und aus. Valentīna nimmt teil an Festen und Liebesaffären, sieht Filme und kann einiges an Anekdoten erzählen. Lächelnd erinnert sie sich an die Schauspielerin Anny Ondra, die später den Boxer Max Schmeling heiratete. Sie fütterte die kleine Valentīna mit Kuchen und Eis, wobei sie zuweilen recht melancholisch wirkte, vielleicht weil sie selber keine Kinder hatte.

Gelöst und sprachgewandt erzählt Valentīna Freimane, in deren Wohnung die Bücherregale voller Romane, Geschichtsbücher, Theaterabhandlungen und DVDs mit Klassikern der Filmkunst bis unter die Decke reichen, von ihrer Kindheit, die geprägt war von Liebe, Bildung und Wohlstand. Aber als sie etwa zehn Jahre alt ist, ziehen dunkle Wolken auf: Die Weltwirtschaftskrise wirkt sich auf die Geschäfte des Vaters aus, sodass sie Anfang der 1930er Jahre für längere Zeit zu den Großeltern mütterlicherseits nach Riga kommt, wo das Leben billiger ist. Dort geht sie nun zur Schule. Die Eltern, die in Berlin-Charlottenburg in einer Pension in der Meinekestraße 9 residieren, sieht sie nur noch in den Ferien. Das prächtige Stadthaus strahlt noch immer etwas von jener mit Besitz und Bildung verbundenen bürgerlichen Schicht aus, die den Seegang der Geschichte des 20. Jahrhunderts nur bruchstückhaft überstand. Heute befindet sich hier das Hotel »Henri«.

Für Valentīna schien das Leben zunächst so weiterzugehen, wie es immer war und immer sein würde. Doch dann sieht sie in Berlin, wie SA-Leute einen Mann verprügeln. Einem jüdischen Geschäftsmann wird die Schaufensterscheibe eingeworfen. Heute wundert sie sich, dass der blitzgescheite Freundes- und Bekanntenkreis der Eltern die Gefahr nicht erkannte. Ja, man amüsierte sich sogar über Hitler und dessen Kumpane, hielt sie für politische Eintagsfliegen.

Die Hiobsbotschaften reißen nicht ab: Aufträge werden gekündigt, Geschäftspartner steigen aus, Freunde der Eltern emigrieren – etwa der Regisseur Anatole Litvak, der heute einen Stern auf dem Walk of Fame in Hollywood hat. Es waren Abschiede für immer. Als die Loewensteins 1935 schließlich nach Riga übersiedeln, ist dort die junge lettische Demokratie bereits von der autoritären Herrschaft des Kārlis Ulmanis verdrängt worden. Valentīna, die gerade das erste Liebesglück genießt, beobachtet sowjetische Panzer auf einer Brücke über die breit dahinfließende Düna. Der Traum von einer lettischen Neutralität, wie sie etwa die Schweiz genießt, ist im Jahr 1940 verflogen.

Als die baltischen Staaten sich nach dem Ersten Weltkrieg für unabhängig erklärten, hatte der britische Stabschef Sir Henry H. Wilson einen Mitarbeiter, der sich für die jungen Republiken engagierte, auf eine Weltkarte zeigend rüde mit den Worten abgekanzelt: »Schauen Sie, junger Mann, schauen Sie sich die winzigen Flecken an. Und dann betrachten Sie das riesige Land dahinter. Wie können diese Länder hoffen, nicht verschluckt zu werden?«

Tatsächlich fraßen sich die Ketten sowjetischer Panzer bald in die Straßen des Baltikums. Nach dem Pakt zwischen Hitler und Stalin verschwinden die drei selbstständigen Staaten des Baltikums von der Landkarte. Der große Terror mit Verhaftungen und Deportationen überzieht die kleinen Länder, und Valentīnas erstes Leben ist vorbei. Bis zuletzt wunderte sie sich, wie wenig die Menschen ihres bildungsbürgerlichen Umfelds von der benachbarten Sowjetunion wussten, wie wenig sie sich für dieses Land interessierten.

Von den heutigen Letten lässt sich das nicht sagen. Auf den Straßen hört man hin und wieder Russisch. Viele der Touristen sprechen es, aber auch die sogenannte russische Minderheit, die in Riga fast ebenso groß ist wie die Gemeinde der Letten. Insgesamt haben rund 300 000 der etwa zwei Millionen Einwohner des Landes »Nichtbürgerpässe«, die sie vom politischen Leben bis hinunter auf die Kommunalebene ausschließen. Vorwiegend sind es Russen. Das ist nur zum Teil eine Folge der sowjetischen Okkupation. Viele Russen sind auch in dem Wunsch, westlicher zu leben, von Irkutsk am Baikalsee oder aus Magnitogorsk ins Baltikum gezogen.

Wer durch das lebendige Zentrum Rigas flaniert, wer, das südliche Flair dieser nördlichen Stadt mit ihren prächtig restaurierten Bauten aus vielen Jahrhunderten genießend, in den Cafés sitzt, kann kaum glauben, was hier einst geschah.

In der Elizabetes iela 23, einem hochherrschaftlichen Haus mit prächtigem Portal und einem imposanten Giebel mit Jugendstildekor, lebten einst Valentīna Freimanes Großeltern mütterlicherseits in einer geräumigen Wohnung. Dort kam sie 1922 zur Welt, dort lebte sie, als sie in Riga zur Schule ging und ihre Eltern den Lebensmittelpunkt noch in Berlin hatten. Ich suche nach einer Spur. In einem benachbarten Jugendstilhaus steht eine Tür offen, ich gehe in den Hinterhof. Kein wohlportionierter Stuck, sondern ein dunkler Schacht aus nackten, unverputzten Ziegeln. Der Himmel darüber ist ein unerreichbarer heller Fetzen.

Die Sonne lässt das Gras unverschämt grün leuchten, ein schneidender Wind vom Meer die Schatten der Bäume tanzen. Mitunter prächtige Villen stehen in der idyllisch anmutenden Waldsiedlung im Kaiserwaldviertel. Hier geriet die Familie von Valentīna Freimane in eine Orgie der Gewalt. Die gegen die politische Elite gerichtete große Verhaftungswelle in der Nacht vom 13. auf den 14. Juni 1941 traf rund 15 000 Bürger, darunter Valentīnas Tante Frieda mit ihrem Mann und der vierjährigen Tochter. Der Onkel Georg, der gerade auf Besuch ist, entkommt nur knapp. In seinem Ausweis ist eine andere Anschrift vermerkt, und das Dienstmädchen behauptet gegenüber dem Verhaftungskommando mutig und geistesgegenwärtig, er gehöre nicht zur Familie. Die Gefangenen werden in Waggons verfrachtet, die Schiebetüren geschlossen, und dann beginnt die lange Reise gen Osten und Norden – nach Workuta, Magadan, Kolyma oder in die Weiten der kasachischen Hungersteppe rund um Karaganda.

»Für meine Eltern war an der sowjetischen Besetzung nicht das Schlimmste, dass alles – wie es hieß – nationalisiert wurde, sondern die absolute Gesetzlosigkeit. Man hielt sich ja nicht einmal an die eigenen Gesetze.«

Auf einem Bildschirm sehe ich einige Männer und Frauen, Tücher schwenkend, eine Hakenkreuzfahne hochhaltend, viele mit zum Hitler-Gruß emporgestrecktem Arm, die Gesichter freudig erregt. Wenn die Kamera in die Weite schwenkt, erkennt man sie als Teil einer Menschenmasse, die am 1. Juli 1941 die in Riga einmarschierende Wehrmacht als Befreier begrüßt. Die sowjetischen Besatzer hatten Massaker in den Gefängnissen verübt, bevor sie flohen, und die Nationalsozialisten behaupten nun, die lettischen Juden seien daran schuld. Rachegefühle entladen sich gegen die zu Sündenböcken Erklärten. Was nun folgt, ist – mit lettischer Hilfe – die prozentual effektivste Judenausrottung, die es jemals in einem Land Europas gegeben hat. Das Filmmaterial enthält Sequenzen vom Beginn. Man sieht Juden, die abgeführt, geprügelt und über Straßen geschleift werden. Auch in die Wohnung der Großeltern Valentīna Freimanes dringen selbst ernannte Rächer ein.

»Ausgerechnet den Onkel Georg, der gerade der Deportation durch die Sowjets entronnen war, entdecken sie und nehmen ihn mit. Er wird als Erster aus meiner Familie ermordet.«

Valentīna hatte in ihrem zweiten Leben ihren Freund Dima geheiratet, einen Medizinstudenten, und dies vor allem, weil Angetraute bei den Behörden nachfragen konnten, etwa wenn der Partner deportiert wurde. Valentīna gefährdet Dima, wenn sie nicht mit ihren Eltern in das am 23. August 1941 eingerichtete Ghetto geht. Dima will davon nichts wissen, er will Valentīna verstecken. Was soll sie angesichts dieses Dilemmas tun?

»Nicht weil ich Dima nicht liebte, wollte ich ins Ghetto, sondern weil ich ihn nicht gefährden wollte.« Eindringlich redet die Mutter auf sie ein: »Du darfst Dima nicht die Ehre nehmen, dass er dich als dein Mann beschützt. Ich gehe mit meinem Mann, du mit deinem.« Im Alter glaubt Valentīna Freimane, dass ihre Mutter wusste, was sie erwartete, und sie selbst nur durch deren entschiedenes Auftreten davon abgehalten worden sei, mit den Eltern ins Ghetto zu gehen.

Die Mutter stirbt mit sechzehn anderen Verwandten bei Erschießungen im Kiefernwald von Rumbula. Wenn keine Gedenkstätte daran erinnern würde, sähe er heute wie ein Naherholungsgebiet aus. Der Vater schuftet als Zwangsarbeiter, und Valentīna lebt versteckt bei ihrem Mann. Eines Tages wird das Haus durchsucht, aber sie hat unglaubliches Glück und kann entkommen. Allerdings wird ihr Mann verhaftet. Man kann ihm nichts nachweisen. Doch dann bricht in seinem Gefängnistrakt die Ruhr aus, und alle Häftlinge – erkrankt oder nicht – werden erschossen. Später erfährt Valentīna, dass sie und ihr Mann denunziert worden waren, von wem und warum, das kommt nie heraus.

Immer wieder erlebt sie ganz außerordentliche Treue und Hilfsbereitschaft. Die strenggläubig-katholische Haushälterin Emilija Gajevska bleibt in all den Jahren der Bedrängnis ihre Bezugsperson. Von den Baptisten bis zu einer Hausmeisterin, die ihre Abstammung von den Roma verheimlichen muss, über einen deutschen Feldwebel bis zu einer altgläubigen Familie helfen ihr die unterschiedlichsten Menschen. Es ist ein weites gesellschaftliches Panorama, in dessen Schutz sie in der klaustrophobischen Enge wechselnder Verstecke überlebt.

Einmal kommt Valentīna Freimane bei einer Familie unter, deren einziger Sohn am nächsten Morgen für die deutsche Wehrmacht in den Krieg gen Osten ziehen soll. Mit einem ebenfalls einberufenen Freund betrinkt er sich an jenem letzten Abend. Angetrunken beklagen die beiden, dass sie noch so wenige Frauen kennengelernt hätten, und bedrängen Valentīna. Allerdings wirkt der Alkohol, und sie schlafen ein, bevor etwas geschieht. Sie erzählt es in einer Mischung aus Tragik und Komik.

Weit weniger glimpflich kommt sie davon, als sie wegen einer Kontrolle ihr Versteck verlassen muss. Es ist die Zeit, als im Osten die Schlacht um Stalingrad den Krieg wendet. Dünn bekleidet, zittert sie in frostiger Nacht und holt sich Erfrierungen an den Beinen. Die eiternden Beulen wollen nicht heilen, verhärten sich zu Narben, platzen noch nach Jahren immer wieder auf. Sie hat auch diese Situation überlebt, aber ihre Beine in jener Nacht ruiniert. Kurz zuvor – am 9. Mai 1942 – hatte sie ihren inhaftierten Vater zum letzten Mal gesehen. Er plante einen Ausbruchsversuch, wurde aber verraten und erschossen.

Zum Schlüsselerlebnis wird für sie die Begegnung mit dem deutschbaltischen Politiker und antifaschistischen Publizisten Paul Schiemann, einem der Gründungsväter des modernen Lettlands, den alle nur Herr Doktor nannten.

Schiemann, schon sehr schwach und ans Bett gebunden, diktierte Valentīna Freimane die Geschichte seines Lebens. In den Gesprächen mit ihm gewinnt sie den geistigen Kompass, dem sie folgt. Sein Traum war eine lettische Demokratie, die das Patchwork der Minderheiten integriert, die in solchen Grenzregionen seit Menschengedenken verwurzelt sind. Tief besorgt, geradezu verzweifelt war er über die Lage seines Landes. Weder die Freiwilligenlegion der Waffen-SS noch die Lettische Division der Sowjetarmee können Lettland retten, erläuterte er, denn weder Hitler noch Stalin wollen ein unabhängiges Baltikum. Die einzige Chance sah er in einem Attentat auf Hitler, das den Weg zu einem Verhandlungsfrieden frei machen könnte. Manchmal erging er sich in Andeutungen, sodass Valentīna Freimane allmählich den Verdacht hegte, dass er vielleicht mehr wusste, als er sagte.

Paul Schiemann starb am 23. Juni 1944 und erlebte nicht mehr, dass mit dem Scheitern des Attentats am 20. Juli 1944 die letzte Chance auf ein unabhängiges Baltikum nach dem Zweiten Weltkrieg verspielt war.

Als im Morgengrauen des 13. Oktober 1944 sowjetische Panzer rasselnd die Brücken über die dunkle Düna überqueren und in Riga einrollen, ist es eine Befreiung – und eine erneute Annexion. Tausende fliehen gen Westen – in Autos, auf Schiffen, auf Fahrrädern, zu Fuß in großen Trecks. Ein Bild der Trostlosigkeit. Und nach Osten, nach Sibirien, fahren nun lange Züge, in deren Waggons Tausende zusammengepfercht sind. Wochenlange Irrfahrten bei Durst und Hunger, da die Züge an die Front Vorfahrt haben. Viele überleben das nicht.

Nach der Befreiung ist Valentīna Freimane allein, ohne Familie, muss sich eine Existenz schaffen. Es beginnt ihr viertes Leben. Sie heiratet erneut, bringt eine Tochter zur Welt, trennt sich aber bald von ihrem Mann. Als Jüdin und Bildungsbürgerin bleibt sie Außenseiterin, immer unter Beobachtung und nicht für einen leitenden Posten vorgesehen.

Das Tauwetter – so bezeichnete Ilja Ehrenburg die vorsichtige Entstalinisierung in der Sowjetunion nach 1956 – setzt sich nie ganz durch, stets kommt es zu erneuten Frosteinbrüchen. Aber immerhin kehren nun viele Gefangene und Verbannte aus Sibirien zurück, unter ihnen Tante Frieda und deren Tochter – zwei der letzten überlebenden Verwandten. Frieda erzählt, dass ihr Mann an den Entbehrungen starb, aber auch, dass viele Bauern die Verbannten unterstützten. Einmal halfen sie ihr, als sie Rüben falsch eingrub, wohl wissend, dass dies keine Sabotage war, sondern Unkenntnis.

Die geistige Bewegung in der Tauwetterzeit nach 1956 dringt weit über die Metropolen hinaus bis in die Provinz. Das lässt den verfemten Schriftsteller Valts Grēviņš, den neuen Mann an Valentīna Freimanes Seite, hoffen. Nach langer Zwangspause will er wieder öffentlich wirken. Er hat ein Theaterstück geschrieben. 1961 lädt er fünf Freunde ein, trägt sein Stück vor, will wissen, wie seine satirische Komödie ankommt. Es wird gelacht, gelobt und gezecht. Ein gelungener Abend, so scheint es. Doch drei Tage später ist in einem Zeitungsartikel zu lesen, er habe ein sowjetfeindliches Stück geschrieben.

War einer der Eingeladenen nicht vertrauenswürdig? Plauderte einer versehentlich mit einem Verräter? »Niemals habe ich erfahren«, sagt Valentīna Freimane, »wer es war und warum es geschah.«

Bei Nacht martern sie dunkle Gedanken, er muss Beruhigungsmittel nehmen. Eines Abends holt Valts Grēviņš seine Frau aus der Zeitungsredaktion ab, in der sie beschäftigt ist. Sie muss noch eine Arbeit beenden. Er hat über den Durst getrunken, entschuldigt sich, will sich im Nebenraum ein wenig hinlegen. Aber irgendetwas ist anders. Valentīna geht in das schlichte Zimmer mit der Liege. Er hat aufgehört zu atmen. Alkohol und Beruhigungsmittel zusammen wirkten tödlich. »Ich war mit 39 Jahren erneut Witwe, er war 40, als er starb. Das ist eine sowjetische Geschichte.«

1968 wird Valentīna Freimane als Film- und Theaterwissenschaftlerin Mitarbeiterin in der Lettischen Akademie der Wissenschaften. Doch sie erlebt weiterhin Restriktionen. Von 1976 bis 1988 darf sie nicht ausreisen, nicht einmal in den Ostblock. Unterstützt von Mitgliedern des lettischen Filmverbands, beschafft sie – halb legal – Filme aus aller Welt, die in Riga gezeigt werden. In den Besitz des Materials gelangt sie, weil von fast jedem westlichen Streifen, der nach Moskau kommt, eine illegale Kopie für die Nomenklatura angefertigt wird. Sie hat für Künstler und Studenten den Eisernen Vorhang im Kalten Krieg einen Spalt weit geöffnet. Dafür sind ihr viele bis heute dankbar, unter anderen der international bekannte Regisseur Alvis Hermanis.

In Valentīna Freimanes fünftem Leben schlossen sich die Kreise. Als Shoah-Überlebende durfte sie nach Deutschland emigrieren. Oder war es eine Flucht? Immerhin konnte sie in Berlin an der Freien

Universität arbeiten, ihre Familie in den chaotischen Jahren nach dem Zusammenbruch der Sowjetunion unterstützen. Der Weg der Letten ging damals nach Westen, nach Europa, wie man sagt. Auf diesem Weg teilte sich eine relativ homogene Gesellschaft jäh in Arme und Reiche. Der Abstand zwischen den reichen Oligarchen und den armen Selbstversorgern wächst seither beständig. Die nationale Frage scheint nach EU- und Nato-Beitritt beantwortet, die soziale dagegen nicht, und das macht wieder einmal schaudern.

Valentīna Freimane pendelte wieder wie schon in ihrer Kindheit zwischen Riga und Berlin, zwischen der deutschen Hauptstadt, von der der ganze Kontinent entscheidend mitgeprägt wird, und der lettischen Hauptstadt, die in neuer Ausformung die alte Gestalt einer europäischen Grenzregion einnimmt. Als das Reisen zu beschwerlich wurde, blieb sie in Berlin. Valentīna Freimane starb am 16. Februar 2018, zwei Tage vor ihrem 96. Geburtstag, in Berlin.

Von den rund zwei Millionen Juden, die es nach dem Zweiten Weltkrieg und der Shoah in der Sowjetunion gab, wanderten viele nach dem Zerfall des Imperiums aus Russland oder Moldawien, aus der Ukraine oder Georgien aus. Nur gut 100 000 Juden leben heute noch im größten Land der Erde, in Russland, und immer noch wandern viele von dort aus – nun vor allem nach Israel.

Bis zum Inkrafttreten des Zuwanderungsgesetzes von 2005 mit seinen einschränkenden Regeln war Deutschland ein leicht zu erreichendes Auswanderungsland. Das geschah ohne nennenswerte mediale Begleitung, nur hin und wieder erschienen Beiträge, in denen von einer jüdischen Renaissance die Rede war.

Ende der 1980er Jahre hatte es im geteilten Deutschland so ausgesehen, als ob das jüdische Leben ausstirbt. Die Gemeinden waren überaltert, und die Zahl ihrer Mitglieder sank von Jahr zu Jahr. Der chaotische, manchmal – wie in Aserbaidschan und Armenien – blutige Zerfall der Sowjetunion und das Bekenntnis zur Schuld an der Shoah hierzulande retteten die jüdischen Gemeinden in Deutschland. Obwohl viele Juden aus der ehemaligen Sowjetunion gar nicht gläubig waren, macht die sowjetischstämmige Minderheit inzwischen rund neunzig Prozent der jüdischen Gemeinden aus.

Die Nemtsovs trafen im Sommer 1992 in Deutschland ein. Sie hatten nur knapp die Möglichkeit verpasst, in die USA auszuwandern. Dass sie nach Deutschland gingen, war dennoch kein Zufall. Meist gibt es zwischen dem Ort, von dem man flieht oder auswandert, und dem Ort, an dem man ankommt, enge Verbindungen. 1989 stellten sie einen Antrag auf Ausreise. Ein entscheidender Grund war die große Schwester, die als Computerfachfrau in der Sowjetunion kaum Aussicht auf einen Arbeitsplatz hatte, weil die Informatik eng mit dem Militär verbunden ist und sie als Jüdin − selbst wenn es Vakanzen gab − dort niemals berücksichtigt worden wäre.

»Meine Schwester hatte 1981 ihr Studium mit lauter Fünfen, das sind in Russland die besten Noten, abgeschlossen«, sagt Jascha Nemtsov. »Ein Aufbaustudium erhielt sie wegen ihrer jüdischen Herkunft nicht. Als sie schließlich eine Arbeit fand, war sie unter lauter Juden, die wie sie etliche Absagen erhalten hatten.«

Es war der Beginn des Computerzeitalters, Spezialisten wurden im Ausland gesucht. Einer nach dem anderen wanderte in die USA aus − bis es schließlich so viele waren, dass die Vereinigten Staaten eine Zuzugssperre verhängten. Stichtag war der 1. Oktober 1989. Die Nemtsovs erhielten ihre Ausreisegenehmigung zwölf Tage später.

Da sich ihre Hoffnung auf ein Leben in den Vereinigten Staaten zerschlagen hatte, erwogen sie, in die Bundesrepublik auszuwandern. Die Ausreise nach Deutschland war damals wie ein Lotterieverfahren organisiert. »Es kam ein Mann und sagte Nummer 5, Nummer 66 und 532 können rein. Einige Male versuchte ich es, nie gewann ich.«

Jascha Nemtsov wuchs in Leningrad auf, dem heutigen St. Petersburg am Finnischen Meerbusen. Sein Leben ist bis heute ein langer Weg nach Westen, zuerst quer durch die Sowjetunion, dann als verfolgter Auswanderer nach Berlin.

Er glaubt, er war acht oder neun, da erzählte sein Vater ihm schon von dem Schicksal, das er erlitten hatte. Oder muss man auch in diesem Fall Imre Kertész paraphrasieren und vom *Roman eines Schicksallosen* sprechen? Denn es war keine individuelle Tat, die den Vater in das weit verzweigte und größte Zwangsarbeitersystem der

Welt brachte, das die Bevölkerung in den Nachfolgestaaten der Sowjetunion bis heute traumatisiert. Ein Zug, der donnernd vorbeirattert, eine bewegte stählerne Wand, aus der Lichtblitze zwischen den Waggons herausschießen. Es sind frühe Bilder, die Jascha zuweilen heimsuchen. Erinnerungen an seinen Geburtsort Magadan hat er nicht. Er besuchte ihn erst wieder, als er schon über fünfzig Jahre alt war.

Magadan war eine der zahlreichen verbotenen Städte des Sowjetimperiums, ein Ort, den jeder kannte und der frösteln ließ. In nicht wenigen Familien gibt es Opfer – erfroren, erschlagen, erschossen, verunglückt oder nach Jahren der Zwangsarbeit traumatisiert zurückgekehrt. Der für sein Werk über diese Zwangsarbeitswelt mit dem Nobelpreis ausgezeichnete Alexander Solschenizyn spricht von einem Grausamkeitspol.

Bei seinem Antipoden, Warlam Schalamow, der diese Welt nicht in der Sicherheit epischer Breite schilderte, sondern in intensiven Erzählsplittern künstlerisch gestaltete, kann man lesen: »Der Frost, derselbe, der die Spucke in der Luft gefrieren ließ, ergriff auch die menschliche Seele. Wenn die Knochen einfrieren konnten, konnte auch das Hirn einfrieren und stumpf werden, konnte auch die Seele einfrieren. Im Frost konnte man an nichts denken. Alles war einfach. Bei Kälte und Hunger wurde das Hirn schlecht versorgt, die Hirnzellen trockneten ein – das war ein offensichtlicher physikalischer Prozess, und Gott allein weiß, ob dieser Prozess, medizinisch gesprochen, reversibel war wie Erfrierungen oder ob die Zerstörungen endgültig waren. Genauso die Seele – sie war eingefroren, eingeschrumpft und bleibt vielleicht für immer kalt. All diese Gedanken hatte Poraschinkow früher – jetzt war nichts geblieben als der Wunsch, den Frost lebendig durchzustehen, zu überstehen.«[27]

Jascha Nemtsov glaubt, dass er inzwischen vieles vergessen hat, aber einiges, was sein Vater ihm erzählte, prägte sich ihm tief ein. Der Vater wurde während einer studentischen Veranstaltung verhaftet – er trug einen guten Anzug, wahrscheinlich war es sein einziger –, ins Gefängnis gebracht und immer wieder verhört, geschlagen, gefoltert.

»Später las ich in Büchern, was die Fünfte Ecke ist, zuerst aber hörte ich es von meinem Vater: Vier Wärter schubsten und schlugen einen Häftling, damit er keine Fünfte Ecke findet. So nannten es die Wärter ironisch selbst.«

Die Verhöre und Folterungen fanden vor allem nachts statt. Die Zellen waren rappelvoll. Die Häftlinge mussten auf dem Betonboden schlafen, alle auf der gleichen Seite, eng an eng, und auf Befehl mussten sich alle auf die andere Seite drehen. Als Toilette diente ein Fass in einer Ecke. Fast ein halbes Jahr war der Vater dort. Er wurde beschuldigt, an einem Komplott beteiligt gewesen zu sein, an dessen Spitze ein Hochschullehrer stand. Er sollte seine antisowjetische Agitation zugeben und ein Geständnis unterschreiben. Er unterschrieb nicht, und er glaubte, dass ihm das das Leben gerettet hat. Er wurde zwar verurteilt, aber nicht zum Tod. Er kam nach Wladiwostok. Mehr als zwei Wochen dauerte der Transport dorthin. Viele starben unterwegs, die Toten wurden einfach aus dem Zug geworfen.

»Das Schlimmste für meinen Vater war das Schiff nach Magadan«, so Jascha Nemtsov im Gespräch. »Sie durften nicht an Deck, waren im Laderaum zusammengepfercht. Manche wurden aus Wassermangel verrückt. Zu essen gab es nur Salzhering. Eine gewisse Charakterstärke war fürs Überleben notwendig. Mein Vater rührte den Fisch nicht an, und auch später im Lager versuchte er, seine Würde zu bewahren. Die, die alle Abfälle aßen, starben elend.«

In der Tat liest man in vielen Memoiren oder hört in Gesprächen von dieser elenden Schiffsreise. In einem damals bekannten Gefangenenlied heißt es:

Den Seks[28] wurde vom Schaukeln schlecht.
Rundum nur brüllende See,
Und vor ihnen lag Magadan,
Kolymas Hauptstadt in der Näh'.

Von Magadan aus trieben die Wärter die Häftlinge ins Landesinnere. Es waren vorwiegend politische Gefangene, aber es waren auch einige Kriminelle darunter.

»Mein Vater hatte noch einen Ledermantel, den einer der Kriminellen haben wollte. Zunächst zögerte mein Vater, doch dann dachte er sich, dass er wahrscheinlich im Schlaf ermordet werden würde, wenn er die Herausgabe verweigerte. Er war am Ende froh, dass er für den Mantel ein Stück Brot bekam.«

Anfangs war er im Bergwerk bei den Sprengungen mit Dynamit eingesetzt. Kaum jemand überlebte das lange Zeit. Aber eines Tages fiel einem Offizier die Sorgfalt auf, mit der der Vater die Baracke putzte. So wurde er Funktionshäftling, das heißt, er erhielt einen Bürojob, und das hat ihm wahrscheinlich das Leben gerettet. Schon als Häftling durfte er in Begleitung eines Wachpostens mit Gewehr nach Magadan fahren und dort für seinen Chef Besorgungen machen. Der direkten Todesgefahr war er entkommen, doch dann fiel er von der Fähre ins kalte Wasser und konnte nur mit Mühe vor dem Ertrinken bewahrt werden.

Jascha Nemtsov kam im Jahr 1963 in Magadan zur Welt, also über ein Jahrzehnt nach der Entlassung des Vaters und Jahre nach der Auflösung der Lagerwelt der Kolyma. Die ehemaligen Häftlinge blieben auch weiterhin stigmatisiert, lebten wie Flüchtlinge und Vertriebene im eigenen, fremden Land. Etliche zogen es daher vor, an ihrem Verbannungsort zu bleiben. Für die Nemtsovs kam noch hinzu, dass sie Juden waren. Mit den beiden Kindern wollten die Eltern die unwirtliche Vulkanlandschaft dann aber doch verlassen – und das gelang.

»Mir war früh bewusst«, sagt Jascha Nemtsov heute, »dass wir anders waren. Der Antisemitismus begleitete mich von der ersten Klasse an. Einmal ließ die Lehrerin das Klassenbuch liegen, und die Kinder blätterten darin und entdeckten, dass ich und ein anderer Junge Juden waren. Fortan wurden wir gehänselt und schikaniert. Bei mir war es besonders schlimm, weil ich damals dicklich und unsportlich war.« Die Mutter ließ ihn hin und wieder von einer befreundeten Ärztin krankschreiben, wenn sie seine Angst vor der Schule bemerkte, doch »das bewirkte, dass ich immer weniger akzeptiert wurde und zunehmend das Gefühl hatte, nicht dazuzugehören«.

Das hört man häufig, nicht nur in Russland, sondern in vielen Ländern Osteuropas, wo viele der Gemeinwesen multikulturell waren, was aber bedeutete, dass die Minderheiten kenntlich gemacht waren und einzelne Gruppen leicht zum Ziel von Angriffen werden konnten. Schwärmereien über die einstige kulturelle Vielfalt in Osteuropa sind unangebracht. Vielmehr könnten diese zwiespältigen Erfahrungen ein Menetekel für die heutigen und in Zukunft wahrscheinlich kulturell noch weitaus vielfältigeren Gesellschaften Europas sein.

Bücher begleiteten den kleinen Jascha Nemtsov, weil die Mutter Bibliothekarin war. Aber die Familie ging nie in ein Konzert. Zur Musik kam er durch die große Schwester Marina, die wie eine Freundin im Nachbarhaus Klavierspielen lernen wollte. Der kleine Bruder eiferte ihr nach.

»Sie war zehn, ich erst sechs. Sie hörte nach wenigen Jahren auf, ich machte weiter. Dass ich einmal Musiker werden würde, war aber überhaupt nicht klar. Das Schulbuch meiner Schwester über das alte Ägypten faszinierte mich. Da ich noch vor der Schule lesen und schreiben konnte, las ich es nicht nur mehrfach, sondern ich konspektierte es sogar. Ich wollte Geschichte studieren.«

Als ein Lehrer die Mutter drängte, den musikalisch begabten Jascha zur Musikschule zu schicken, war der Sohn nicht begeistert. »Da das Fach Geschichte für Juden an der Leningrader Universität verschlossen war, überzeugte mich die Mutter schließlich.«

Jascha Nemtsov kann sich nicht erinnern, dass seine Familie jemals nicht kritisch zur Sowjetunion stand. Aber eine Möglichkeit zum Weggehen sahen sie nicht, allenfalls zum Leben in einer Nische.

In Leningrad, dem von Zar Peter gegründeten und von Leibeigenen erbauten Tor nach Europa, hörte man ausländische Sender – die russischsprachigen Sendungen der BBC und von Voice of America, aber auch die Deutsche Welle und Radio Liberty. Die sowjetischen Störsender machten das Hören zur Qual, zumal die Eltern Angst hatten, dass die Nachbarn erfahren würden, dass sie »Feindsender« einschalteten.

»Sehr früh wusste ich so, dass es Dinge gibt, über die außerhalb der elterlichen Wohnung nicht gesprochen werden darf.«

Wir lachen, als ich ihm von meiner Kindheit in Ost-Berlin erzähle, davon, wie mein Vater zu Beginn der *Tagesschau* aus dem Westen zum Fernseher ging, den Signalton ausschaltete, damit die Nachbarn nichts hörten, und dann die Lautstärke herunterdrehte. Allerdings war der Empfang gut, Störsender gab es in der geteilten Stadt nicht.

Anfang 1986 setzte die Perestroika ein, der Umbau unter dem 1985 ernannten Kremlchef Michail Gorbatschow – ein Weltereignis, dessen Folgen damals nur wenige voraussahen.

»Dass einer frei redet, das war für uns sensationell. Zuvor waren die führenden Funktionäre Gestalten wie aus einem Wachsfigurenkabinett.«

Im Sommer darauf musste Jascha Nemtsov den obligatorischen Militärdienst antreten und war darüber tief betrübt, denn in der Sowjetunion ist man in dieser Zeit vom normalen Leben weiter entfernt als in den meisten anderen Ländern. Erstmals half ihm nun sein Judentum, denn Juden wurden nicht in den blutigen Afghanistankrieg geschickt, an den heute in allen Nachfolgestaaten Denkmäler für die Gefallenen erinnern – von Weißrussland bis Kasachstan, von Georgien bis Russland, von der Ukraine bis Estland.

Doch selbst in die abgeschottete Kasernenwelt drang langsam, aber unaufhaltsam die neue Zeit. »Einmal hörte ich, wie ein Offizier sagte, er habe gelesen, dass unter Stalin Tausende unschuldige Menschen erschossen worden seien. Das kann nicht sein, stammelte er vor sich hin, das sei gewiss übertrieben. Ich sagte nichts, eigentlich bis ich nach Deutschland kam, war ich sehr vorsichtig. Ich sagte lieber zu wenig als zu viel. Ich kontrollierte meine Worte.«

Als Jascha Nemtsov nach dem Militärdienst nach Leningrad zurückkehrte, war nicht mehr zu übersehen, wie die Stabilität, die alle als Stagnation empfunden hatten, Risse bekam. Er erinnert sich, dass im September 1988 der Zucker aus den Regalen verschwand und schließlich nur noch gegen Marken zu bekommen war. Immer mehr Produkte waren nur über Marken erhältlich. Die Schlangen vor den Geschäften wurden lang und länger. Er arbeitete in jener Zeit als Korrepetitor an einer Musikschule und verdiente wenig im Gegensatz zu seiner Schwester, die eine Stelle in der Privatwirtschaft fand.

»Es gab immer weniger zu essen, die Leute kauften alles auf, überall gab es Menschenschlangen. Man kaufte Sachen, die man gar nicht brauchte, weil das Geld immer schneller abgewertet wurde. Die meiste Zeit stand ich in Schlangen. Ich wusste bald, wenn ich mich gegen Mittag in diesem Geschäft anstelle, dann gibt es Eier. Und dort wird vormittags saure Sahne verkauft. Und dann gab es die auch nicht, sondern Marken, aber mit diesen konnte man auch nicht einfach kaufen, sondern stundenlang musste man anstehen. Jahrelang stand ich die Hälfte meiner Tage an.«

Man stand draußen an und fror oder drinnen und schwitzte, vertane Zeit, die man auch nicht zum Lesen oder zum Diskutieren, zum Musikhören oder zum Spielen nutzen konnte. Rücken an Bauch, abstandslos wie Sardinen in der Dose, wartete man unendlich viele quälende Stunden lang.

Heute erscheint Jascha Nemtsov die Spätphase der Sowjetunion äußerst ambivalent – prägende Jahre zwischen Lesen und Schlangestehen. Endlich wurden die verbotenen Bücher veröffentlicht, kamen die unerlaubten Stücke auf die Bühne. Die Nemtsovs gehörten zu den vielen, die Dutzende Magazine und dicke Literaturzeitschriften abonnierten. In diesem Auf- wie Abbruch lasen sie auch Solschenizyns *Archipel Gulag*, in dem dieser auf weltliterarischem Niveau Geschichten von den Schrecken aus der Kolyma erzählt, ferner Wassili Grossman, Platonow und den ungekürzten Bulgakow. Währenddessen zerfiel die Sowjetunion. Litauen und Armenien, Estland und Lettland hatten sich bereits für unabhängig erklärt. Gegen Georgien hatte Russland eine Wirtschaftsblockade verhängt, um die weitere Auflösung aufzuhalten.

Nach der Vereinigung Deutschlands, des großen Landes in der Mitte des Kontinents, hofften nicht wenige, dass nun ein gemeinsames Haus Europa erbaut und die Geschichte enden würde. Von Februar 1991 an konnte sich jeder, der ausreisen wollte, beim deutschen Generalkonsulat in St. Petersburg melden. Die Nemtsovs gingen eines Morgens in aller Herrgottsfrühe zur Botschaft. Aber um sechs Uhr standen dort schon Tausende andere, die das zerfallende Imperium ebenfalls verlassen wollten, und bildeten eine lange Schlange.

Nicht nach Moskau, wie in Tschechows *Drei Schwestern*, wollten die Menschen, darunter ganze Familien vom Säugling bis zu den Großeltern, sondern nach Deutschland. Einige hatten die grausame Hungerblockade von Leningrad nur knapp überlebt, andere verloren Angehörige in den Wochen der Belagerung. Wohl in jeder Familie, die hier wartete, hatte der Krieg gegen die Deutschen Opfer gefordert. Jaschas Großmutter väterlicherseits hatte ihren damals im Gulag verschwundenen Sohn nie wiedergesehen und ihren Enkel nie kennengelernt, da sie als Jüdin nach dem Einmarsch der deutschen Wehrmacht 1941 erschossen worden war. Aber nun wollten sie alle nach Deutschland, nach Deutschland.

Als die Nemtsovs im Sommer 1992 auf dem Bahnhof in Berlin-Lichtenberg eintreffen, kann ihnen niemand sagen, wie sie von dort ohne Geld an ihr Ziel, die Landesaufnahmestelle in Esslingen am Neckar, gelangen sollen. Jascha Nemtsov erinnert sich an ein bizarres Gespräch.

»Mein Vater sagte, wir müssen Juden suchen. – Aber in Deutschland gibt es doch keine Juden. – Juden gibt es überall.«

Die Schwester hoffte damals noch, nach Amerika weiterreisen zu können, und hatte bereits in der Sowjetunion einen Englischkurs besucht. Diese Kenntnisse helfen ihr nun, sich bis zur jüdischen Gemeinde in der Oranienburger Straße in Berlin-Mitte durchzufragen. Dort finden die Nemtsovs Hilfe. Man bezahlt ihnen die Fahrkarten nach Esslingen.

Moskau, 27. Februar 2015. Die Digitaluhr zeigt 23 Uhr 30. Die Bilder der Überwachungskamera sind unscharf. Während die Uhr beständig weiterläuft, sieht man eine Brücke, dahinter festungsähnliche Mauern, Passanten. Ein Kehrfahrzeug verdeckt die Sicht auf die – später markierten – Umrisse von zwei Menschen, die sich bewegen. Als das Auto den Blick wieder freigibt, liegt einer am Boden.

Nach den Berichten, die bald die Welt umkreisen, ist der Tote, den wahrscheinlich ein Auftragsmörder direkt vor den Mauern des Kreml, dem Machtzentrum Moskaus, von hinten in Kopf, Herz und Lunge schoss, der 55-jährige Boris Nemtzov (häufig in deutscher Umschrift: Nemzow). Lange galt der erschossene ehemalige Vizepremier als Nachfolger des russischen Präsidenten Boris Jelzin, der sich dann aber für Wladimir Putin entschied. Ein Verdacht fällt auf den Kreml. Von den dortigen Überwachungskameras dürfte das Attentat aufgezeichnet worden sein, aber diese Aufnahmen liegen nicht vor. Doch warum sollte Putin diesen Mann erschießen lassen, der zweifellos ein scharfer Kritiker war, aber einer, der seine Machtbasis längst verloren hatte? Ein Märtyrer Nemzow würde doch viel gefährlicher sein.

Die Ermittler untersuchen, ob es Hinweise auf eine Beziehungstat gibt. Der fast zwei Meter große Mann hatte mit seiner Freundin, dem 23-jährigen langbeinigen ukrainischen Model Anna Durizkaja, im teuren »Bosca« mit direktem Blick auf den Kreml und das Lenin-Mausoleum zu Abend gegessen. Danach war das Paar quer über den Roten Platz gegangen, vorbei an der angestrahlten Basilius-Kathedrale auf die Brücke über die Moskwa. Dort fielen die tödlichen Schüsse. Die Frau blieb unverletzt. War der Auftraggeber vielleicht gar an ihr interessiert? Warum ging der Mörder das Risiko ein, von der Begleiterin des Opfers oder anderen Zeugen an diesem belebten Ort erkannt zu werden? Warum unternahmen die beiden einen Spaziergang im Regen und benutzten nicht den bereitstehenden Wagen mit Chauffeur? Später bemerkt Boris Nemzows Tochter Schanna, sie schätze an Anna, dass sie sich »nie in Erwachsenengespräche« einmische.

Man fragt sich, woher eigentlich das Vermögen des Ermordeten stammte, das in politischen Ämtern legal nicht zu erwerben war. Und warum hatten die Auftraggeber einen Mord geplant, der weltweit Aufsehen erregen musste? Gibt es Verbindungen zu anderen Attentaten, die durch Tatort oder Tatwaffe weltweit für Schlagzeilen sorgten? Warum ereilten die »Schwingen des Todes« beispielsweise Alexander Litwinenko, einen nutzlos gewordenen abtrünnigen Geheimdienstler im Londoner Exil, der durch eine von teurem Polonium verursachte Strahlenkrankheit starb?

Eine Fülle von Fragen – Sondersendungen zum Attentat auf Boris Nemzow laufen in der westlichen Welt. Die spektakuläre Art der Morde wirkt stärker als der Abschied von dem Ermordeten. Wäre Boris Nemzow, der noch das bekannteste Opfer dieser allmählich zum Signum unserer Epoche werdenden Attentate ist, allein in einer Seitengasse erschossen worden, wäre es eine Nachricht aufgrund seiner Rolle in den 1990er Jahren gewesen, aber Sondersendungen hätte es nicht gegeben.

Im amerikanischen Philadelphia fragt sich Stuart Niemtzow, als er die Nachrichten sieht, ob er einen Verwandten verloren hat, den er lange suchte. Mit der Flucht oder Emigration in einen anderen Kultur-

und Sprachraum können Namen sich ändern, aus Schneider kann Šnajder werden, aus Nemtzov Niemtzow. Dazu tragen nicht zuletzt die Tücken der Transkription aus der kyrillischen Schrift bei. Da kann Tschechow und Čechov ein und dieselbe Person meinen.

Seit geraumer Zeit versucht Stuart Niemtzow herauszufinden, was aus den Nachfahren seiner in Russland gebliebenen Familienmitglieder geworden ist, ob noch einige leben oder ob sie alle im Sturm des Jahrhunderts umgekommen sind. Bis in die 1930er Jahre gab es einen sporadischen Briefkontakt, wovon er 1984 bei einem mehrtägigen Gespräch mit seinem damals 96-jährigen Großonkel Harry erfuhr. Dieser war 1907 als 19-Jähriger legal ausgewandert, während zwei seiner Brüder die Grenze illegal überquerten, um der Einberufung zur russischen Armee zu entgehen.

Mittlerweile sind wir im 21. Jahrhundert, alle in Russland geborenen und in die USA emigrierten Vorfahren von Stuart Niemtzow sind lange tot. Aber es gibt neue Möglichkeiten der Technik. Die in noch nie dagewesener Weise infolge Digitalisierung und großer Wanderungsbewegungen vernetzte und verflochtene Welt ist über Internetforen permanent verbunden, und es lohnt sich, dort nach Vorfahren und Nachkommen, nach verloren geglaubten oder unbekannten Verwandten zu suchen. Erstaunlich viele tun das, bezahlen sogar dafür. Ist das – böse gesprochen – die Rückkehr zum Clan im Zeitalter der *failed states*, der gescheiterten Staaten? Oder – freundlicher ausgedrückt – wollen die Suchenden sich ihrer Herkunft vergewissern in diesen unübersichtlichen Zeiten? Schließlich sind wir alle Gefangene der Geschichte, der niemand entkommen kann. Stuart Niemtsow sucht nun jedenfalls nach Nemtsov, wie der ermordete russische Politiker in den amerikanischen Medien geschrieben wird.

Über Kontinente verstreute Familien und weltumspannende Lebensläufe sind Ausdruck der weltweiten Vernetzung. Seit in der Frühen Neuzeit die Globalisierung einsetzte, gibt es solche Lebensläufe. Zuerst waren sie charakteristisch für Weltumsegler, später kamen jene hinzu, die auf mehreren Kontinenten wirkten, etwa der Revolutionär Wilhelm Weitling, der im 19. Jahrhundert mehrmals den Atlantik überquerte, aber seine kommunistischen Träume weder in der Alten noch in der Neuen Welt verwirklichen konnte.

Exil und Auswanderung waren zu jener Zeit nichts Besonderes mehr, Kontinente überspannende Lebensläufe dagegen schon. Im 20. Jahrhundert wurde das Beständige dann aber geradezu zur Ausnahme:»Wenn man noch immer in demselben Haus lebt, in dem man seine Kindheit verbrachte und Abschied von Eltern und Großeltern nahm, macht es keine Mühe, Empfindungen der Anhänglichkeit an die Stadt seines Lebens zu entwickeln.« Das schrieb Wolf Jobst Siedler in den 1980er Jahren und fuhr dann fort:»Um 1820 starben achtzig Prozent der Deutschen in dem Ort ihrer Geburt; um 1880 waren es nur noch zwanzig Prozent gewesen. Sollte man den Zufall der Beständigkeit, unerworbenes Privileg, in den Wind schlagen?«[29] Als der Verleger 2013 starb, wurde er nur wenige Hundert Meter entfernt von dem Haus, in dem die Familie nun in der dritten Generation lebt, begraben – eine Seltenheit in der Epoche der großen Wanderung.

Stuart Niemtzow in Philadelphia findet im Internet schließlich eine Spur, und nach einigen Mails und Telefonaten weiß Jascha Nemtsov in Berlin, dass er einen Nachkommen jener familiären Vorfahren aufgetan hat, die einst aus Russland ausgewandert oder geflohen waren und wenig überliefert haben.

»Meine Familiengeschichte war mir völlig unbekannt, da mein Großvater starb, als mein Vater sechs Jahre alt war. Wir wussten nur, dass viele aus Russland weggegangen sind.«

Andere waren Opfer des deutschen Angriffs auf die Sowjetunion geworden: Der Großvater mütterlicherseits starb auf der Flucht vor den näher rückenden Truppen bereits im Sommer 1941, die Großmutter väterlicherseits wurde von diesen erschossen. Jascha erfährt nun einiges zur Geschichte seiner Familie, die sich über Kontinente erstreckt. Er besucht die Gräber seiner Urgroßeltern in Rhode Island und lernt einen Cousin seines Vaters kennen, kurz bevor dieser mit 101 Jahren stirbt. Doch warum sind eigentlich so viele Nemtsovs aus Russland in die USA emigriert – genauer: Warum haben sie Russland wieder verlassen, in das sie Jahrhunderte zuvor gekommen waren?

Der Name Nemtsov – was übersetzt Deutscher heißt – ist nicht selten bei russischen Juden. Eigentlich bedeutet der Wortstamm *nemcy* stumm, ohne Zunge, also einer, den man nicht verstehen kann, weil er in einer anderen Sprache spricht. Schon hier scheinen Flucht- oder

Migrationsgeschichten auf, die im Dunkel der Historie nicht deutlich zu erkennen sind, aber im Namen als Träger der Geschichte eine Spur hinterließen. Das Jiddische entstand auf der Wanderschaft aus den deutschen Ländern über Polen nach Russland. Ähnlich verhielt es sich mit der von den im Spätmittelalter vertriebenen spanischen Juden und deren Nachfahren entwickelten Sprache Ladino, die wie das Jiddische im Kontakt mit anderen Sprachen und im Zuge von deren Aneignung entstand. Sprache und Ernährung sind lang prägende Träger von Geschichte, in denen sich Erfahrungen von Flucht oder Auswanderung verfremdet und überformt erhalten.

Die Überlieferungen von Talmud und Bibel waren gelebte Gegenwart in Uschatschi, einem Städtchen im heutigen Weißrussland. Die chassidischen Juden, zu denen Harry Nemtzov gehörte, besuchten täglich die Synagoge. Die Frauen bedeckten ihre Haare, schließlich sei das Judentum ein Cousin des Islam, sagt Harry, aber auf die Einhaltung des Gebots werde nicht so streng geachtet wie im Islam.

Vom Leben und der tiefen Frömmigkeit der Menschen in dieser Region erfuhr die ganze Welt durch die Gemälde des 1887 geborenen Marc Chagall, der aus Witebsk stammte, das nicht weit entfernt ist von Uschatschi. Harry Nemtsov wurde ein Jahr später als der große Maler geboren. Es war die Zeit, in der Gustav Mahler mit der 2. Symphonie seine große Klage über die Welt komponierte, denn nach Nietzsche war Gott tot, und die Welt hatte ihre Mitte verloren. Krieg und Revolution lagen in der Luft, alle Zukunftsentwürfe zeigen das.

Es hat immer etwas Aufregendes zu verfolgen, wie große Ideen bei den kleinen Leuten mit den großen Problemen ankommen. Die Aussagen von Harry Nemtsov aus Miami Beach im Jahr 1984 sind in diesem Punkt sehr erhellend. Zum einen berichtet er von einem religiös strukturierten Leben, in dem Gott keineswegs gestorben ist, gleichzeitig erzählt er vom revolutionären Geist, der bis in die Provinz vordrang. In Uschatschi beschäftigte man sich sehr wohl mit den Gedanken von Lenin und Trotzki, aber es folgten daraus keine revolutionären Aktionen. Die Juden von Uschatschi waren arm, sie hatten kein Geld für Pistolen oder Gewehre. Sie waren froh, wenn sie

Kartoffeln oder Brot hatten. Wenn sie revoltiert hätten, hätte die Regierung umgehend Truppen geschickt. Dennoch hofften und beteten sie jeden Tag, befreit zu werden von der Zarenherrschaft.

Während ich höre, was Harry Nemtsov im Jahr 1984 in Miami Beach erzählte, dringen auch die Geräusche aus dem Hintergrund an mein Ohr: Verkehrslärm, Telefonklingeln, die charakteristische Sirene eines amerikanischen Polizeiautos, die jeder kennt, selbst wenn er noch nie in den USA war. All das übermittelt die mir per E-Mail übersandte Datei. Eine ungeheure Kommunikationsrevolution, wenn man bedenkt, dass aus Harry Nemtsovs Geburtsjahr 1888 nicht einmal der Klang einer menschlichen Stimme überliefert ist.

Die älteste Tonaufzeichnung der Welt stammt aus dem Oktober 1889, und es ist ausgerechnet die Stimme des als großer Schweiger in die Geschichte eingegangenen Generalfeldmarschalls Helmuth von Moltke. Bei seinem letzten großen öffentlichen Auftritt am 14. Mai 1890 wies der greise Militär auf die allgemeine Krisenanfälligkeit hin und warnte eindringlich vor einem Krieg in Europa: »Meine Herren, es kann ein siebenjähriger, es kann ein dreißigjähriger Krieg werden – und wehe dem, der zuerst die Lunte in das Pulverfass schleudert!«

Wer die bäuerlich-handwerkliche Lebensweise, die Familienmythen und Erbstreitigkeiten ausblendet und die Überlieferungen von Harry Nemtzov nur nach Hinweisen auf Migration und Flucht durchforstet, schaut in einen fernen Spiegel, in dem die Besonderheiten der damaligen Epoche sichtbar werden, aber auch die Beständigkeit verschiedener Phänomene über die Zeitläufte und Jahrhunderte hinweg.

Bizarre, erschreckende Bilder rufen Harry Nemtzovs Erinnerungen hervor, etwa wenn sich in der Morgendämmerung im Innern des Hauses etwas bewegt. Es wirkt, als schäle sich ein unförmiges Tier aus dem Dunkel, wenn die Familie – es sind neun Personen – in dem kleinen Raum mit den zwei Betten erwacht. Harry Nemtzov gesteht – wohl etwas beschämt –, erstmals in den USA in einem Bett geschlafen zu haben. Da war er bereits ein erwachsener Mann. Nicht einmal eine Decke hatte er in Uschatschi, nur einen Mantel, mit dem er sich zudeckte. Jeden Abend verteilten sich die Familienmitglieder zum Schlafen in dem einen Raum und dem Flur davor, jeden Morgen krabbelten sie unter den verschiedensten Zudecken wieder hervor. Maxim Gorki nannte die Unterkünfte »Wohnungen eines prähistorischen Volks«. In Abwandlung eines Spruchs des sarkastischen russisch-jüdischen Revolutionärs Trotzki kann man von Talmud und Kakerlaken sprechen. Nach Berechnungen, die Orlando Figes in seinem Standardwerk über das Russland zwischen der Hungersnot von 1891 und dem Jahr 1924 angestellt hat, betrug die durchschnittliche Lebenserwartung für die Landbevölkerung nur 35 Jahre, was unter anderem mit der hohen Kindersterblichkeit zusammenhing. Harry Nemtzov berichtet von einer als Kleinkind verstorbenen Schwester.

Doch es war nicht die offensichtliche Armut, welche die Familie aus Russland vertrieb – selbst achtzehn Kilometer entfernt wohnende Verwandte suchte man zu Fuß auf, um das stets knappe Geld nicht für den Transport auszugeben –, sondern die Furcht, zur russischen Armee eingezogen zu werden und am anderen Ende des weiten Landes im Krieg mit Japan zu sterben oder verwundet zu werden.

Die erste Niederlage einer neuzeitlichen Großmacht gegen einen asiatischen Staat kann als Anzeichen einer Machtverschiebung hin nach Asien gedeutet werden, die sich im 21. Jahrhundert zu vollziehen scheint. Pankaj Mishras großes Werk *Aus den Ruinen des Empires. Die Revolte gegen den Westen und der Wiederaufstieg Asiens*, das sich auf viele Spezialstudien stützt, beginnt nicht von ungefähr mit der Erfindung des Telegrafen, durch den sich Nachrichten schneller als je zuvor um den Planeten verbreiteten, und mit zeitgenössischen Kommentaren zu dieser Niederlage. Kein Geringerer als der damals noch unbekannte Gandhi bemerkte: »Die Wurzeln des japanischen Sieges haben sich so weit ausgebreitet, dass wir die Früchte, die er einmal tragen wird, noch gar nicht zu erkennen vermögen.«[30]

Die unbändige Angst vor diesem Krieg, die der greise Harry Nemtzov noch 1984 vermittelt – also genau achtzig Jahre nach dem Angriff der Japaner 1904 –, erwuchs aus der Erkenntnis, dass die zaristischen Offiziere unfähig waren und ihre Soldaten sinnlos ins Feuer schickten. Obwohl die Waffentechnik sich seit den Kriegen Napoleons in tödlich-erschreckender Weise entwickelt hatte, ließen sie ihre Truppen noch im Ersten Weltkrieg mit aufgepflanzten Bajonetten gegen gut verschanzte Stellungen anrennen.

Allerdings werden die Tatsachen der Geschichte leicht zum Vexierspiel der Deutungen. Während Russland den Rat Otto von Bismarcks (»Soll Revolution sein, so wollen wir sie lieber machen als erleiden.«)[31] zu Veränderungen brüsk zurückwies, reformierte sich Japan nach europäischen, nicht zuletzt deutschen Vorbildern und entwickelte sich zu einer Ausnahme im asiatischen Raum. Anders als Pankaj Mishra macht der Russlandexperte Orlando Figes als Ursache für die Niederlage die Reformunfähigkeit des Zarenreiches, ja die mangelnde Verwestlichung aus. Wer den riesigen asiatischen Raum Russlands betrachtet, versteht Fjodor Dostojewski: »In Europa waren wir Asiaten, während wir in Asien zu den Europäern zählen.«[32]

Russland bleibt wie die Türkei die Aporie Europas oder Asiens. Man kann keine Geschichte Europas (oder Asiens) schreiben, ohne die von Russland und der Türkei zu erzählen, und dennoch gibt es in beiden Ländern Geschichten, die keine europäischen (oder asiatischen) sind. Als Japan Russland 1905 schlug, jubelte in Damaskus der in Saloniki geborene junge Mustafa Kemal, der als Atatürk die Türkei so stark verwestlichte wie kein anderer.

Wahrlich, Orient und Okzident sind nicht zu trennen.

Zum Krieg im Osten war es gekommen, weil Russland die Japaner mit dem Bau der transsibirischen Eisenbahn und einer aggressiven, sich selbst überschätzenden Politik aufstachelte. Von dieser Kriegsstrategie ließ sich die Heeresleitung trotz enormer Verluste nicht abbringen, sondern erklärte vollmundig, dass man die europäische Zivilisation verteidigen werde. Das provozierte Flucht, Migration und Terroranschläge. Die revolutionäre Lunte war gelegt, 1905 explodierte erstmals das Pulverfass eines Aufstands.

In der Krise um die Wende zum 20. Jahrhundert wurden die Juden zu Sündenböcken erklärt. Rund zwei Millionen verließen Russland daraufhin legal oder illegal. In den gefälschten *Protokollen der Weisen von Zion* wurden sie bezichtigt, eine jüdische Weltverschwörung anzuzetteln – eine Verleumdung, die sich bis heute hält. Allerorten kam es zu Pogromen, wurden Juden ermordet, verwundet, vertrieben.

Harry Nemtzov war Teil jener großen Wanderung, in der sich Unternehmertum und Versklavung, Flucht und Auswanderung, Eroberung und Ausrottung zu einer die Weltgeschichte prägenden Entwicklung verbanden. Alles begann mit der Suche nach einem neuen Seeweg nach Asien, nachdem die überkommenen Wege durch das Vorrücken der Osmanen nach der Eroberung von Konstantinopel verschlossen waren. Mit der Eroberung der Neuen Welt waren Massenmorde bis hin zum Genozid an den dort lebenden indigenen Völkern verbunden. Auf Sklavenschiffen wurden mehr als zehn Millionen Menschen aus Afrika vor allem auf die Plantagen Nordamerikas verschleppt. Dreißig Millionen Europäer kehrten Europa den Rücken – die meisten Ende des 19. und Anfang des 20. Jahrhunderts – und suchten jenseits des Atlantiks ihr Glück.

Wie bei den Nemtzovs gingen Auswanderung und Flucht oft ineinander über. Kein einzelner Flüchtling oder Auswanderer übersah den Gesamtprozess, an dessen Ende die atlantische Welt stand. Genau wie sie können die heute Lebenden allenfalls erahnen, wohin der Weg der neuen großen Wanderung führt. Gewiss ist indes, dass solche Bewegungen und Prozesse, die extrem gewalttätig verlaufen können, grundstürzend sind für die Neuverteilung der Weltbevölkerung.

Wenn Menschen ihr Heimatland nicht Hals über Kopf verlassen, weil sie vertrieben werden, vollzieht sich der Abschied – ob Flucht oder Auswanderung – in einzelnen Schritten. Meist kennen die Emigranten die Ankunftsländer gar nicht. Harry Nemtsov berichtet, Amerika habe in Russland einen schlechten Ruf gehabt – sieht man einmal ab von der Verheißung, dass dort jeder zu Geld kommen könne. Niemals habe er in Russland mit jemandem gesprochen, der schon einmal in den USA gewesen war, doch er sei nicht überrascht gewesen, als sich sein Bruder Meir auf den langen Weg nach Amerika machte. Frau und Kinder ließ er in Russland zurück, das war üblich bei der etappenweisen Auswanderung: Einer geht und holt einen nach, und diese beiden versuchen dann andere nachzuholen auf diese in jeder Hinsicht lange Reise voll wachsender Hoffnungen, Angst, Bangigkeit und Freude.

Die beiden Brüder, die als Nächste aufbrachen, flohen vor der Einberufung in die zaristische Armee, gelangten illegal nach Deutschland und schrieben von dort eine Karte, damit die in Uschatschi zurückgebliebenen Angehörigen Bescheid wussten. Harry Nemtsov wanderte nach Krieg und Revolution mit Genehmigung aus. Er folgte den Spuren der Vorangegangenen, die von Deutschland mit einem Schiff nach England übersetzten, wo sie in London etliche Monate Regenschirme herstellten, um zwei Plätze auf einem Schiff nach New York bezahlen zu können. Dort angekommen, verrichteten die Neuankömmlinge zunächst einfache Arbeiten für Ungelernte. Wenn es Winter war, räumten sie Schnee.

Als Harry Nemtsov nach der Niederlage Russlands im Krieg gegen Japan aufbrach, war die Kriegs- und Revolutionsgefahr in Europa noch lange nicht gebannt, vielmehr standen – wie wir heute wissen – die großen Erschütterungen noch bevor. Damit er sich überhaupt auf die weite Reise machen konnte, verkaufte die Familie die einzige Kuh – eine enorme Investition in eine ungewisse Zukunft.

»Alle waren traurig, gehen zu müssen«, sagt Onkel Harry über die gemischten Gefühle des Abschieds, »und waren glücklich, gehen zu können.« Nur der Mann der Schwester sei froh gewesen, weil er fürchtete, in die zaristische Armee eingezogen zu werden, überdies sei er Sozialist gewesen und habe geglaubt, Amerika sei das Land der Freien.

Harry Nemtzovs Reise erfolgt in Etappen. Im heutigen Estland wartet er auf ein Boot, hört, dass etliche in den kalten Fluten der Ostsee untergegangen seien. Er muss lange warten. Die abgesperrten Lager, in denen die Auswandernden in Deutschland ausharren müssen, erinnerten ihn an Konzentrationslager – hier mischt sich offensichtlich Späteres in die Beschreibung hinein.

Auf die Zwischenstation in England folgt die Überfahrt in die Neue Welt. Wie bei Kafkas Verschollenem fährt das Schiff, die Geschwindigkeit drosselnd, in den Hafen von New York ein, und man sieht »die schon längst beobachtete Statue der Freiheitsgöttin wie in einem plötzlich stärker gewordenen Sonnenlicht. Ihr Arm mit dem Schwert ragte wie neuerdings empor, und um ihre Gestalt wehten die freien Lüfte«. Anders als Kafkas Verschollener sieht Harry Nemtzov allerdings das real existierende Denkmal, nämlich eine Freiheitsstatue, die eine Fackel hochhält und kein Schwert. Aber den vorrevolutionären Geist in Europa, den Kafkas Romanfragment durchweht, den kennt auch er. Vehement bestreitet der alte Mann, vom Ende des Zarenreichs und den Revolutionen des Jahres 1917 überrascht gewesen zu sein. In Russland habe er dieses Ende täglich erwartet, denn es starben damals einige Gouverneure durch Attentate. Allerdings waren das Anschläge auf Stützen der Gesellschaft, keine symbolischen Akte, keine Morde, mit denen man Eindruck zu schinden oder allgemein Angst zu schüren suchte wie mit dem Attentat auf Boris Nemzow in unseren Tagen.

Die Auswirkungen der Meuterei auf dem Panzerkreuzer »Potemkin« 1905 hatte Harry Nemtzov noch in Russland erlebt. Dieser Aufstand hatte das Regime zwar nicht bedroht, aber nach Orlando Figes in erhebliche Verlegenheit gebracht, weil er der Welt deutlich machte, dass die Revolution das Innerste des russischen Militärapparats erfasst hatte.[33] Doch dieser Funke war, das sollte sich später zeigen, auch in die Herzen der Menschen auf dem Land, in den Städten wie auf dem Meer gedrungen, und so wurde die Fußnote des Aufruhrs auf einem Kriegsschiff rund zwei Jahrzehnte später zum Stoff für Sergei Eisensteins *Panzerkreuzer Potemkin*, einen der berühmtesten Filme aller Zeiten.

Das Gemetzel der zaristischen Kosaken setzte Eisenstein durch zwei Morde erschütternd ins Bild: Ein Junge, von einer Kugel getroffen, wird von der verzweifelten Mutter aufgehoben, die den anrückenden Mördern in Uniform zuruft: »Nicht schießen!«, bis Mutter und Kind tot nebeneinanderliegen. Eine andere Mutter, die ebenfalls erschossen wird, stößt im Fallen an ihren Kinderwagen, der an den Toten und Verletzten vorbei die Potemkin'sche Treppe hinunterrumpelt. Die sinnlosen Toten sollen die Taten der meuternden Matrosen des Panzerkreuzers »Potemkin« rechtfertigen. Ihre Kanonen richten sie auf die Paläste der Stadt. Man sieht hier keine Toten, sondern nur, wie ein reich verziertes Tor zerschossen wird.

Die Treppe, die der Baumeister Francesco Carlo Boffo zwischen 1837 und 1841 anlegte, ist in zehn Abschnitte unterteilt und hat 192 nach unten breiter werdende Stufen. Sie war schon immer ein Wahrzeichen der Stadt, aber erst die Eisenstein'sche Imagination machte sie zu jenem mythischen Ort der Revolution, der Künstler von Brecht bis Picasso, von Brian de Palma bis Woody Allen inspirierte. Von unten sieht man nur Stufen, von oben nur Absätze, eine genau berechnete architektonische Wirkung – Konstruktion und Vision. Die Treppensequenzen im Film enthalten Szenen voller menschlicher Urängste, grenzenloser Ohnmacht, unbändigen Widerstands und der verzweifelten Hoffnung, einen Ausweg zu finden – vergeblich, wie wir heute wissen. Immer noch rufen Mütter:»Nicht schießen!« und werden niedergemäht.

Von den Hunderten von Pogromen nach der Revolution von 1905 schweigt der Film. Das größte dieser Massaker mit mehr als 800 ermordeten Juden, 5000 Verwundeten und 100 000 durch Brandschatzungen obdachlos gewordenen Einwohnern fand in Odessa statt. Die offizielle Untersuchung brachte ans Licht, dass Polizisten die Menge bewaffneten, die aufgewühlte Masse mit Wodka versorgten und sich selbst an den Verbrechen beteiligten. Der letzte Zar schrieb damals an die»liebste Mama«, der Zorn des Volkes habe sich entladen, die Menschen»umzingelten die Häuser, in die sich die Revolutionäre geflüchtet hatten, setzten sie in Brand und töteten jeden, der zu entkommen suchte«.[34] In seiner Verblendung wollte er nicht sehen, dass man Juden verfolgte, nicht Revolutionäre. Damit war der Antisemitismus zur Hauptwaffe gegen Revolution und Liberalismus geworden. Alle Minderheiten litten, aber keine so wie die fünf Millionen Juden.

Das Hauptziel der jüdischen Massenauswanderung waren die USA. In der Lower East Side lernt Harry Nemtzov Juden aus verschiedenen Regionen des riesigen Russischen Reiches kennen – chinesische, galizische, sephardische. Er fühlt sich als russischer Jude. New York bleibt ihm fremd. Schon bei der Registrierung auf Ellis Island sieht er das Ungeheure der Metropole, zu der er Zutritt erhält. Auf dem felsigen Untergrund Manhattans erheben sich Wolkenkratzer, die Schlösser und Burgen ähneln, sich aber nicht auf Bergen erheben, sondern über massiven Häusern. Das 94 Meter hohe New York World Building ist schon Jahre vor seiner Ankunft als höchstes Gebäude vom Manhattan Life Insurance Building abgelöst worden, das mit 106 Metern die magische 100-Meter-Grenze überschritten hat.

Als Harry Nemtzov im Jahr 1907 ankommt, ist das 119 Meter hohe Park-Row-Gebäude der Rekordhalter. Es ist der erste Wolkenkratzer, der in seiner Gestalt dem heute im Hochhäuserwald vieler amerikanischer Städte vertretenen Typ ähnelt. Als Harry Nemtzov 1984 seine Ankunft in New York schildert, ist es der einzige Riesenbau, der noch steht von denen, die er bei seiner Ankunft gesehen hatte, alle anderen sind längst wieder abgerissen worden. In der Nähe des Park-Row-Gebäudes ragten einst die Zwillingstürme des World Trade Center in die Höhe. Dort erhebt sich heute das über 500 Meter hohe One World Trade Center.

Die Verwandten, die Harry Nemtzov bei seiner Ankunft 1907 abholen, arbeiten als Maler, eine Beschäftigung, mit der man seinen Lebensunterhalt verdienen kann, ohne erst mühselig ein neues Handwerk erlernen zu müssen und ohne die Sprache zu beherrschen. Harry Nemtzov besitzt nicht einmal eine Uhr, aber ein Wörterbuch, und er hat schon auf der Überfahrt fleißig gelernt. Dennoch ist sein Englisch unzureichend, als er in der Lower East Side ankommt. Er bewegt sich in jüdischen Kreisen, wo er in kurzer Zeit das Handwerk des Zigarrenmachers erlernt. Es liegt ihm nicht. Er könnte in einem nichtkoscheren Hotel arbeiten, aber davon wird ihm abgeraten – das würde seiner Reputation schaden.

Bald kommen weitere russische Juden und erkundigen sich bei den Nemtzows, wie ein guter Start in der fremden Welt gelingen könne, in der sie sich schutzlos wie Neugeborene fühlen. Manchmal wanderten ganze Familienverbände aus, aber fast immer blieben einige zurück – auch bei den Nemtzows. Wirtschaftlich ist das Leben in der Neuen Welt besser, aber nicht spirituell.

Harrys Bruder Abraham, ein Mann mit starken religiösen Gefühlen, bedauert die Auswanderung zuweilen. Ein anderer Bruder wollte aus religiösen Gründen gar nicht erst in die USA. Harry Nemtzovs Karriere als Schächter und Rabbi, in der sich Traditionen seiner Herkunft mit denen anderer Lebensarten in den Vereinigten Staaten vermischen, das Leben der Brüder und Schwestern bilden ein Panorama jüdischen Lebens, wie man es in Romanen von Isaac Bashevis Singer findet, der als einziger jiddischer Autor 1978 den Nobelpreis für Literatur erhielt.

Die Katastrophen des 20. Jahrhunderts trennten die Nemtzovs über viele Jahrzehnte. Bevor das Morden in den Vernichtungslagern begann, war das Massaker von Baby Jar, der Kiewer Weiberschlucht, am 29./30. September 1941 mit über 33 000 Toten das größte im Vernichtungs- und Eroberungskrieg. Fast alle Juden, die nicht ausgewandert oder geflohen waren, starben in den eroberten Gebieten oder – man wagt es kaum zu schreiben – überlebten als Häftlinge und Zwangsarbeiter im sowjetischen Lagersystem.

Jascha Nemtzov kann seinen wiedergefundenen Verwandten in Amerika von seinen mittlerweile verstorbenen Eltern, von Ereignissen aus sowjetischer Zeit und von der Ankunft im Land der Shoah berichten. Deutschland wollen sie zunächst nicht besuchen, schließlich starb eine von Jaschas Großmüttern, als Wehrmacht und SS Weiß- und Südrussland überrollten und massenhaft Juden ermordeten. Aber dann kommt Stuart Niemtzow doch zu den Verwandten nach Berlin-Charlottenburg, das in den 1920er Jahren wegen der vielen russischen Flüchtlinge und osteuropäischen Juden, die dort lebten, auch Charlottengrad genannt wurde.

Jascha Nemtsov, inzwischen ein angesehener Musiker und Professor in Weimar, stellt seinem Verwandten aus Amerika seine Frau, die Komponistin Sarah Nemtsov, die gemeinsamen Kinder und die weitere Familie vor, darunter seine Schwiegermutter Elisabeth Naomi Reuter. In ihren Werken hat sich die bis heute viel zu wenig beachtete Malerin und Zeichnerin dem jüdischem Leben zwischen Walter Benjamin und Franz Kafka angenähert und die Grenzen bei der Darstellung der Shoah ausgelotet. Biblische und kafkaeske Themen wie der Brudermord werden in ihren Bildern interpretiert und dargestellt.

Gemeinsam besuchen die über die ganze Welt verstreuten Nemtsovs Orte ihrer Vorfahren – unter anderem erstmalig die Stadt Minsk. Vieles, was sie sehen, ist anders, als es auf den ersten Blick scheint, und alles ist mit der Gewaltgeschichte verbunden.

Was während des Großen Terrors und unter deutscher Besatzung geschah, kam einer sozialen Enthauptung gleich – vom Mord an den Eliten bis zur Verschleppung der Zwangsarbeiter, vom Partisanenkampf bis zur Rache der Besatzer an den Zivilisten, vom Massenmord an einem Großteil der Juden, die das städtische Leben prägten, bis zur Zerstörung der Stadt. Weißrusslands einzige Metropole

Minsk, die auf eine mehr als tausendjährige Geschichte zurückblickte, lag 1944 in Trümmern. Es waren nicht zuletzt deutsche Kriegsgefangene, in riesigen Lagern interniert, die – Ironie der Geschichte – auf diesem Trümmerfeld eine Musterstadt des Stalinismus erbauten. Ein vergleichbares Stadtzentrum findet man nirgends. Vom breiten Prospekt aus gewahrt man stilistische Anleihen an das alte Ägypten bis hin zum Barock, von der Renaissance bis zum alten Rom. Die Straße ist gesäumt von Palastfassaden – dass es Masken sind, bemerkt man erst, wenn man durch eine Toreinfahrt einen Blick auf die dem Prospekt abgewandte Seite mit ihren simplen, schmucklosen Häuserwänden wirft.

Noch in anderer Hinsicht ist Minsk eine Fassadenstadt. Nach 1944 bildeten Weißrussen, Ukrainer und Russen die Mehrheit in den Städten, die vorher jüdisch geprägt waren. Dieser Prozess verstärkte sich infolge der Auswanderungswellen der überlebenden Juden. Die Stadtgesellschaft ist also nicht das Produkt eines historisch gewachsenen, sich entfaltenden Bürgertums, sondern eine ganz neue dörflich-städtische Gemeinschaft, die eine eigene Sprachmischung aus Russisch und Weißrussisch entwickelte, *transjanka* genannt – »Mischfutter«.

Bei der Rückkehr aus dem amerikanischen Exil nach zwanzig Jahren betrat Alexander Solschenizyn Russland – die Sowjetunion war zerfallen – im Jahr 1994 symbolträchtig von Osten her. Bei der Ankunft in Magadan kniete der Literaturnobelpreisträger – gefilmt von Kameras der BBC – nieder und küsste die russische Erde. Damals hatte der in Magadan geborene Jascha mit seiner Familie die slawische Welt als Kontingentflüchtling gerade verlassen.

Nach mehr als einem halben Jahrhundert sah Jascha Nemtzov seinen Geburtsort wieder, den er als Kleinkind verlassen und an den er nur vage Erinnerungen hat, die möglicherweise durch Erzählungen der Eltern überformt worden sind. 2017 gab er in Magadan ein Konzert mit Kompositionen von Vsevolod Zaderatsky/Wsewolod Saderazki, der dort inhaftiert war. Auf dem Foto in Saderazkis Entlassungsdokument sieht man keinen Mann von 47 Jahren, sondern einen erschöpften Greis. Unter den brutalen Bedingungen des

Lageralltags hatte er unermüdlich weiter gearbeitet – ohne Notenpapier und ohne Instrumente. Was er komponierte, notierte er auf gebrauchten Telegrafenformularen; seit man ihn zu Beginn des 21. Jahrhunderts entdeckte, gilt er als bedeutender Vertreter der musikalischen russischen Moderne.

Immer wieder hatten Stalins Schergen den beeindruckenden Künstler inhaftiert und verbannt. Jegliche öffentliche Aufführung seiner Werke war untersagt. Er war nicht nur diskreditiert, weil er adliger Herkunft war, sondern auch, weil er, um sein Studium zu finanzieren, den Zarensohn unterrichtet hatte. 1916 wurde er eingezogen und kämpfte im russischen Bürgerkrieg aufseiten der Weißen. Während seine Verwandten sich dem Strom der Emigranten nach Westeuropa und in die USA anschlossen, blieb er und setzte sein Studium fort. Von der ersten Verhaftung im Jahr 1926, als zahlreiche seiner Kompositionen vernichtet wurden, bis zu seinem Tod im Jahr 1953 erduldete er immer neue Repressalien.

Das Konzert in Magadan trug zur Wieder- und Erstentdeckung eines Komponisten bei, der sich als Einziger in diesem »Grausamkeitspol« (Solschenizyn) seine Schaffenskraft bewahrt hatte und nun allmählich in die Musikgeschichte eingeht. Jascha Nemtzov, der ohne eigenes Zutun Nachkommen seiner durch Flucht und Auswanderung zerrissenen und zerstreuten Familie fand, verbindet durch seine Arbeit Nachfahren von Wsewolod Saderazki und anderen Verfolgten, die im 20. Jahrhundert entweder in der Sowjetunion geblieben, ausgewandert oder geflohen waren. Immer wieder beschäftigt er sich mit verfolgten Musikern und deren Kunst, darunter sogar einige, die vor Hitler in die Sowjetunion flohen und dort verhaftet wurden: extreme Fluchtgeschichten eines extremen Jahrhunderts.

Von Berlin nach Berlin verlief etwa der Lebenslauf des Jazztrompeters Eddie Rosner. 1910 als Adolf Rosner geboren, schloss er sich als Zwanzigjähriger der legendären Band »Weintraub's Syncopators« an, die europaweit auftrat. Der Nazidiktatur entkommt er zunächst gen Westen nach Belgien. Von 1935 an lebt er in Polen. 1939 flieht er weiter nach Osten in die Sowjetunion, wo er an der Spitze seines eigenen Orchesters zum Star aufsteigt. Als der Jazz dort nach 1946 als westliche Unkultur verpönt wird, will er sich mit seiner Familie nach

Polen absetzen. Die gefälschten Dokumente werden ihm zum Verhängnis. Er muss für zehn Jahre zur Zwangsarbeit in den Archipel Gulag.

In den Lagern von Chabarowsk, Komsomolsk am Amur und von 1952 an dann in Magadan stellt Rosner eine Band aus gefangenen Musikern zusammen, mit der er in ganz Ostsibirien auftritt. Nach der Entlassung kann er zunächst an frühere Erfolge anknüpfen, aber infolge körperlicher und psychischer Haftschäden bald keine Konzerte mehr geben. Er emigriert 1972 nach West-Berlin, wo er vier Jahre später verarmt stirbt. Sein Schicksal und viele ähnliche werden erst nach dem Epochenbruch 1989 allmählich bekannt.

»Ohne dass ich es geplant hatte, wurde ich ein Spezialist für unterdrückte russisch-jüdische Komponisten. Meine Mutter war unglücklich darüber. Sie hatte gehofft, wenn ihr Sohn schon Klavierkonzerte gibt, dann muss er Chopin oder Beethoven spielen.« Leider ist sie schon verstorben, als Marcel Reich-Ranicki am 27. Januar 2012 eine Rede zum Tag des Gedenkens an die Opfer des Nationalsozialismus im Deutschen Bundestag hält. Jascha Nemtsov sitzt damals am Klavier und spielt Werke des unterdrückten Mieczysław Weinberg, aber auch Stücke von Frédéric Chopin.

Als Harry Nemtzov 1907 in New York eintraf, lebten dort so viele deutsche Auswanderer, dass man es auch Kleindeutschland nannte. Wer tiefer gräbt, stößt auf die Geschichten von Iren, die die Hungersnöte im 19. Jahrhundert aus ihrer Heimat vertrieben hatten, und deren Nachfahren. In unmittelbarer Nachbarschaft zu den irischen Gemeinden entstanden Little Italy und Chinatown. New York blieb zwar eine Stadt der Einwanderer und Flüchtlinge, aber Distrikte wie die Lower East Side gab und gibt es in vielen großen Städten. Oft werden sie nach einiger Zeit so modisch, dass die armen Einwanderer weiterziehen müssen. So war es auch bei der Lower East Side, wo nicht nur die Nemtzovs ankamen.

Rasch und allzu häufig werden Ankommende, Migranten jeglicher Art, zu Sündenböcken erklärt. Dieser von Martin Luther geprägte Ausdruck bezeichnet anschaulich eine weltweit historisch tief verwurzelte Erscheinung. Der Thora zufolge wurden an Jom Kippur die Sünden des Volkes Israel auf einen Bock geladen und dieser – bis heute sprichwörtlich – in die Wüste geschickt. Der einflussreiche Philosoph und Anthropologe René Girard, der über seinen Tod hinaus inspiriert und zur Zeit im Silicon Valley wieder viel Beachtung findet, erklärte den Sündenbock zu einer notwendigen Gestalt, weil er die menschliche Mimetik, die sich bis zum Exzess steigern kann, durchbreche, sodass eine innerlich zerrissene oder sich von einer Katastrophe bedroht fühlende Gesellschaft wieder Frieden finden kann.

Während zwischen den gern zum Sündenbock erkorenen Migranten und den Konflikten, die sie angeblich verursachen, ein kausaler Zusammenhang nur hergestellt und konstruiert werden kann, gibt es zwischen den Herkunftsregionen der Ankommenden – ob Einwanderer oder Flüchtlinge – und den Aufnahmeländern mancherlei klar fassbare Zusammenhänge. So ist aus der Kolonialgeschichte zu erklären, warum es Inder gewöhnlich nach Großbritannien zieht, während Flüchtlinge aus Algerien nach Frankreich streben und andere Fliehende in Ländern Schutz suchen, wo Angehörige oder Freunde leben, die lange vor ihnen die Heimat verlassen haben. Die »Flut« der Ankommenden hat vor allem in jenen Gegenden im Osten Europas Angstpsychosen ausgelöst, aus denen viele weggehen. Das Ostbalkanland Bulgarien etwa mit seiner Abwehrhaltung gegen zugewanderte Flüchtlinge und die einheimische Roma-Minderheit ist gegenwärtig das EU-Land mit dem prozentual höchsten Anteil an Arbeitsmigranten, die ihre Heimat verlassen und anderswo ihr Glück suchen. Die Stiftung Wissenschaft und Politik (SWP) wartete im Februar 2020 mit der Schlagzeile auf: »Alle zwei Minuten emigriert ein Mensch aus dem Westbalkan in die EU.«[35]

Wo Auswanderung das Problem ist, da wird die Einwanderung von tatsächlich oder vermeintlich Kulturfremden besonders misstrauisch gesehen, Scharfmacher wittern finstere Mächte, die eine »Umvolkung« planen, selbst Landsleute können dabei zu Fremden im eigenen Land werden. Heiner Müller hat zu diesem Phänomen ein autobiografisch grundiertes titelloses Fragment hinterlassen: »Ich war Ausländer, wie damals in Mecklenburg jeder, der dort nicht geboren war. Der Ausländer steht auf dem Schulhof allein, von allen beäugt und gemieden, angerempelt und geschlagen, wenn die Lehrer wegsehn ... Der Hass des Ausländers auf die Gemeinschaft, die ihn ausschließt, ist grenzenlos: er mündet in den Wunsch, aufgenommen zu werden in die gehasste Gemeinschaft.«[36] Der 1995 verstorbene Autor ist wahrscheinlich der Einzige, der in seinem Werk alle Flüchtlingsarten des 20. Jahrhunderts Gestalt annehmen ließ – von den Flüchtlingen und Vertriebenen aus dem Osten am Ende des Zweiten Weltkriegs bis zur steigenden Zahl der ökologisch Bedrängten.

Diese imaginierten Ausländer, die Heiner Müller beschreibt, zeigen gesellschaftliche Konflikte in Vielvölkerstaaten oder Staaten in der Mitte des Kontinents an, deren Grenzen sich im Laufe der Geschichte veränderten. Naika Foroutan, Direktorin des Berliner Instituts für empirische Integrations- und Migrationsforschung, ließ dreißig Jahre nach dem Mauerfall aufmerken, als sie wissenschaftlich nachwies, dass viele ostdeutsche Erfahrungen denen von Migranten ähneln. Das reicht vom Heimatverlust bis zur Abwertung und vom Gefühl der Fremdheit bis zum Verlust von Sehnsuchtsorten. Und der Migrationsforscher Klaus J. Bade, für den Migration zur menschlichen Existenz gehört wie Geburt, Vermehrung, Krankheit und Tod, wies im Zusammenhang mit dem Mauerfall darauf hin, »dass sich in der Geschichte der Deutschen abermals nicht nur Menschen über Grenzen, sondern auch Grenzen über Menschen bewegten, mit Entfremdungserfahrungen in der neuen wie in der alten Welt.«[37]

In das sich nach 1945 spaltende Deutschland kamen rund vierzehn Millionen aus den verlorenen deutschen Ostprovinzen sowie aus den Gebieten der deutschen Minderheiten in Jugoslawien, der Tschechoslowakei und anderen Teilen Ost- und Südosteuropas. Der Umfang der deutsch-deutschen Wanderungs- und Fluchtbewegungen ist schwer zu ermitteln, da die Statistiken gravierende Fehlerquellen aufweisen. Eine neue Publikation des Instituts für Zeitgeschichte München – Berlin (IfZ) schätzt die Zahl derjenigen, die bis 1990 in den Westen gingen, auf vier Millionen und gibt die Zahl derjenigen, die bis Ende der 1960er Jahre in die DDR gingen, mit unerwartet hohen 600 000 an. Letzte Zahl wird zugleich eingeschränkt, da darunter viele vom Westen enttäuschte Rückkehrer sind.[38]

»Man hat Arbeitskräfte gerufen, und es kommen Menschen«, bemerkte der Schweizer Schriftsteller Max Frisch schon 1965, nachdem nach zahlreichen Anwerbungsabkommen Türken und Griechen, Jugoslawen und Marokkaner als »Gastarbeiter« kamen.[39] Etliche blieben als Zuwanderer, unter denen die Türken inzwischen über mehrere Generationen die Mehrheit bilden. In die DDR kamen Vertragsarbeiter, von denen vor allem die Vietnamesen blieben, die als Boatpeople auch in die Bundesrepublik gelangten. Nach Pinochets Staatsstreich findet man Chilenen in Ost und West. Die Vereinigung schafft die paradoxe Situation, dass die Ostdeutschen nicht in die Fremde gehen, aber die vertraute Welt zur Fremde wird. Nun trafen auch Aussiedler mit deutschen Wurzeln aus der Sowjetunion und Rumänien ein und zwischen 1991 und 2005 Juden aus allen Teilen der zerfallenden Sowjetunion. Menschen, die vor den Zerfalls- und Aufteilungskriegen Jugoslawiens flohen, nutzten in den 1990er Jahren die Beziehungen zu Verwandten und Bekannten, die vor Jahrzehnten als Gastarbeiter in die alte Bundesrepublik gekommen und geblieben waren. In den ersten Jahrzehnten des 21. Jahrhunderts traf mit Syrern, Irakern und Afghanen eine neue Gruppe von Kriegs-, Krisen- und Katastrophenflüchtlingen ein.

Für die Gesellschaft dieser vielen und Verschiedenen muss ein Gemeinsames geschaffen werden. Der französische Philosoph und Sinologe François Jullien macht dazu eine klare Aussage:»Die Integration der Neuankömmlinge ist eine Aufgabe für die gesamte Gesellschaft, will diese nicht auseinanderfallen; dies gilt insbesondere im Zusammenhang mit Immigrationsbewegungen, auch hier bedeutet Integration Zugang zu einem geteilten Gemeinsamen: dem Gemeinsamen der Sprache und der Geschichte, der kulturellen Bezüge sowie der von Generation zu Generation neu entfalteten Erfahrungsweisen, der Künste und Lebensweisen – also zum Gemeinsamen der Ressourcen. Bei diesem Gemeinsamen handelt es sich gerade nicht um eine auf das Ähnliche reduzierte Assimilation.«[40]

Das Gemeinsame erweist sich aber oft als das Einfache, das schwer zu machen ist. Sehnsuchtslieder, die die alte Heimat besingen, und Erzählungen von daheim oder von der Ankunft in der fremden Welt wohnen im Herzen eines jeden Migranten, der neben kulinarischen Köstlichkeiten aus seiner Heimat eben auch fremde Traditionen mitbringt und pflegt. Das Ziel ist die postmigrantische Gesellschaft, also eine, in der es weniger um Migration als um Teilnahme aller an der pluralen Gesellschaft geht.

Der Zusatz »post« ist inzwischen zum beliebten Code für noch nicht vollzogene Übergänge geworden. Zuweilen ist er erhellend, etwa wenn Colin Crouch den Begriff Postdemokratie übernimmt und diesen entscheidend prägt als Ausdruck für den Verlust von politischer Partizipation. Dagegen bringt uns »Postpolitik« dem Kommenden kaum näher. Ähnliches gilt für »Postfaschismus« und »Posthistorie«, »Postkommunismus« und »Postindustrie«. Auf die Frage, ob er Postmodernist sei und was ihm die Postmoderne bedeute, antwortete Heiner Müller 1984 sarkastisch: »Der einzige Postmodernist, den ich kenne, ist August Stramm. Der war ein Modernist, der bei der Post arbeitete.«[41]

Könnte es sein, dass in der Vielzahl dieser mit einem scheinbar Abschied nehmenden »Post« versehenen Ausdrücke die Erwartung, ja der Wunsch zum Ausdruck kommt, dass endlich ein neues Zeitalter anbrechen möge?

WIE VERÄNDERT SICH DIE BERLINER SONNENALLEE, WENN'S DRAUSSEN IN DER WELT BEBT?

Inmitten der Schwierigkeiten liegt die Möglichkeit.

ALBERT EINSTEIN

Im Straßengewirr der großen Städte gibt es Haupt- und Nebenwege, Sackgassen und Durchfahrtsstraßen, Alleen und Boulevards, aber nur wenige Straßen sind wie Seismografen, die die Erschütterungen der Welt registrieren. In diesen Straßen kann man Geschichte wahrnehmen, Gegenwart erkennen und Zukunft prognostizieren.

Es sind nicht die Straßen mit klangvollen Namen, die jeder kennt, nicht die Avenue des Champs-Élysées noch die Straße Unter den Linden, wo der Besucher eine mehr oder weniger gelungene Repräsentanz von Macht und Pracht vorfindet. Dass unsere Welt aus den Fugen gerät, bemerkt der Flaneur auf solchen Boulevards höchstens bei einer Demonstration oder wenn er auf einen Straßenmusiker trifft, der als Flüchtling kam.

Eine Straße, die wie ein Seismograf wirkt, zeichnet sich durch Wandlungsfähigkeit aus, und zwar durch eine unwandelbare. Eine solche ist die Berliner Kantstraße mit ihren vielen asiatischen Geschäften und Restaurants sowie der Buchhandlung Hedayat. Sie ist benannt nach einem klassischen persischen Autor, gegründet und geführt wird sie von dem wahrscheinlich einmal klassisch werdenden Schriftsteller Abbas Maroufi, der über seine Emigration aus dem Iran sarkastisch bemerkte: »Wir sind nicht revolutioniert, wir sind explodiert. Ein Arm landete in Europa, ein Bein in Indien, ein Zeh in England und der Kopf flog bis nach Amerika. Was im Ursprungsland derer blieb, die gegen ein verlogenes, diktatorisches Regime auf die Straße gegangen waren, ist der Bauch, der sich seitdem übergibt.«

Es entstanden über die ganze Welt verstreute globale Familien wie die Nemzows/Nemtsovs/Niemtzows. Teile von ihnen findet

135

man in der Berliner Kantstraße oder in der Sonnenallee, die noch stärker die Heimsuchungen deutscher Geschichte spiegelt.

Kunstvoll aufgeschichtete Pyramiden aus Süßigkeiten, aus Madluka und Halawa, Baklava und anderen Leckereien werden im Schaufenster der Konditorei »Damaskus« in der Sonnenallee präsentiert. Es ist nicht leicht, mit den Verkäufern ins Gespräch zu kommen, denn der Laden ist gut besucht. Kurz vor Ladenschluss gelingt es schließlich. Salim Al-Sakkas ist damals achtzehn Jahre alt, macht sein Fachabitur und arbeitet nur ab und zu hier. Mit seiner Familie ist er seit 2011 auf der Flucht. Die Konditorei in Berlin betreiben die Al-Sakkas seit 2016, aber seit mehr als vierzig Jahren produzieren und verkaufen sie Süßigkeiten. Nie dachten sie, dass sie das einmal woanders als im syrischen Homs machen würden.

Mitten in der Nacht stehen sie auf, denn sie wohnen in Falkensee bei Berlin. Sie fahren dann quer durch die Stadt und bereiten von fünf Uhr früh an die Leckereien frisch zu, die sie von neun Uhr an verkaufen, wenn die Patisserie öffnet. Die meisten enthalten Nüsse. Früher wuchsen diese in ihrer unmittelbaren Nähe, heute müssen sie sie aus der Türkei importieren.

Salim schenkt mir eine Pistazienpraline. »Die sind nicht so süß wie in der Türkei«, meint er lächelnd, »das mögen ja die meisten Deutschen nicht.« Man passt sich an. Auf den Preisschildern stehen die Namen der Köstlichkeiten auf Arabisch und auf Deutsch. Die Konditorei hat ein gemischtes Publikum, ist ein Ort, an dem sich Deutsche, Araber und Touristen aus allen möglichen Ländern treffen.

Als im November 2011 der Krieg im heimischen Homs tobte, flohen die Al-Sakkas ins benachbarte Jordanien. Zunächst glaubten sie an eine baldige Rückkehr in die Heimat. Da aber große Mächte die inneren Konflikte Syriens zu einem Stellvertreterkrieg nutzten, mussten sie weiter nach Kairo fliehen. Noch bevor sie sich dort ein neues Leben aufbauen konnten, putschte das Militär in Ägypten, und die Syrier waren nicht mehr wohlgelitten.

Das Gespräch kommt etwas ins Stocken. Salim lächelt traurig, als ich ihm meine Eindrücke von der unfassbaren Armut in der Nähe weltberühmter Sehenswürdigkeiten wie den Pyramiden schildere. Er kennt das nur allzu gut. »Ja, in Berlin ist es besser«, sagt er, aber es liegt Wehmut in seiner Stimme. Er hat ja nicht nur seine Heimat Syrien verlassen, sondern auch die vertraute arabische Welt. Mittlerweile beherrscht er das Deutsche so gut, dass er für die Familie die zahlreichen Behördengespräche führen oder übersetzen kann. Krieg und Vertreibung haben seiner Kindheit schon früh ein Ende gesetzt.

»Wie seid ihr in die Sonnenallee gekommen?«

»Hier sind andere arabische Läden und viele Menschen, die aus verschiedenen Ländern fliehen mussten.«

In der Tat ist es so. Begründet wurde die Tradition der Ansiedlung von Vertriebenen in Berlin ausgerechnet vom harten Soldatenkönig Friedrich Wilhelm I., der von 1737 an protestantische Flüchtlinge aus dem katholischen Böhmen aufnahm. Man findet in der Nähe der Sonnenallee ein sogenanntes böhmisches Dorf, dessen Bewohner sich noch jahrzehntelang lieber auf Tschechisch verständigten. Eines der wenigen Denkmäler hier stellt den Vater des zur legendären Gestalt verklärten Alten Fritz dar. Seit den Tagen des Soldatenkönigs zog es immer wieder Vertriebene und Migranten hierhin. Es gab aber auch Jahre, da mussten Menschen von hier fliehen oder wurden deportiert. In dieser Zeit hieß die Sonnenallee Braunauer Straße.

Die exotischen Düfte der Süßwaren, der betörende Anblick der verlockenden Köstlichkeiten scheinen dafür zu sprechen, dass das Ankommen gelingt. Doch in den vergangenen vier Jahren verdüsterte sich die Lage für die viel besuchte Konditorei immer wieder einmal. Mehrfach wurde das Geschäft – wahrscheinlich von Rechtsextremen – beschädigt. Eine Anschlagserie sucht das vielgestaltige Neukölln heim. So fand die Familie eines Morgens die Fassade mit SS-Runen in roter Farbe besprüht, und der Lieferwagen war in Brand gesteckt worden.

Wollen die Al-Sakkas überhaupt bleiben, wenn der Krieg in Syrien beendet ist?

»Das hängt davon ab, ob sich Assad an der Macht hält. Solange er herrscht, können wir nicht zurück.«

»Warum nicht?«

»Wir waren in der Opposition und stehen auf schwarzen Listen.«

Seit den 1970er Jahren sah Heiner Müller die großen Städte sich wandeln: »Die ehemaligen Kolonien rächten sich an den Metropolen, indem sie sie zu zersetzen begannen. Es entstanden Collagen mit Konflikten zwischen den einzelnen Teilen.«[42]

Wer heute vom Hermannplatz die Sonnenallee entlangläuft, erlebt ein regelrechtes Basartreiben im Norden. Die Ränder Europas haben sich in die Metropolen der Mitte und des Nordens gefressen. Das Stimmengewirr vermischt sich mit den Geräuschen des Verkehrs. Autos verstopfen die Straße, sodass der Bus M41 kaum durchkommt. Manchmal bilden sich Busrudel. Einer hält, der nächste überholt ihn, kommt dann aber auch nicht schneller voran, und so folgen sie schließlich doch direkt hintereinander. Rot blinkt der Hinweis »OPEN« an Bordellfenstern mit heruntergelassenen Rollläden, daneben locken Geschäfte mit prächtigen Hochzeitskleidern, wie es sie auch in Istanbul oder Amman gibt. Man passiert arabische Läden und Spielautomatenspelunken, die sich Casino nennen. Arabische, albanische, japanische, französische, griechische Gaststätten sowie schwäbische und solche aus zahlreichen anderen Regionen und Ländern bieten Speisen und Getränke aus aller Welt an.

In der Partymeile der parallel verlaufenden Weserstraße werden Englisch und Spanisch sprechende Kellnerinnen gesucht. Der Burger verdrängt an den Imbissständen die Currywurst. In vorübergehend leeren Geschäften sind Kunstinstallationen zu besichtigen. Man kann auch in ein Leihhaus schleichen, das Geld sofort auszahlt. In den vielen Friseurläden werden nicht nur die Haare geschnitten und der Bart gestutzt, sie sind auch Orte der Begegnung auf eine Zigarette oder eine Tasse Kaffee. Nur die Eckkneipen werden rar. Drei Bauarbeiter, die in einer der letzten ein Feierabendbier trinken, frage ich, was sich hier verändert.

»Nur noch Araber hier, die Türken sind jetzt auf der Karl-Marx-Straße.«

»Und?«

»Bioläden und Ökos.«

»Und wie findet ihr das?«

Einer mit einer silbernen Totenkopfkette grinst: »Na, Klasse. Alles paletti, allet jut.«

In der Kneipe sind unter den Gästen nur zwei Frauen, später kommen noch einige dazu. Ein paar Häuser weiter ist es brechend voll, man sitzt drinnen und draußen, aber es sind nur Männer, die dort rauchen, palavern, trinken. »Tetovo« heißt der Laden nach einer mehrheitlich von Albanern bewohnten Stadt in Nordmazedonien. Der Wirt stammt von dort, alle hier sind Albaner. Entweder sie selbst oder ihre Eltern stammen aus dem Kosovo, aus Albanien oder Nordmazedonien. »Kommen auch Griechen hierher?«, frage ich bewusst naiv. »Niemals. Nur Albaner«, bekomme ich zur Antwort. Es gibt viele solche Inseln der Homogenität im Ozean der Vermischung. Eine deutsche Frau kommt aus dem Biomarkt und geht in den arabischen Gemüseladen, einige einheimische Studenten rauchen in einer Shisha-Bar die orientalische Wasserpfeife. Die Verkäuferin im Supermarkt bei mir um die Ecke will nie wieder in der Sonnenallee arbeiten – zu viel Lärm, Diebstähle, Durchgeknallte. Nur wenige Hundert Meter trennen sie davon. Viele Welten passen in eine Stadt.

Kinder toben auf dem Bürgersteig, wollen wissen, was ich in der Kirche will. Drinnen ist es laut, Lieder werden kraftvoll geschmettert vor einem Altarbild aus den 1980er Jahren mit dem Titel *Unsere Stadt, Stadt Gottes*. In diesem Stadtteil gehören dazu auch Punks und Muslime. Etliche Besucher sind inbrünstig ins Gebet versunken. Es ist eine Roma-Gemeinde, die an diesem Tag die Martin-Luther-Kirche nutzen darf. Das Gotteshaus ist ein Ort der Vermischung par exellence. Bezeichnenderweise heißt der protestantische Pfarrer Papst. Im Gespräch bedauert er, dass es keine Verbindung zur Moscheegemeinde gibt. »Wenn eine liberale existierte, würden wir versuchen zusammenzuarbeiten.« Neben den Roma nutzen auch mehrere afrikanische Gemeinden sowie eine indonesische und eine brasilianische das Gotteshaus.

Im Winter gibt es in der Martin-Luther-Kirche ein Nachtcafé für Obdachlose, ganzjährig werden Lebensmittel an Bedürftige verteilt. Viele der Deutschen haben den scheuen Blick der Gedemütigten. Sie wollen nicht reden. Eine Gruppe von Ausländern spreche ich an, der Jüngste versteht Deutsch. Tommy soll ich ihn nennen. Er ist in der neunten Klasse und erstaunlich reif. Wie so viele Migrantenkinder redet und übersetzt er für die Familie bei Behördengängen.

Die Männer sind Jesiden aus dem Irak, Syrien und Armenien. Sie wollen mir von ihrem Schicksal erzählen. Die Verfolgung und Ermordung dieser Religionsgemeinschaft im Nahen Osten ist inzwischen als Völkermord anerkannt.

Warum aber floh Tommy aus Armenien? Sein Vater arbeitete dort nach eigener Aussage als Manager, heute lebt er in Neukölln, hilfsbedürftig und sprachlos.

Als es 1915 zu den Massenmorden an den Armeniern kam, die in der Türkei bis heute nicht als solche anerkannt werden, versteckten viele Jesiden Verfolgte und mussten dann selber das Land verlassen. Jahrzehntelang lebten Armenier und Jesiden friedlich zusammen, aber nach der staatlichen Unabhängigkeit verschlechterte sich ihr Verhältnis im Zuge des ökonomischen Niedergangs. Hinzu kam, dass die Jesiden sich nicht in den Konflikt zwischen Armenien und Aserbaidschan um Bergkarabach hineinziehen lassen wollten.

»Jeder muss zur Armee, etliche sterben bei Gefechten«, erklärt Tommy. »Man kann sich freikaufen, aber das kostet 50 000 bis 60 000 Euro. Unsere Politiker, so sagt man bei uns in Jerewan, essen Geld.«

Tommy will in Berlin bleiben, hofft, das Abitur zu schaffen und Architektur studieren zu können. Als ich mich verabschiede, verbeugen sich die Männer mit einer Hand auf dem Herzen.

»Immer wenn wir in die Sonne sehen«, sagt Tommy, als ich die Kirche verlasse und die lichtdurchflutete Sonnenallee betrete, »erblicken wir Gott.«

»Wer Berlin kennenlernen will, muss einzig die Sonnenallee besuchen«, meint Jörg Sundermeier, der den Verbrecherverlag gegründet hat und nun leitet. Er schrieb ein Buch über die Sonnenallee. Ist das nicht etwas übertrieben?

»Viele Emigranten nennen zwei Plätze in Berlin, wo man gewesen sein muss«, sagt er im Gespräch. »Den Alex, hier denke ich, muss man den Platz vor dem Roten Rathaus noch dazurechnen, und die Sonnenallee. Hier findet man arabische Weltläufigkeit, die sich von der deutschen unterscheidet. Das beginnt ja schon in Südosteuropa, in Belgrad und in Zagreb, Plaza und Corso. Die Deutschen haben nicht das Bedürfnis, am Wochenende zu flanieren.« Er hält es für falsch, dass man das Elend in Neukölln den Migranten zuschreibt. »Neukölln war schon in den 1930er oder 1970er Jahren arm. Als ich hier in den 1990er Jahren als Altenpfleger jobbte, waren die Arbeiter schuld an der Misere. Das verändert sich erst jetzt, weil es durch die Gentrifizierung nicht mehr so billig ist. Vor fünfzehn Jahren konnte man hier überall Wohnungen finden. Viele Migranten machen hier auch ihr Business. Das prägt Neukölln, aber zum Guten. Ich leugne ja nicht gefährliche islamistische Kräfte, aber sie sind nicht der Kern.«

Für Jörg Sundermeier gab es in Neukölln stets beides: Elendsprostitution und Reichtum. Man möge sich nur das Rathaus ansehen. Immobilienmakler werben für Wohnungen in Treptow oder sogar in Mitte mit dem Slogan:»Nah dem hippen Neukölln.« Internationales Partyvolk, für ihn die »Popagenten des Großkapitals«, bringen Geld in den Bezirk, und der Leerstand schwindet.»Die Verelendung ist am Rand der Stadt – etwa in Teilen von Mariendorf – viel größer als in Neukölln. Innerhalb des S-Bahn-Rings werden in absehbarer Zeit die Gated Communities zunehmen, außerhalb werden – wie es Christoph Bartmann beschrieben hat – die neuen Diener leben müssen, die kaum Chancen für einen Aufstieg haben.«

Ganz tief können wir nicht in den Brunnen der Geschichte steigen, aber immerhin Schlaglichter auf sie werfen: Die ersten urkundlich erwähnten Siedler in der Region waren Tempelritter, wovon der Name des angrenzenden Bezirks Tempelhof noch heute zeugt. Es wirkt wie eine ironische Kommentierung der heutigen Debatten über die Aufnahme und Integration von Muslimen: Der Orden der Tempelritter entstand zur Zeit des Ersten Kreuzzugs. Sein erstes Hauptquartier entstand auf dem Jerusalemer Tempelberg, genau dort, wo sich die bis heute Streit entfachende Al-Aqsa-Moschee befindet.

Das erste Stück der heutigen Sonnenallee wurde um 1880 in der damals noch selbstständigen Stadt Rixdorf als Straße 84 angelegt. Die Nummerierung symbolisierte die enorme ökonomische Dynamik der Reichshauptstadt. Die Straße wuchs mit der Industrie und der damit verbundenen Landflucht. 1893 erhielt sie den Namen des 99-Tage-Kaisers Friedrich. In der Weimarer Republik wird die Hauptschlagader Neuköllns erstmals zur Sonnenallee und erreicht die bis heute gültige Länge von fast fünf Kilometern. Durch die Mauer wird sie geteilt. In ihrer unmittelbaren Nähe erschießen Grenzer Chris Gueffroy. Er ist das letzte Opfer an der Berliner Mauer.

Immer wieder taucht Neuköllns Boulevard in Filmen und Büchern auf, Rio Reiser und Thomas Brussig, Leander Haußmann und David Bowie haben ihn besungen. Der ehemalige Bezirksbürgermeister Heinz Buschowsky machte bundesweit auf den Bezirk aufmerksam mit der Botschaft *Neukölln ist überall*. Es war der Titel eines Bestsellers, in dem der umtriebige Lokalpolitiker den Stadtbezirk mit jenen in Rotterdam, London, Oslo und Neapel verglich, wo ebenfalls viele Emigranten und Flüchtlinge leben. Berlin ist eine Hauptstadt in der Mitte des Kontinents und hat wie andere Metropolen Ränder im Zentrum.

Zackig erhebt sich das »Estrel Berlin« im Industriegebiet am Neuköllner Schifffahrtskanal. Es ist der größte Hotelkomplex Deutschlands und gehört keiner Hotelkette, sondern Ekkehard Streletzki, aus dessen Kürzel der Name entstand. Seit der Gründung 1994 wird es ständig erweitert, 1997 kam das »Estrel Festival Center« hinzu, in dem Doppelgänger von Weltstars wie Elvis Presley, Michael Jackson oder den Beatles mit ihren Shows mittlerweile ein Millionenpublikum erreichten. Das 1999 eröffnete »Estrel Convention Center« bietet Raum für Kongresse, Fernsehshows, Boxkämpfe und anderes mehr.

Die Pressesprecherin Miranda Meier, die mich durch die Anlage führt, bedauert, dass sie mir keine Zimmer zeigen kann, man sei komplett ausgebucht. Im Juli, August oder um Weihnachten sei es in ihrem Haus im Vergleich zu konventionellen Hotels ruhiger, aber jetzt beginnt die Kongresssaison, die die Haupteinnahmen bringt. Nach der Fertigstellung der direkt am Hotel vorbeiführenden Stadtautobahn soll der Estrel Tower gebaut werden mit 800 Zimmern auf 50 Stockwerken und einer Dachterrasse, von der man aus 176 Metern Höhe über das Häusermeer blicken kann. Das Vorbild für dieses Ensemble fand der Gründer, so Miranda Meier, in Las Vegas. Noch wirkt die Anlage wie ein sich selbst genügender Gigant, aber die Verbindungen zum Umfeld wachsen. So übernachten DJs zu Sonderkonditionen im »Estrel«, und immer öfter werden auch Hotelgäste in dieser Amüsiermeile gesehen. Hier sind wir im reichen Neukölln.

Am Eingang des Hotels steht ein schwarzer Page, in ein saniertes Gründerzeithaus schiebt eine Frau aus Kamerun einen Kinderwagen, hohlwangige Schwarze hocken auf dem Bürgersteig und bieten gefälschte Turnschuhe an.

Auf dem Flohmarkt nahe dem »Estrel« lerne ich Sarah kennen und bin sogleich wieder mit den Konflikten dieser Welt verbunden. Die junge Frau gehört ebenfalls zur zahlreicher werdenden afrikanischen Gemeinde, deren Vertreter so verschieden sind wie die Länder auf dem zweitgrößten Kontinent der Erde.

Geboren wurde Sarah 1997 in Somalia, in dem seit 1988 ein Bürgerkrieg an- und abschwillt, aber eben nicht aufhört. Ihre Mutter floh mit ihr nach Deutschland, als sie ein halbes Jahr alt war. Sie kam nicht auf einem Schlepperschiff nach Europa, sondern landete mit gefälschten Papieren auf dem Flughafen in München. Seit sie volljährig ist und selbst entscheiden kann, ist Sarah Deutsche. Zuvor hätte sie dafür die Erlaubnis des Vaters benötigt, der aber hat keinen Kontakt zu Mutter und Tochter. Sarah weiß nicht einmal, ob und wo er lebt. Ihr Geburtsland kennt sie nur von einem Besuch bei Verwandten.

»Wir wohnten in einem halb zerschossenen Haus. Einmal mussten wir uns verstecken, weil Bewaffnete kamen, schrien, drohten, in die Luft schossen. Mir wurde klar, wie gut es mir in Deutschland geht.«

Am östlichen Ende der Sonnenallee, das früher zur DDR gehörte, soll angeblich der Kommunismus geherrscht haben. Vor der markierten Mauerlinie liegt die High-Deck-Siedlung, die in den 1970er Jahren im Schaufenster West-Berlin erbaut wurde: eine kapitalistische Utopie. Das Ideal ist der sogenannte Automensch im Normalarbeitsverhältnis. Die Wege sind auf der Ebene des ersten Stockwerks angelegt, das Parterre gehört den Fahrzeugen. Heute sieht man, wie alt dieser Entwurf des 20. Jahrhunderts geworden ist. Die Platte ist abgewohnt. Kinderscharen toben herum, die meisten stammen aus Migrantenfamilien. Die wenigen Läden zeigen, dass man hier mit wenig Geld auskommen muss.

Die überall in Neukölln deplatziert wirkenden Parteiplakate zur Bundestagswahl machen die Erosion der Demokratie deutlich. Unter den Menschen auf der Sonnenallee findet man niemanden, der den darauf Abgebildeten ähnelt – bis auf den Kandidaten der Spaßgruppe DIE PARTEI, genauer Partei für Arbeit, Rechtsstaat, Tierschutz, Elitenförderung und basisdemokratische Initiative. »Die Hoffnung stirbt zuletzt. Aber sie stirbt« steht auf einem ihrer Plakate. Der Clown stellt den Politzirkus infrage.

Wie ist dieses Mosaik, diese Vielfalt an der Sonnenallee zustande gekommen? Die Urbanisierung gehört zum Kapitalismus, die Städte wuchsen so stark, dass seit 2007 erstmals mehr Menschen in ihnen leben als auf dem Land. Hinzu kommt die Globalisierung, ein zumindest zweistufiger Prozess mit mehrfachen Anläufen. Er begann mit der *Unterwerfung der Welt*, wie der Titel einer Globalgeschichte der europäischen Expansion lautet. Seit dem Ende der Kolonialreiche, das aber nicht die ungerechten Wertschöpfungsketten außer Kraft setzte, fliehen immer mehr Menschen aus den ehemaligen Kolonien.

Lang ist die Liste von Raub und Grausamkeit: ausgebeutete Gold- und Diamantenminen, Erze, seltene Erden und andere Bodenschätze, die einst von Sklaven und bis in unsere Tage von Kindern, Tagelöhnern und Wanderarbeitern gefördert werden, leer gefischte Gewässer, Spekulationen auf Lebensmittel, riesige Plantagen mit Monokulturen und nicht zuletzt Billigexporte aus dem Norden, die den traditionellen Landbau verdrängen.

Der Sklavenhandel war die größte erzwungene Migration der bisherigen Geschichte, die ohne Kollaborateure aus dem Süden freilich nicht möglich gewesen wäre. Das zu erwähnen ist wichtig, damit das Schwarz-Weiß-Denken durch ein Systemdenken ersetzt wird. Hier liegen die dunklen Quellströme für den Aufstieg des Westens. An wenigen Orten – etwa im französischen Nantes, wo etliche durch Sklavenschiffe zu sichtbarem Reichtum aufstiegen – finden Besucher ausdrucksstarke Denkmäler und Museen mit Hintergrundwissen, doch das Unrecht geht weiter. Wüsten und Dürregebiete weiten sich aus, es kommt zu Katastrophen infolge von Extremwetterlagen, und immer noch wird giftiger Müll aus den nördlichen Breiten im Süden entsorgt. Effiziente Fabrikschiffe machen lokale Fischer zu Piraten, treiben sie in die Slums der großen Städte – oder zum Aufbruch in den Norden.

Kriege, die oft Stellvertreterkriege sind, werden in den armen Ländern mit Waffen aus den reichen ausgetragen. Solange sich daran nichts ändert, bleibt Europa Fluchtpunkt und Wunschziel.

»Migration ist in unserem Jahrhundert die neue Revolution«, argumentierte unlängst der weltläufige Ivan Krastev, »nicht ideologisch, sondern von Google Maps geleitet: Wenn du dein Leben ändern willst, ist nicht das Klügste, deine Regierung zu ändern, sondern das Land, in dem du wohnst.«[43]

Führt das zu einer Situation, die Heiner Müller bereits 1991 in etlichen Interviews erläuterte: »Der Sieg des Kapitalismus leitet sein Ende ein, denn man kann nichts erobern, was sich einem an den Hals schmeißt. Daran kann man sich nur verschlucken. Der Kapitalismus, der traditionelle Aggressor Europa ist jetzt plötzlich von Asien und Afrika umzingelt und steht mit dem Rücken am Ozonloch.«[44]

Unwahrscheinlich, dass das Patchwork von Minderheiten verschwindet. Wie aber kann sich dieser Menschenozean verbinden, politisch organisieren, Wege ins Offene finden?

David Van Reybrouck, bekannt gewordenen durch sein großes Kongo-Buch, plädiert dafür, neben den traditionellen Wahlen durch Losverfahren ein politisches Korrektiv zu schaffen: »Ausgeloste Bürger haben vielleicht nicht die Expertise von Berufspolitikern, aber sie haben etwas anderes: Freiheit. Sie brauchen … nicht wiedergewählt zu werden.«[45] Bei allen Losverfahren, die es gab und gibt, seien nie so verheerende Ergebnisse herausgekommen wie bei der Trump-Wahl oder dem Brexit-Referendum. Es gab keine aus Frust gefällte Entscheidung in der einsamen Wahlkabine.

Antworten sind dringend gesucht: Wie soll die länderübergreifende soziale Frage gelöst, das Auseinanderdriften von Arm und Reich aufgehalten werden, und vor allem von wem? Wie nimmt man vielen kleinen Leuten mit großen Problemen die Überfremdungsängste, damit diese nicht ins Rechtsradikale abdriften? Wie gestaltet man eine Demokratie, wenn in einigen Vierteln ein hoher Prozentsatz nicht mehr wählen geht oder – als Ausländer – nicht wählen darf?

Auf Straßen wie der Sonnenallee sieht man die collagenhaft gewordene und werdende Welt eckennah – man kann sie fühlen, riechen, hören, schmecken.

WER FLOH GESTERN IN DIE TÜRKEI,
WER FLIEHT HEUTE VON DORT?

Nie mehr sollen Menschen Knechte von Menschen sein!
Die Erde sei weit ohne Grenzen, wir laden Euch ein,
kommt bald!
Leben, einzeln und frei wie ein Baum
Und brüderlich wie ein Wald,
ist unser Traum

NÂZIM HIKMET

Riesengroße und vom Flugzeug aus zwergenklein erscheinende
Frachtschiffe liegen scharenweise, wo der felsenumrandete dunkle
Bosporus in die helle Weite des Schwarzen Meeres mündet. In my-
thischer Landschaft warten sie auf die Erlaubnis der Behörde zur
Durchfahrt. Von oben wirkt der Bosporus wie das sprichwörtliche
Nadelöhr – und für die großen Schiffe der Gegenwart ist er es auch.
Schon die alten Griechen sahen hier die Grenze zwischen Europa
und Asien, um die sich viele Geschichten und Mythen ranken – römische, byzantinische, osmanische, türkische und auch eine aus dem
griechischen Olymp: Als die Göttin Hera vom Techtelmechtel ihres
Gatten Zeus mit der schönen Io erfuhr, ließ sie die Geliebte umgehend in eine Kuh verwandeln. Das Rindvieh erbat sie sich von Zeus
zum Geschenk, was dieser nicht abschlagen konnte, ohne sich zu
verraten. Hera ließ das Tier vom hundertäugigen Argos bewachen,
woraufhin Zeus Hermes anheuerte, der auf seiner Flöte Schlummer-
lieder intonierte, bis dem Argos ein Auge nach dem anderen zufiel.
Nun schickte Hera eine wilde Bremse aus, die die Kuh wahnsinnig
machte und über eine Furt weit nach Asien trieb. Auf Griechisch
heißt Kuhfurt Bosporus.
    Das Flugzeug kreist über dem Häusergewirr Istanbuls und der
der kalifornischen Golden Gate Bridge nachempfundenen Fatih-Sul-
tan-Mehmet-Brücke, die Europa mit Asien verbindet. Im Untergrund
stoßen hier die Afrikanische und die Eurasische Platte aneinander.

Immer wieder gab es deshalb Erdbeben in dieser Region. Wissenschaftler glauben, dass das Erdbeben von 1999 mit Tausenden Toten nur ein Vorbote war, und befürchten ein epochales Beben, wie es sich 1906 in Kalifornien ereignet hat. Politisch liegt hier die Schnittstelle zwischen Europa und dem Nahen Osten.

Das Flugzeug setzt holpernd auf, viele Passagiere klatschen Beifall, während es über die Landebahn donnert. Der Flughafen ist nach dem Staatsgründer Atatürk benannt, für den Europa kein geografischer Begriff war, sondern vor allem ein politischer, einer, der sich mit Fortschritt und Moderne verband.

»Und Istanbul ist die Brücke, sagt ihr«, so Hacı-Halil Uslucan, der ein Zentrum für Türkeistudien leitet und Mitglied im Rat für Migration ist, 2020 im Gespräch. »Eine Brücke wohin? Vielleicht zu einem Märchenbuch in euren Köpfen. Byzantiner. Osmanen. Wir sehen uns nicht als Brücke. Wir begreifen uns als Zentrum. Von hier aus pflegte sich die Welt auszubreiten in alle Richtungen.« Das erklärt, warum man in türkischen Institutionen und Universitäten häufig andere Europakarten vorfindet als etwa in Deutschland oder Frankreich: von den seeumtosten Ufern Islands bis zu den rauen Gebirgskämmen des Urals, von der vom Nordlicht beleuchteten Kargheit des Nordens bis zu dem von afrikanischen Wüstenwinden umwehten Kreta. Auf diesen Europakarten liegt die Türkei mehr in der Mitte als am Rande des Kontinents.

Strategische Freier umschwirren die Stadt, Flüchtlinge und Migranten fliehen dorthin oder von dort. Dennoch oder gerade deswegen wächst und wuchert die Stadt – die Angaben schwanken mittlerweile zwischen 15 und 18 Millionen Einwohnern, weil viele Migranten nicht registriert sind und die Stadt schneller wächst, als die Stadtgrenze offiziell verschoben wird. In der Metropole leben damit mehr Menschen als im benachbarten Griechenland, ja mehr als in den meisten der 193 in der UNO zusammengeschlossenen Staaten. Es ist die einzige Stadt, die sich auf zwei Kontinenten entfaltet und die im Laufe der Jahrhunderte das Machtzentrum des Christentums wie des Islams bildete.

Es war ein Medienereignis, das Freitagsgebet in der Hagia Sophia am 24. Juli 2020. Absperrungen, dahinter Tausende Gläubige mit

Masken, die beten und über Bildschirme die Zeremonie drinnen verfolgen. Der türkische Präsident rezitiert im typischen Singsang Koransuren mit und vor ausgewählten Gästen.

Immer wieder gleitet eine Kamera über die sich stauende Masse, die sich um das weltberühmte Gebäude schlängelt, über das Goldene Horn und den Bosporus hinüber zu Hochhauskomplexen aus Glas und Stahl, wie man sie aus vielen Metropolen rund um den Globus kennt, und setzt damit scheinbar widersprüchliche Konstanten ins Bild: Annäherung an eine Metropole der forcierten Moderne und Islamisierung.

Nach 86 Jahren ist die Hagia Sophia nun wieder eine Moschee. Es ist ein symbolischer Akt, der keine historische Zäsur bedeutet, aber Konflikte offenbart. Als Atatürk das Gotteshaus 1934 zum Museum machte, stellte das auch keinen Epochenbruch dar, aber es wurde zum markantes Symbol der Trennung von Staat und Religion. Damals wie heute gingen mit dem Wandel nicht nur Signale an die muslimische Welt aus, schließlich verkörpert die Hagia Sophia für islamische Staaten wie für orthodox christlich geprägte Mächte Weltgeschichte, denn die im 6. Jahrhundert erbaute Sophienkirche, die Krönungskirche der Kaiser von Byzanz, galt bis 1453 als »Nabel der Welt« im zweiten Rom. Wie im zweiten wachsen auch im dritten Rom, in Moskau, seit dem Ende der Sowjetunion orthodoxe und politische Macht wieder zusammen.

In Zentraleuropa, wo die Trennung von Staat und Religion stärker ist als irgendwo sonst auf der Welt, sind dagegen Kirchenaustritte gang und gäbe. Durch Fliehende und Migranten gewinnen in den Städten allmählich aber auch andere Lebensweisen an Gewicht. »Leider wird der neutrale Staat immer mehr von den neuen Exilierten, vor allem von den Emigranten abgelehnt«,[46] schreibt der Flüchtling Georges-Arthur Goldschmidt. In Paris, wo er lebt, seien die meisten der Ankommenden Muslime. Nicht zuletzt für diese sind die vielfach geteilten Bilder und Aufnahmen des Freitaggebets in der Hagia Sophia gemacht.

Etlichen westlichen Beobachtern fiel am 24. Juli 2020 auf, dass das Oberhaupt der türkischen Religionsbehörde Diyanet in seiner Predigt erklärte: »Sultan Fatih hat diesen prächtigen Tempel bis zum Jüngsten Tag zur Moschee erklärt. Wer sich gegen dieses Erbe wendet, wird verdammt sein.« Wie anders denn als Drohung gegen den Republikgründer Atatürk und alle, die in seiner Tradition wirken, kann das gedeutet werden? Als ich vor einigen Jahren Bodrum besuchte, von wo Flüchtlinge und Migranten versuchen, ins nahe Griechenland zu gelangen, und etliche den Versuch mit dem Leben bezahlen, sah ich überall Bilder von Atatürk und Werbung für sein hochprozentiges Lieblingsgetränk Raki, das sein Leben arg verkürzte. Vergleichbare symbolische Neins kennt der Zeitzeuge oder Historiker aus dem abschmelzenden Ostblock der 1980er Jahre, so etwa die Breslauer Zwerge, die mittlerweile ein Wahrzeichen der Oder-Metropole sind.

Vielleicht geht angesichts des Basartreibens in Deutschland oder anderen westlichen Ländern die Angst vor der Islamisierung des Abendlands um wie in den Metropolen des Nahen Ostens bis nach Istanbul die vor der Verwestlichung des Morgenlands. Interessierte Kreise erhalten ein Arsenal von Instrumenten zur Panikmache. Annäherungen und Konflikte halten sich in unseren Breiten die Waage. Deshalb kann das Knirschen und Knarren von optimistischen Beobachtern als Krise des Zusammenwachsen gedeutet werden.[47]

Alle Versuche der islamisch-osmanischen Rückeroberung ändern nichts daran, dass die wirtschaftliche Bindung der Türkei an die Europäische Union entscheidend bleibt. Kein Nachbar will eine Neuauflage des Osmanischen Reiches, schon gar nicht der neue Teilzeitverbündete Russland. Nicht nur in der Türkei, sondern an vielen Rändern des alten Kontinents gab es über die Jahrzehnte immer wieder Bemühungen zur Demokratisierung und Liberalisierung im Namen Europas. So beginnt ein Sammelband zur Debatte über den EU-Beitritt der Türkei[48] mit einem Essay des irischen Schriftstellers Colm Tóibín zu der Frage, was Irland und die Türkei verbindet. Erst auf dem Weg in die Europäische Gemeinschaft, wie die EU einst hieß, schaffte Dublin die drastische Buchzensur und die Todesstrafe ab, erlaubte Scheidungen und gestand auch Frauen das Recht zu, Geschworene zu werden. Ähnliches hört der Reisende in anderen Rand- und Übergangsregionen wie der Ukraine oder dem Kaukasus. Claus Leggewie, der den Band herausgab, glaubte, dass die

Beitrittsgegner die EU zu einem »identitären Bundesstaat« ausbauen wollen, während die Befürworter eine »weltoffene Netzgesellschaft« anstreben. Was den südöstlichen Rand Europas betrifft, so hat Istanbul als Konstantinopel wie kein anderer Ort über Jahrhunderte das europäische Bild vom Orient geprägt. Hier endete einst der legendäre Orientexpress. Doch in jüngster Zeit sorgen zunehmend sich widersprechende Signale für Verwirrung: Am 10. Juli 2020 entschied wie erwartet ein Gericht, die Hagia Sophia könne wieder eine Moschee sein. Am selben Tag verkündete die EU, Ankara weitere 500 Millionen Euro für die Flüchtlingshilfe oder, genauer, zur Abwehr von Migranten nach Europa zu zahlen. Noch nie zuvor lebten und stauten sich in der Türkei so viele Flüchtlinge und Migranten aus den Kriegs- und Armutsgebieten in Syrien oder Afghanistan, die nach Zentraleuropa wollen. Und noch nie wollten so viele Türken emigrieren. Etliche flohen und fliehen vor drohender Verhaftung.

Im Herbst 1992 wollte mein Vater, der von 1940 bis 1948 als Flüchtling im türkischen Exil lebte, seiner Familie die schöne und widersprüchliche Metropole zeigen – vor allem seiner Tochter Renate, die hier am 3. Februar 1945 geboren wurde und einen sprechenden zweiten Namen trägt: Sulhiye, die Friedenbringende. Die tiefsten Erschütterungen im Leben von Ernst Engelberg waren die Vertreibung aus Deutschland und die Rückkehr in ein zerbombtes, besetztes, bald geteiltes Land. Doch auch das Exil prägte ihn stark, was sich fortan bis in den Alltag zeigte. Noch im hohen Alter aß er nach Möglichkeit täglich Oliven und brühte sich einen türkischen Mokka.

Im alten Marktviertel beschleunigt mein Vater seine Schritte, seine Augen leuchten. Nach Jahrzehnten kann er sich hier noch orientieren. Obwohl sein Gehalt als Universitätslektor bescheiden ist, reicht es, um in dem Viertel eine Wohnung zu beziehen, von deren terrassenartigem Balkon sich ein überwältigender Ausblick über die Altstadt mit ihren zahlreichen Minaretten bis hin zum funkelnden und schiffsgekerbten Bosporus und aufs Marmarameer mit den Prinzeninseln bot. Die Familie kennt diesen Ausblick von einigen Schwarz-Weiß-Fotos. Wir biegen in eine heruntergekommene Straße ein. Putz bröckelt von den Fassaden, auf der Straße verfaulen Abfälle, eine Katze miaut. Es ist fast still, das Stimmengewirr und der Autolärm sind verebbt. Man kann das Geräusch der eigenen Schritte hören. Als ich an der Tür zu Nummer 14 rüttele, öffnet ein Lagerarbeiter und fragt, was wir wollen. Er führt uns zum Chef. Mein Vater plaudert mit dem älteren Mann beim Tee, während die jungen Mitarbeiter schweigend und neugierig herumstehen. Vor einem Jahr hätte er uns noch auf die Terrasse geführt, erklärt der Alte, aber nun expandiere man gerade.

Nachdem der Eiserne Vorhang gefallen war, versuchten die türkischen Händler in die neu entstandenen zentralasiatischen Staaten vorzustoßen – also in jene Weltgegend, aus der die Osmanen einst gekommen waren – und sich neue Märkte zu erschließen. Das betraf auch den Kaukasus, vor allem Aserbaidschan. Während mein politisch hoch interessierter Vater die Tragweite dieser Entwicklung sofort begriff, erkannte ich erst allmählich, dass hier die zweite strategische Option der Türkei aufschien. Erstmals seit Gründung der Republik war mit dem Ende der Sowjetunion etwas relevant geworden: die Verbindung des Landes mit dem sogenannten Great Game, der weltpolitisch wichtigen Einflusszone des Erdozeans Zentralasien.

Die Rivalitäten zwischen Russen und Türken zeigten sich bereits im 19. Jahrhundert, damals vor allem auf dem Balkan. Später entwickelte sich die Türkei zur Nato-Macht an der Grenze zur Sowjetunion. Im Jahr 1991 erkannte die Regierung in Ankara als erste das unabhängige Aserbaidschan an. Migranten und Flüchtlinge aus den Nachfolgestaaten der Sowjetunion sind längst eine Alltäglichkeit in der Türkei. Mittlerweile leben dort mehr Krimtataren als auf der markanten Halbinsel, die im Laufe ihrer wechselvollen Geschichte immer wieder neue Herren hatte. Fast alle beanspruchten sie auf ewig, aber bislang gelang es niemandem, diesen Anspruch durchzusetzen. Russland und die Türkei sind inzwischen auch jenseits der gegenwärtigen Führungsgestalten zu den Aporien Europas geworden.

Mittlerweile hat sich die Türkei zu einem Schlüssel- und Transitland der Neuen Seidenstraße entwickelt, mit der China bis zum Jahr 2049 wieder von einem Reich der Mitte zu *dem* Reich der Mitte aufsteigen will. Noch ist das Zukunftsmusik, anschwellende Konflikte können vieles ändern. In den vergangenen Jahrzehnten fanden Besucher aber zunehmend türkische Produkte auf Märkten in Aserbaidschan oder Kasachstan, in Baku oder Karaganda, und vor dem von Erdoğan eröffneten Zeugma-Mosaik-Museum in Gaziantep, in dem die weltweit größte Sammlung römischer Mosaiken zu sehen ist, stößt man auf steinerne Erinnerungen an die alte Seidenstraße. Das Gebiet, über das sich heute die Türkei erstreckt, war schon im Altertum eine Drehscheibe der Weltgeschichte. Hier überlagerten sich Reiche, stießen aufeinander und grenzten sich ab. Aus Südostanatolien wurde 1961, wenige Monate nach dem Mauerbau, mit dem Anwerbeabkommen die erste größere Gruppe von Türken in die Bundesrepublik geholt. Hier sammeln sich heute in Flüchtlingslagern jene Menschen, die vor dem nahen Krieg in Syrien flohen.

Im Jahr 1992 sind die Räume der Wohnung in Istanbul, in der die Familie einst lebte, vollgestopft mit Waren für die neuen Märkte auf dem Gebiet der zerfallenen Sowjetunion. Bis unter die Decke sind die Kisten gestapelt, an kein Fenster kommt man heran, geschweige denn auf die Terrasse.

Petros Markaris erwähnt bei einem Gespräch in Athen, dessen Stadtchronist er geworden war, dass er lange nicht den Mut aufbrachte, sein Elternhaus in Istanbul zu besuchen. Nicht zuletzt dank der deutschen und österreichischen Migranten während der Nazidiktatur lernte er dort so gut Deutsch, dass er Brecht und Goethe übersetzen konnte. Als erstmals einer seiner Romane in türkischer Übersetzung erschien, wollte eine fürs dortige Fernsehen arbeitende Journalistin – eine Jüdin und keine Türkin, wie er bemerkt – sein Elternhaus mit ihm besuchen. Er sagte ab, aber sie ließ nicht locker. Schließlich beschlossen die beiden, im Dezember 2000 gemeinsam von Athen nach Istanbul zu reisen. Allerdings musste sie versprechen, die Kamera auszuschalten, sollte er zu weinen anfangen.

»Als ich um die Ecke bog und mein Elternhaus sah, fielen mir die Tränen aus den Augen. Sie hörte auf zu drehen, wartete etwa eine halbe Stunde, bis es vorbei war. Seitdem ist es für mich kein Problem mehr. Einmal weint man, dann geht's. Zu Istanbul habe ich eine viel emotionalere Bindung als zu Athen. Ich bin dort aufgewachsen und habe das Gefühl, ich kenne dort jeden Pflasterstein.«

Auch meine Mutter Waltraut weinte, als sie nach Jahrzehnten ihren schlesischen Geburtsort Langenbielau besuchte, der heute Bielawa heißt. Beim zweiten Besuch weinte sie nicht mehr. Die Zeit der Versöhnung begann. Der Vertriebene ist erschüttert, wenn er an den Ort seiner Herkunft zurückkehrt, beim Besuch am Ort des Exils geschieht das eher nicht, es sei denn, es handelt sich um den Archipel Gulag oder gegenwärtig um ein libysches Lager. Bei Ernst Engelberg stellten sich in Istanbul keine Tränen ein, sondern Erinnerungen und Vergleiche. Allerdings, wer einmal ins Exil getrieben wurde, kommt nicht mehr von der Heimat los, selbst dann nicht, wenn er diese nie wiedersieht. Solche Aussagen findet man in Erinnerungen wie etwa denen von Georges-Arthur Goldschmidt oder in wissenschaftlich fundierten Arbeiten wie der von Andreas Kossert. Im Nachlass von Ernst Engelberg befinden sich mehrere Kisten mit thematisch wohl-sortierten Zeitschriftenausschnitten, gesammelt in Istanbul, mit deren Hilfe er die sozialökonomischen Entwicklungen vor allem in Deutschland wahrnehmen und verstehen wollte.

Bei diesem Besuch in Istanbul wundert sich mein Vater, dass nicht wenige Studentinnen, kaum dass sie das mächtige Eingangstor der Universität durchschritten haben, noch auf dem Vorplatz und für jeden sichtbar geschickt und geübt ein Kopftuch anlegen, dessen Tragen in staatlichen Einrichtungen noch verboten ist. In seinen Papieren lese ich dazu:»Nun zu den Traditionen Atatürks, des allgemein geachteten türkischen Politikers, dessen politisches Erbe ich bei einem Familienbesuch vor einigen Jahren in Istanbul in der Öffentlichkeit nicht mehr so ausgeprägt wahrnehmen konnte. Sieben Jahre lang lebte ich in der Türkei – und in diesen sieben Jahren habe ich eine einzige alte vermummte Frau gesehen, deren wilde Empörung gegen ein Plakat, auf dem sich zwei Münder berührten, von den anderen mit milder Nachsicht beobachtet wurde. Polizisten sagten nichts, als sie das Plakat an der für sie anstößigen Stelle beschädigte. Vor einigen Jahren aber sah ich ganze Gruppen von jungen Mädchen mit Kopf-tuch und in einer Kleidung, die Atatürk nicht nur missbilligte, son-dern im öffentlichen Dienst sogar verbot. Tempora mutantur.«[49]

Trotz aller Bemühungen Atatürks, die Türkei in einen säkularen Staat zu verwandeln, wirkte die islamische Kultur als Unterströmung weiter. Wer die Fotoalben des 1914 geborenen Selahattin Giz betrachtet,[50] sieht auf den Aufnahmen höchst selten eine verschleierte Frau, sondern vielmehr eine forcierte Europäisierung. Zuweilen lässt sich nicht einmal erahnen, dass es sich bei der Stadt nicht um eine westliche Metropole handelt. Doch bei dem 1928 geborenen Ara Güler, dessen Fotos man auch in Orhan Pamuks *Istanbul. Erinnerungen an eine Stadt* findet, ist das schon anders. Immer wieder taucht die markante Stadtsilhouette mit ihren Minaretten und Kuppeln auf. Und als der 1952 geborene Pamuk im Sommer 2020 seine Fotos der Istanbuler Stadtlandschaft in einem Buch und in einer Ausstellung in Potsdam erstmalig veröffentlicht, ist es ein Abschied von der alten Stadt. Schon der Titel *Orange* erstaunt. Es ist der Hinweis darauf, dass das alte warme Licht der Laternen verschwindet und grelle, eisigweiße Leuchtmittel die Nacht erhellen. Es ist unzweifelhaft zu erkennen, dass es sich um Bilder einer Metropole handelt, aber da es Nachtaufnahmen sind, sieht man vorrangig Männer und nur wenige Frauen, von denen etliche ein Kopftuch tragen. Die niedrigen Holzhäuser in den Zentren der Städte verschwinden allmählich. Bestimmt gibt es Ausnahmen, aber wer in den Metropolen Europas Holzhäuser sieht, befindet sich mit ziemlicher Sicherheit in einer Grenz- oder Übergangsregion – das gilt für Island und Skandinavien, für das Baltikum und Russland und natürlich für die Türkei.

Im Herbst 1992, als ich zum ersten Mal in die Türkei kam, war der Wolkenkratzerkomplex des 1993 eröffneten Sabanci Center noch im Bau. Heute hat nicht zuletzt das Finanzviertel Levent eine Silhouette, die an Chicago erinnert. Das Zusammen- und Gegenspiel von Islam und Modernisierung kann und konnte man nicht nur in Istanbul beobachten. Wie ein Flughafen sieht der große Busbahnhof von Ankara aus, von dessen Terminals die Busse ins weite Land fahren.

Von einem der Restaurants aus beobachte ich das Treiben auf mehreren Etagen, das Suchen des geeigneten Ticketschalters, das Schlangestehen, den Verkauf von Schmökern oder von Proviant bei einem der zahlreichen Händler, das ungeduldige und das geduldige

Warten auf die Abfahrt eines Busses oder die Ankunft eines Gastes, Begrüßungs- und Abschiedsküsse von Liebespaaren. Kein Bier, nur alkoholfreie Getränke bietet das Restaurant. Religiöser Singsang ist in der Luft. Beim Blick in eine untere Etage des modernen Busterminals sehe ich Menschen auf ausgerollten Teppichen gen Mekka beten. Es sind Männer in Stoffhosen und schlichten Hemden oder Pullovern. Keiner trägt einen Anzug, keiner einen teuren Designerartikel wie etliche der Gäste im Restaurant.

Es werden immer mehr Männer, aus allen Richtungen strömen Gläubige mit einem Teppich unter dem Arm herbei, den sie zum Gottesdienst ausrollen. Ihre ärmliche Kleidung ist in gedeckten, unauffälligen Blau-, Grau-, Braun- und Schwarztönen gehalten, keiner trägt etwas Grelles, Auffälliges, Buntes, Helles. Diese Einförmigkeit verleiht ihnen die Aura einer uniformierten Schar, einer im Straßenbild verschwindenden, aber sich hier versammelnden Armee oder, weniger militärisch, einer Gemeinschaft, die sich sogleich erkennt. Die Gläubigen beenden ihr Gebet, streichen sich die Hosen über den Knien glatt und verlassen den Raum. Ein Mann in blauer Arbeitskleidung legt die Teppiche über ein Gestänge auf Rädern. Nach wenigen Minuten sieht man nur noch einen modernen Raum. Was ich beobachtet habe, erscheint mir plötzlich wie irreal, wie geträumt. Immer wieder werde ich diese Ausweitung der Gebetsräume erleben.

Für mich wird es Zeit. Ich steige in den abfahrbereiten Bus Richtung Istanbul, der Stadt am Bosporus, in der sich die historischen Prägungen in so vielen Gebäuden zeigen und sich wie auch anderswo das zeitliche Nacheinander von Reichen im räumlichen Nebeneinander von Gebäuden materialisiert. Ihre jeweilige Deutung zeigt den Pulsschlag der Gegenwart.

In die neutrale Stadt Istanbul zog es während des Zweiten Weltkriegs Flüchtlinge und Spione, Geschäftemacher und Vertreter internationaler Organisationen, die sich zum Teil gegenseitig bekämpften. Die Attentate waren zahlreich, viele blieben unaufgeklärt. Ernst Engelberg lehnte damals ab, für sowjetische Dienste zu arbeiten, eine Verdächtigung, als falscher Flüchtling für die Nazis gearbeitet zu haben, konnte erst 1980 aus der Welt geschafft werden.

Gerade in der Türkei spielten Hitler-Flüchtlinge eine entscheidende Rolle bei der Modernisierung des Landes – vom Architekten Clemens Holzmeister, der das Parlamentsgebäude in Ankara entwarf, über den späteren Berliner Bürgermeister Ernst Reuter, der das Institut für Stadtplanung gründete, bis zum Juristen Ernst Eduard Hirsch, der das türkische Handelsgesetzbuch verfasste. Die eingeladenen Komponisten konnten Anregungen geben, aber die Vermischung in der Musik erfolgte jenseits der Orchester und führte zu einem umstürzenden Wandel in der Musikwelt, der bis heute anhält.

Allerdings darf man diese Minderheit von politisch und rassisch Verfolgten nicht zum bestimmenden Signum der Zeit erheben, ganz im Gegenteil. Ihnen gelang es ja kaum, ihren Schicksalsgenossen Papiere für den Aufenthalt in der Türkei oder zur Weiterfahrt nach Palästina zu organisieren. Die Einwanderungs- und Transitquoten blieben niedrig. Ira Hirschmann rechnete aus, es hätte 200 Jahre gedauert, »den Rückstau von Flüchtlingen und Vertriebenen, die in Ungarn, Rumänien und Bulgarien auf die Ausreise warteten, aufzulösen«.[51]

Die Katastrophe der »Struma« steht für diese Ohnmacht: Die Oberflächenströmung des Bosporus schob das alte Schiff im Dezember 1941 südwärts, in Sichtweite des rettenden Ufers. Hunger, Kälte und katastrophale hygienische Verhältnisse zermürbten die Passagiere vor der märchenhaften Silhouette Istanbuls, die nah und doch so fern war. Nach über zwei Monaten brachte ein Schlepper die »Struma« gegen die Oberflächenströmung ins Schwarze Meer zurück. Es war die Schande vieler: Die Nazis zwangen die Menschen zur Flucht, die britischen und türkischen Behörden ließen die Erschöpften in Istanbul nicht an Land oder nach Palästina weiterfahren, sondern trieben sie aufs Schwarze Meer zurück, wo ein von einem sowjetischen Kriegsschiff abgeschossenes Torpedo das Flüchtlingsboot versehentlich versenkte. Helfer und karitative Organisatoren versuchten wenigstens 52 Kindern die Ausreise zu ermöglichen. Als die Genehmigung endlich kam, war das Inferno geschehen. Nur einer von mindestens rund 800 Passagieren überlebte: Der damals 19-jährige David Stoliar, der 2014 mit 91 Jahren starb.

Die Angst reist mit heißt ein in jener Zeit angesiedelter Roman von Eric Ambler. Angst war auch der ständige Begleiter der deutschen Exilanten. Zuerst fürchteten sie, dass nach Jugoslawien und Griechenland die Türkei angegriffen werden würde. Obwohl man gut mit den Nachbarn auskam, notierte Ernst Engelberg, »hatte ich mit den mir befreundeten Emigranten einen Plan ausgearbeitet, wie wir bei einer eventuellen Nazi-Intervention am schnellsten zur Sicherung unseres Lebens ins türkische Polizeipräsidium gelangen könnten. Eines war uns klar: die nationale Empörung hätte alle menschlichen Kontakte zerrissen, alles, was man vielleicht an gegenseitiger Achtung aufgebaut hatte, zunichte gemacht.«

Später mischte sich in die Freude über die unausweichliche Niederlage der Diktatur die Angst um die in Deutschland gebliebenen Freunde und Verwandten. Die bohrende Unruhe dauerte noch Monate nach Kriegsende an. Im Tagebuch von Wilhelm Engelberg findet sich am 23. Februar 1946 der Eintrag: »Heute traf die erste direkte briefliche Mitteilung unseres Sohnes Ernst in Istanbul (Türkei) durchs rote Kreuz ein, die nur 25 Worte enthalten durften. Sie lauten: ›Liebe Eltern! Wir sorgen uns viel um Euch. Wir gut. Unser Kind (Renate) 9 Monate, prächtig! Wir wollen zu Euch. Schreibt darüber. Viele Küsse, Ernst. Datum: 15.12.1945.‹«

Emigranten und Flüchtlinge, Minderheiten und ein internationales Flair prägten Istanbul. In gewisser Weise vermittelte die Stadt durch diese Gruppen schon in den 1940er Jahren etwas von der Ausstrahlung vieler Metropolen von heute. Zwar blieben sie wohnlich meist voneinander separiert, die Flüchtlinge aus Russland und die aus Deutschland, die Minderheit der Griechen und die Gemeinschaften der Internationalen, nicht selten agierten sie auch gegeneinander, aber es entstanden kulturelle Mischungen, die bis heute wirken.

Das Kaleidoskop der Minderheiten machte das lange Zeit neutrale Istanbul – die Türkei trat erst im Februar 1945 in den Zweiten Weltkrieg ein – zu einer Stadt verschiedener Musikstile, Europäisches und Orientalisches, Amerikanisches und Slawisches verband sich hier und gelangte durch erneute Migration – nicht durch Flucht – in die Welt.[52] Nicht zuletzt durch die Vertreibung der Griechen entfaltete sich der Rembetiko international. Die türkischstämmigen Gründer von Atlantic Record, die später Künstler wie Ray Charles und Aretha Franklin zu Weltstars machten, kamen aus diesem Milieu.

Am 29. Oktober 2006 betrat der Letzte aus der Gründergeneration, Ahmet Ertegün, das New Yorker Beacon Theatre. Martin Scorsese filmte ein Konzert der Rolling Stones. Dabei stürzte der greise Produzent eine Treppe hinunter und erlitt schwere Kopfverletzungen, an deren Folgen er am 14. Dezember 2006 verstarb. »Shine a Light«, der Eröffnungsfilm der Berlinale 2008, ist Ahmet Ertegün gewidmet. Wie seine türkischen Weggefährten wurde er nach islamischer Tradition in Istanbul im Familiengrab neben Kämpfern des türkischen Befreiungskriegs beigesetzt. Damit endete eine Linie, von der ohne die fundamentalen Erfahrungen von Exil und Migration nicht zu erzählen ist.

»Unser Jahrhundert ist das der Zwangsreisen«, schreibt John Berger und fährt fort: »Ich würde noch weiter gehen und sagen, unser Jahrhundert ist das des Verschwindens. Das Jahrhundert, in dem Menschen hilflos dabei zusehen, wie andere, die ihnen nahegestanden haben, am Horizont verschwinden. *Ev'ry Time We say Goodbye* – John Coltrane hat es unsterblich gemacht.«[53]

Als Ernst Engelberg von seinem Balkon übers Marmarameer schaute, war auf der anderen Seite der oft in allen Blautönen schimmernden See Nâzım Hikmet inhaftiert, und zwar von 1938 bis 1950. Das Motto am Beginn dieses Kapitels entstammt seinem gewaltigen mehrbändigen epischen Gedicht *Menschenlandschaften*, das er weitgehend im Gefängnis geschrieben hat. Die Freilassung nach langen zwölf Jahren erfolgte aufgrund internationaler Proteste unter anderen von Picasso aus dem französischen Exil. »Manche Menschen kennen die Arten der Gräser, manche die der Fische, ich die der Trennungen«,[54] so formulierte es der 1963 verstorbene Nationaldichter, der erst 2009 – also unter Erdoğan – seine türkische Staatsbürgerschaft zurückerhielt. Sein Grab bleibt aber im Exil: auf dem Moskauer Nowodewitschi-Friedhof, nah bei denen von Tschechow und Gogol.

Schon in den Zeiten, als sich das Russische und das Osmanische Reich noch gegenüberstanden, war Russland – die Sowjetunion, nun wieder Russland – Rivale und zuweilen Verbündeter. Aus diesem Wechsel der Position ergaben sich Migrationsbewegungen. Die Sowjetunion war das erste Land, das die Türkei anerkannte. Nach dem Oktoberumbruch 1917, während und nach dem Bürgerkrieg kamen Tausende von Flüchtlingen, die blieben, und Tausende, die weiterzogen. Viele der fliehenden Weißen verließen vom Krimhafen Sewastopol aus ihre Heimat in Richtung Konstantinopel. Die meisten konnten niemals mehr zurückkehren. Später gesellten sich in Ungnade gefallene Bolschewiken dazu, darunter auch der neben Lenin entscheidende Revolutionär Leo Trotzki. Er schrieb am Bosporus seine fulminante Autobiografie, deren erzählerische Verve ihn als größeren Schriftsteller denn als Politiker erscheinen lässt. Die Opulenz von Memoiren sah er in der Dramatik der Epoche. Schon im ersten Abschnitt war er sich sicher: »Die Kunst der Landschaftsmalerei konnte nicht in der Sahara entstehen.«

Anscheinend abrupte politische Richtungswechsel bei Flüchtlingen und Migranten, die oft dennoch mit der Heimat verbunden bleiben, gab es damals wie heute – gerade wenn die nationale Karte ausgespielt wird. Bekanntlich führte die Sowjetunion nach dem deutschen Angriff von 1941 den Großen Vaterländischen Krieg. Ernst Engelberg erlebte, wie etliche der russischen und ukrainischen Emigranten sich von glühenden Antikommunisten zu solchen wandelten, die zunehmend stolz waren auf die sowjetischen Siege. Verfolgte Türken, darunter der Nationaldichter Nâzım Hikmet, flohen zum nördlichen Anrainer des Schwarzen Meeres.

Die Sowjetunion war nach eigenem Bekenntnis eine Diktatur, eine des Proletariats, das nicht zahlreich war und deshalb durch eine neue Klasse der Funktionäre ersetzt wurde; die Türkei war eine Republik ohne Republikaner, die autoritär geführt wurde. Diese Grundlagen wirken bis heute.

Bereits in den 1930er Jahren findet man in Briefen von Erich Auerbach[55] an seinen Schicksalsgenossen Walter Benjamin die Schattenseiten einer diktatorischen Hypermodernisierung im Namen Europas: Verdrängung der islamischen Kulturtradition, Erfindung einer Urtürkei, Kopie der Technologie Westeuropas.[56] Daraus ergab sich ein Nationalismus, der – so fürchtete nicht nur Erich Auerbach, sondern auch Ernst Engelberg – schnell in Gewalt umschlagen kann.

Der Schatten dieser Form einer Entwicklungsdiktatur verdunkelt vieles. Orhan Pamuk, der einzige Nobelpreisträger der Region und einer der wenigen, der die Umwandlung der Hagia Sophia in eine Moschee im Namen der Säkularisierung im Sommer 2020 kritisierte, schrieb immer wieder über die fatale Doppeldeutigkeit des Westens. »In unserem eigenen Land rechtfertigt dieses Konzept die Anwendung von Gewalt, radikale politische Veränderungen und einen rücksichtslosen Bruch mit der Tradition. Von der Stärkung der Rechte der Frauen bis hin zur Verletzung der Menschenrechte, von der Demokratie bis zur Militärdiktatur wird vieles mit der Annäherung an den Westen gerechtfertigt, was den europäischen Gedanken betont und sich als eine Spielart positivistischen Utilitarismus darstellt.«[57]

Im Jahr 2013 traf ich Zülfü Livaneli, Musiker, Filmemacher und Schriftsteller. Der 1946 Geborene saß in der Türkei sowohl im Gefängnis als auch im Parlament, musste zwischen 1972 und 1984 im Exil leben und erhielt mittlerweile wichtige türkische Literaturpreise. Bekannt geworden ist Zülfü Livaneli durch seine Lieder, die er selbst singt, die aber auch von großen Sängerinnen wie Maria Farantouri oder Joan Baez interpretiert werden, und durch seine Vertonungen der Gedichte von Nâzım Hikmet. Noch immer füllt er im Mittelmeerraum mit seinen Konzerten Stadien, macht sich allerdings zunehmend auch als Romanautor einen Namen.

In der Türkei war sein Roman *Serenade für Nadja* – in dem taucht auch Ernst Engelberg auf – ein Erfolg, wohl weil er anrührend zentrale Konfliktlinien aufzeigt: Im Februar 2001 kommt der todkranke 87-jährige deutschstämmige Professor Maximilian Wagner nach Istanbul, vordergründig, um an einer Konferenz teilzunehmen, hintergründig, um sich von der Bosporus-Metropole, die für ihn zur Schicksalsstadt geworden war, zu verabschieden. Der Hintergrund des fiktiven Dramas ist eine reale Tragödie, nämlich die der »Struma«. Nadja, Maximilian Wagners geliebte jüdische Ehefrau, kam vor seinen Augen ums Leben. Die titelgebende Serenade komponierte der bildungsbürgerlich mit Hausmusik erzogene Maximilian Wagner noch als junger Mann in Deutschland für sie. Als alter Mann spielt er sie noch einmal auf seiner Geige an den Gestaden des Schwarzen Meeres, wo sie in den Fluten starb. Er musiziert an keinem sonnendurchglühten, orientalischfarbigen Ort, sondern an einer kargen Küste an einem windigen, eisigen Wintertag, bis kurz vor der Erfrierung. Gerade die Diskrepanz zwischen der Hervorhebung der für die

Modernisierung nützlichen Emigranten und der Inkaufnahme des Todes der nicht so qualifizierten Flüchtlinge von der »Struma« – die meisten stammten aus der Bukowina und aus Bessarabien – machten diesen Untergang zu einem in der offiziellen Geschichtsschreibung jahrzehntelang schamvoll verschwiegenen.

Betreut wird die Zentralgestalt Maximilian Wagner von Maya, einer alleinstehenden Mutter in der Sinnkrise. Die Enthüllung der tragischen Familiengeschichte des deutschen Emigranten lässt Maya nach der ihren fragen. Dabei gerät sie in Konflikt mit ihrem Bruder, der in der Armee Karriere macht und verschweigen möchte, dass es in der Familie wie in vielen anderen auch Armenier und Krimtataren gibt. Da die heutige Türkei auf dem Kollaps eines Imperiums beruht, des riesigen Osmanischen Reiches, gibt es dort mehr Minderheiten als allgemein bekannt. Auch das Werk Zülfü Livanelis wurde von ihnen inspiriert. »Direkt erlebe ich nur wenige der deutschstämmigen Emigranten«, erzählt er, »Robert Anhegger sprach ich einige Male, aber sie alle waren mir stets präsent, denn meine Professoren an der Universität waren von ihnen ausgebildet worden und sprachen mit großem Respekt von ihnen.«

»Die unerbittliche Weigerung des türkischen Staates, die Tatsache des Massenmordes an den Armeniern auf seinem Territorium anzuerkennen«, bemerkte der scharfsinnige britische Historiker Perry Anderson, »ist weder anachronistisch noch irrational, sie ist vielmehr eine aktuelle Verteidigung der eigenen Legitimität. Denn der ersten großen ethnischen Säuberung, die Anatolien homogen muslimisch werden ließ, wenn auch noch nicht homogen türkisch, folgten kleinere Reinigungen des Staatskörpers, im Namen desselben integralen Nationalismus, und die dauern bis auf den heutigen Tag fort.«[58]

Ein Beispiel dafür sind die Griechenpogrome Mitte der 1950er Jahre, durch die unter anderen die Familie von Petros Markaris gezwungen wurde, die Türkei zu verlassen. Sein Vater war ein armenischer Kaufmann, weshalb er mit bürgerlichem Namen Markarian heißt. Ethnische Homogenität war und ist in der Türkei nicht zu realisieren, schon gar nicht in unserer Zeit, wo dort mehr Flüchtlinge und Migranten leben als je zuvor. Schon deshalb will Zülfü Livaneli an die deutschstämmigen Emigranten erinnern, die häufig über Zürich in die Türkei kamen. Sie waren wichtig für die säkulare Modernisierung, für die Annäherung der Türkei an ein der Aufklärung verpflichtetes Europa, das damals unterzugehen schien. »Die heutigen Modernisierer hassen die säkulare Republik. Atatürk schaffte das Kalifat ab und auf dieses berufen sich die Islamisten.«

Faszinierend, wie viele der historischen Motive dieses Romans – die Massaker gegen die Armenier 1915, die deutschstämmigen Modernisierungshelfer in den 1930er und 1940er Jahren, das Schicksal der Krimtataren, die zwischen die beiden großen totalitären Diktaturen gerieten – im Gespräch zu aktuellen Debatten und Widersprüchen der Türkei führen. Noch immer gilt, was die Figur Maximilian Wagner in einer Universitätsrede sagt: »Der Osten kennt den Westen ein wenig besser als der Westen den Osten. Statt eines Kampfes der Kulturen oder der Ignoranz sehe ich einen Kampf der Vorurteile.«

Bei all seiner geschichtlichen Opulenz ist *Serenade für Nadja* kein historischer Roman, sondern einer, der zeigt, wie Geschichte prägt. Er erzählt von der heutigen Türkei, die, auf den Trümmern eines Imperiums aufgebaut, weit mehr ein Patchwork von Minderheiten ist als dort erwünscht und in unseren Breiten bekannt ist. Eine Serenade gab diesem epischen Werk den Titel, aber kompositorisch ist es eine Sinfonie, die sich wie ein Klassiker anhört.

Leise und besonnen formuliert Zülfü Livaneli, wie er sich das Verhältnis der Türkei zu Europa wünscht: Es müsse – ähnlich wie das mit Russland – ein besonderes werden. Schließlich könne man keine Geschichte des Kontinents schreiben, ohne die der Türkei mit zu erzählen. Und dennoch gibt es in der Türkei Geschichten, die keine europäischen sind. »Ich glaube an keine Vollmitgliedschaft in der EU.« Für eine Annäherung an ein säkulares Europa tritt der Autor dennoch entschieden ein und begründet dies mit dem Hinweis auf tief im Boden der Geschichte liegende Wurzeln. »Die Modernisierung der Türkei ist älter als Atatürks Staatsgründung. Schon im 19. Jahrhundert, im Osmanischen Reich, das oft als der kranke Mann am Bosporus bezeichnet wurde, gab es solche Bestrebungen und erste Schritte in dieser Richtung.« Dieser Widerstreit zwischen Europa und Asien, Osten und Westen zeigt sich etwa in den bis heute zu besichtigenden

Gemächern der Sultane, die bis 1856 in der orientalischen Pracht des Topkapi Serail residierten und dann in den nach damals neuestem europäischen Stil errichteten Dolmabahce Serail zogen.

Im Jahr 2014 besuche ich noch einmal die Gegend, in der die Familie Engelberg einst lebte. Die Wohnung scheint nicht mehr mit Waren vollgestellt zu sein. Diesmal stehe ich vor einem verschlossenen Gebetssaal. Als ich mein Anliegen vortrage, wird mir sofort geöffnet. Viele Unternehmen haben in ihren Produktionsräumen mittlerweile Platz geschaffen für die fünf täglichen Ritualgebete gen Mekka. Hier wird die dritte strategische Option der Türkei sichtbar: eine einflussreiche Macht in der islamischen Welt zu werden. Der bisherige äußerst gefährliche Höhepunkt dieser Politik ist die Einflussnahme im Libyenkrieg. Da die Türkei sich bei der Wahrnehmung aller strategischen Optionen überdehnt, ist ein Kollaps nicht auszuschließen.

Der vor einer erneuten Inhaftierung nach Deutschland geflohene Can Dündar, ehemaliger Chefredakteur der renommierten und bereits mit der Republik 1923 gegründeten Tageszeitung *Cumhuriyet*, hält eine Rückkehr der Türkei auf den Weg zur Demokratisierung für möglich. Die meisten deutschen Emigranten in der Türkei glaubten auch an eine Rückkehr Deutschlands in die Völkergemeinschaft. So ist es gekommen, aber anders, als viele damals dachten, und unter unvorstellbaren Opfern. Vom Balkon aus kann man nicht mehr übers Marmarameer blicken, da das gegenüberliegende Haus aufgestockt wurde, aber wenn man aufs Dach steigt, bietet sich noch immer ein Rundblick über die wuchernde Stadt, die nahezu alle Lücken wuchtig schließt. Auf der See sieht man die inzwischen üblichen gigantischen Kreuzfahrtschiffe. Freilich, die Einfahrt nach Istanbul ist eindrücklich wie die nach New York, doch der Overtourism ein signifikantes Beispiel für eine extreme Modernisierung, die sich als Irrweg erweisen muss, als Krebswachstum.

Als ich die Treppe wieder hinabsteige, erinnere ich mich an eine Begegnung mit Mario Levi. Der Stadtchronist führte mich in sein stilvoll mit alten Möbeln und moderner Kunst – unter anderem zwei der in der Türkei ikonografisch gewordene Frauenköpfe von Nuri İyem (1915–2005) – eingerichtetes Arbeitszimmer, von dem aus man in der Ferne, auf der anderen Seite des Bosporus, historische Wahrzeichen wie die Hagia Sophia im Abendlicht liegen sieht. Im Rücken Asien, vor sich Europa, schreibt der frankophile Autor, der 1986 mit einem Buch über den einsamen Chansonsänger Jacques Brel debütierte, nunmehr fast ausschließlich an einem Erzählwerk über die wandlungsreiche Bosporus-Metropole.

Der Aufstieg Istanbuls zur Weltmetropole ist der ökonomische Hinter- und Untergrund für den kulturellen. Wie Orhan Pamuk erlebte der fünf Jahre jüngere, 1957 geborene Mario Levi die Stadt zuerst als groß, aber beschaulich. Aus der einen Million Einwohner von damals wurden inzwischen mehr als 15 Millionen. Mit ihnen verbunden sind Geschichten von Aufstiegen und Abstürzen, Fluchten und verlorenen Illusionen. Die rasanten Veränderungen, die in den 1940er Jahren begannen und die Stadt mittlerweile an Grenzen stoßen lassen, sind der Stoff, aus denen ihre, nein alle Istanbuler Geschichten sind.

Mit den deutschsprachigen Flüchtlingen des 20. Jahrhunderts hat Mario Levi nichts zu tun, obwohl das manche vermuten, aber mit altem Geld, Geld, mit dem, wie so oft in dieser Metropole, zunächst eine Flucht verbunden war. Die ersten Levis lebten bereits – man höre und staune – vor einem halben Jahrtausend am Bosporus. Sie wanderten wie viele ihrer Leidensgenossen ins Osmanische Reich ein, als sie in ihrer spanischen Heimat durch die Reconquista und das Alhambra-Edikt vom 31. Juli 1492 vor die Alternative gestellt waren, zum Christentum überzutreten oder zu fliehen. Nicht als geduldete Flüchtlinge reisten sie ein, sondern von Sultan Bayezid II. willkommen geheißen. In seinem international bekannten Roman *Istanbul war ein Märchen* schuf Mario Levi ein Porträt der Metropole als Mosaik von Türken und Juden über die Armenier bis zu den Griechen. Ist diese alte Herkunft der Grund für Mario Levis Obsession für Minderheiten?

»Geographie ist unser Schicksal, sagte Ahmet Tanpınar, ein Autor, den ich sehr schätze«, erklärt Levi. »Ich liebe New York. Nach kurzer Zeit sehen sich die meisten Einwanderer als New Yorker. In Istanbul dagegen sagen selbst Leute, die Jahrzehnte hier leben: Ich bin kein Istanbuler, ich bin aus Mardin oder Urfa.«

Der Schüler Mario Levi schämte sich seines Großvaters, der, in Istanbul lebend, Französisch oder Spanisch sprach, aber kein Türkisch.

Das war für einen 1904 in Konstantinopel Geborenen – offiziell heißt die Stadt erst seit 1930 Istanbul – durchaus nicht unüblich. In über vierzig Sprachen redete und schwatzte das Patchwork aus Minderheiten in der alten Bosporus-Metropole.

Fühlt sich Mario Levi als jüdischer Autor? »Meine Gefühle als Jude in Istanbul schwanken«, sagt er. »Manchmal fühle ich mich als Fremder, manchmal als der Schreiber von Istanbul. Aber insgesamt bin ich akzeptiert in der Türkei. *Istanbul ist ein Märchen* wurde 50 000-fach verkauft. Das ist für einen solchen Roman sehr viel.«

Als das Werk 1999 auf Türkisch erschien, gewannen neue und alte Minderheiten gerade an Gewicht. Die Geschichte war gegenwärtig, die Erfindung eines einzigen homogenen Volks verlor ihre Glaubhaftigkeit. Fast täglich kamen bis zu hundert neue Familien hinzu. »Istanbul leidet an der Emigration aus Anatolien«, gesteht Mario Levi in seinem Ohrensessel. »Es gibt darunter solche, die ihr Viertel nie verlassen, die noch nie das Meer sahen. Die Stadt verlor dadurch Charakter und Traditionen, so die enge Verbindung zum Meer und zu den Fischen. Ich will die Emigranten nicht verurteilen, ich verstehe, warum sie kommen, aber ich mag diese Entwicklung nicht.«

Ich entgegne nichts, warte auf eine Ergänzung.

»Wissen Sie, das ist etwas sehr Grundsätzliches, was aber oft vergessen wird: Ohne Leiden, ohne Konflikte kann man nicht schreiben. Aber hier, in dieser Stadt mit ihren Widersprüchen, kann ich Geschichten erzählen.«

In der Bosporus-Metropole findet Mario Levi die ganze Türkei: Zentrum und Brücke zwischen Europa und Asien, zwischen Bankenviertel mit spiegelnden Hochhäusern und Basaren wie aus Tausendundeiner Nacht, zwischen Hightech-Fabriken und Handwerksstätten mit offenem Feuer, zwischen Partymeilen und Moscheen. Hier kann ein einprägsamer Chronist im kleinen Alltag das große Ganze aufscheinen lassen. Einige Beobachter wie Doug Saunders vermuten, dass der Zug in die großen Städte die letzte große Wanderungsbewegung in diesem Umfang in der Geschichte der Menschheit ist, die das 21. Jahrhundert prägen wird.

Selbst wer dieser Prognose vom Beginn des Jahrtausends misstraut, da sie auf Ordnungsannahmen beruht, die sich ändern können, wird konstatieren müssen, dass gerade in zuvor ländlich geprägten Ländern gigantische Städte entstehen oder sich ins Mehrfache ausdehnen, in denen sich Tragödien ereignen vergleichbar denen der Epoche der industriellen Revolution. Istanbul ist ein markantes Beispiel für eine solche Ankunftsstadt und der Umfang epochemachend. Wer von den ausfransenden Rändern in das alte Zentrum fährt, erkennt, wie verschwindend klein diese Ballung von Weltkulturerbe ist im Vergleich zu der Megastadt. Ein Zurück wird es nicht geben, aber wohl keiner, der im 18. oder 19. Jahrhundert als Bauer, Migrant oder Flüchtling in die großen Städte ging oder in die neue Welt Amerikas, wird die damit einhergehende Verwandlung des Planeten durch Revolutionen, die vermeintlich gottgegebene Monarchen stürzten, und Schornsteinindustrien vermutet haben. Warum sollte es in unserer Epoche anders sein, zumal markante Beobachter wie Stephen Hawking meinen, dass eine weitere Flucht- und Migrationsepoche nicht nur eine Möglichkeit, sondern eine Notwendigkeit darstellt: Die Menschheit muss im Weltall neue Heimaten finden und gestalten. Solange das noch Zukunftsmusik ist, bleibt die Verstädterung der Welt der markante Befund. Und Istanbul ist ein Laboratorium unserer Zeit.

Im letzten Jahrzehnt ist die Türkei arabisch-muslimischer geworden und erlebt seit 2016 einen intellektuellen Exodus, der mittlerweile mit den deutschsprachigen Hitler-Flüchtlingen verbunden ist.

Philipp Schwartz ist ein Name, den kaum noch jemand kennt. In der Fachwelt wird der deutsch-jüdische Neuropathologe für seine bahnbrechende Forschung über das zerebrale Geburtstrauma geschätzt. Bereits im März 1933 verlor er seine Stelle in Frankfurt am Main und ging zu den Schwiegereltern nach Zürich, wo immer mehr Wissenschaftler eintrafen, die in der Nazidiktatur entlassen worden waren. Im Schweizer Exil erreichte er, dass die Verfemten mit Mitarbeitern und Familie in die Türkei emigrieren und die von Kemal Atatürk gewünschte Modernisierung der Universitäten betreiben konnten. Mittlerweile strömen aber Wissenschaftler in die andere Richtung – vorrangig in die Bundesrepublik Deutschland, wo in Berlin und Essen eine Academy in Exile gegründet worden ist.

Aber der Reihe nach: In der Weihnachtszeit 2015 verschärfte sich der Kurdenkonflikt, den viele Intellektuelle in den Jahren davor für lösbar hielten. Die türkische Armee griff Stellungen der verbotenen Arbeiterpartei Kurdistans (PKK) an. Dabei kamen schätzungsweise rund 200 Menschen ums Leben. Der akademischen Initiative »Wir werden nicht Teil dieses Verbrechens sein« schlossen sich innerhalb kurzer Zeit mehr als 2000 Wissenschaftler an. Gegen einige Unterzeichner kam es zu Anklagen wegen »terroristischer Propaganda« und »Beleidigung der Türkei«. Nach dem niedergeschlagenen Militärputsch vom Juli 2016 gingen die türkische Polizei und Justiz dann massiv gegen Andersdenkende vor. Es kam zu Entlassungen und Verhaftungen, Fluchten und Asylanträgen, von denen überdurchschnittlich viele bewilligt worden sind. Da Asyl die Mobilität einschränkt, wurde die Academy in Exile 2017 gegründet. Durch Fellowships unterstützt sie verfolgte Wissenschaftler nicht nur aus der Türkei. Die unter anderen von der türkischstämmigen Literaturprofessorin Kader Konuk – die über Erich Auerbach geforscht hat – geleitete Institution ist mittlerweile weltweit das größte Institut für Türkeistudien außerhalb des Landes. Über eine Philipp-Schwartz-Initiative werden Fellowships von Stiftungen finanziert.

Im Gespräch betont Kader Konuk, dass die Migration weiblicher und gebildeter geworden sei. Die Ankommenden ähnelten eher den Dissidenten aus Osteuropa. Sie könnten das Bild der Türken in Deutschland, das vorrangig durch »Gastarbeiter« geprägt ist, verändern. Dass aber so viele nach Deutschland kommen, hat mit der großen türkischen Diaspora zu. Nach dem Anwerbeabkommen von 1961 kamen vor allem wenig Qualifizierte aus Anatolien, nach den Militärputschen, besonders nach dem von 1980, migrierten oder flohen auch viele Akademiker. Diese Verwandten und Bekannten im Ankunftsland geben den neu Ankommenden ersten Halt. Aufgrund elektronischer Kommunikationsformen driften Heimat und Exil heute nicht mehr so auseinander wie früher. Fast alle wollen zurück und eine andere Türkei aufbauen. Wann das sein wird, ist nicht abzusehen, aber das war es für die osteuropäischen Dissidenten in den Zeiten des Kalten Krieges auch nicht. Bei den Hitler-Flüchtlingen war die Lage anders: Viele hatten jüdische Wurzeln oder wurden von den Nazis zu Juden gemacht, hatten erleben müssen, dass Angehörige ermordet worden waren. Bei Ernst Engelberg lese ich: »Und so war es denn auch kein Zufall, dass ich gemeinsam mit Ernst Reuter zu den ersten gehörte, die nach Kriegsende die Rückkehr in die Heimat beantragten, oft zum Erstaunen türkischer Freunde. Warum hatten sie es denn eilig, in ein zerstörtes Land zu kommen? Ja, wir wollten es, denn wir waren nicht gegangen, sondern durch die Verhältnisse vertrieben worden.«

Freilich, die Zukunftsvorstellungen dieser beiden deutschen Vertriebenen lagen wohl ähnlich weit auseinander wie die vieler türkischer Flüchtlinge heute. Neben den intellektuellen Exilanten tummelten sich in Istanbul während der Nazizeit diverse Geheimdienste, die sich bekämpften, Flüchtlinge ermordeten oder entführten. Es war der Stoff für Eric Amblers Thriller wie *Die Angst reist mit*, den Orson Welles und Norman Foster bereits 1942 verfilmten. Einige Autoren nahmen solche Geschichten immer wieder auf; so publizierte Joseph Kanon 2012 seinen in den 1940er Jahren spielenden Spionageroman *Die Istanbul Passage*. Heute könnten derartige Geschichten zwischen Deutschland und der Türkei spielen. So entkam der Theologiedozent Adil Öksüz, der mittlerweile als Schlüsselfigur des 2016 gescheiterten Umsturzes gilt, unter mysteriösen Umständen ins Ausland. Gefunden hat man ihn noch nicht, aber es spricht einiges dafür, dass er sich in der Bundesrepublik aufhält. Die staatliche Nachrichtenagentur Anadolu veröffentlichte bereits seine angebliche Adresse in der Friedelstraße in Berlin-Neukölln. Andere behaupteten, er lebe in einer vom Bundesnachrichtendienst gesicherten Wohnung, und der türkische Präsident spekulierte vor laufenden Kameras, ob Öksüz nicht durch eine Operation herbeigeschafft werden könne. Can Dündar erinnert das alles an Geschichten aus dem Kalten Krieg.

Ein Gericht in Istanbul verurteilte Can Dündar am 22. Dezember 2020 zu 18 Jahren und 9 Monaten Haft wegen Spionage und zu weiteren 8 Jahren und 9 Monaten wegen Terrorunterstützung; also zu insgesamt 27 Jahren und 6 Monaten. Das entspricht in der Höhe ziemlich genau der Strafe gegen Nâzım Hikmet, der 1938 zu 28 Jahren Gefängnis verurteilt wurde. Für Dündar, der von dem Richterspruch im Berliner Exil erfuhr, bedeutet das, dass er nur nach einem fundamentalen Wandel in seine Heimat zurückkehren kann und er mehr als zuvor der Gefahr von Entführungen oder Anschlägen ausgesetzt ist. Die Welt, die einst seine war, ist äußerlich zerschlagen und lebt nur noch in seinem Innern fort. Erinnerungen ersetzen Erleben.

Mittlerweile ist Dündar durch seine Medienpräsenz zum Gesicht des neuen türkischen Exils geworden und kann dank der Digitalisierung anders als seine Vorgänger in die türkische wie die deutsche Öffentlichkeit wirken und für eine andere Türkei kämpfen. In ersten Stellungnahmen warnte er auf YouTube und anderen Kanälen vor weiteren Einschränkungen in seinem Heimatland. Gleichzeitig bat er um Spenden und kündigte am 29. Dezember 2020 an, dass seine Mitstreiter und er ihre Arbeit ausweiten und bald auch auf Deutsch ein breiteres Publikum im Exilland erreichen wollen. Seine eigene Geschichte verglich er mit einem Roman von John le Carré, der von illegalen Waffenlieferungen des türkischen Geheimdienstes an in Syrien kämpfende dschihadistische Verbände und die Folgen dieses Handels erzählt. Anlass für die Anklage gegen ihn war 2015 ein Beitrag über derartige Vorgänge gewesen. Die Behörden hatten daraufhin die gesamte Auflage der Tageszeitung *Cumhuriyet* eingezogen und ein Video auf der Webseite verboten.

Verflochtene und sich verstärkende Konflikte durchziehen die Türkei, ja die gesamte Region. Dass die gegenwärtigen Auseinandersetzungen die Überreste der alten Ordnung zerstören, darf wohl außer Frage stehen. Ein Bild des Künftigen ist bisher aber noch nicht zu erkennen. Gravierend dürfte sich die Ankunft von Fliehenden und Migranten aus den Kriegs- und Notstandsgebieten im näheren und weiteren Umfeld der Türkei auswirken, zumal nach den Zahlen der UNO-Flüchtlingshilfe die Türkei weltweit das größte Aufnahmeland ist. Etliche gehen davon aus, dass aufgrund der Dunkelziffer die registrierten 3,6 Millionen Flüchtlinge mehr als die Spitze des Eisbergs sind, aber das wahre Ausmaß bleibt verborgen. Zumindest mittelfristig dürfte die Zunahme von Akademikern und Hochqualifizierten, die ins Exil gehen, zum Problem werden.

Die Auswirkungen der derzeitigen türkischen Außenpolitik, die zwischen militärischer Drohgebärde und Hineinrutschen in einen Großkonflikt schwankt, ist noch nicht abzusehen. Mittlerweile kämpfen türkische Soldaten in Nachfolgestaaten des Osmanischen Reiches wie Syrien und Libyen. Selbst eine Auseinandersetzung zwischen Nato-Ländern wie der Türkei und Griechenland, Letzteres unterstützt von Frankreich, wird nicht mehr ausgeschlossen. Christopher Clark, der in den *Schlafwandlern* am Beispiel des Ersten Weltkriegs darstellte, wie große Kriege beginnen können, ist alarmiert angesichts der Ballung von Konflikten im östlichen Mittelmeer. Libyen, wo die Türkei und Frankreich, Ägypten und Russland agieren, ist für ihn eine »Katzenpfote, die geopolitisch schlechtes Wetter ankündigt«.[59]

Geschichte wiederholt sich nicht, aber an einigen Stellen sind die Ränder Europas traditionell anfällig für Variationen der immergleichen Geschichte. Es gilt die Politik der Nadelstiche und der Kriegsbeteiligungen der Türkei genau zu beobachten, solange an den gefährlichen Tendenzen möglicherweise noch etwas zu verändern ist. Was wir heute nicht erkennen oder gar verdrängen, entwickelt sich morgen zu Katastrophen.

Ob die erneute Nutzung der Hagia Sophia als Gotteshaus wie die Einverleibung der Krim durch Russland unumkehrbar sind, wie es nicht wenige Beobachter glauben, ist noch nicht entschieden. Richtig ist, dass eine neue politische Richtung in der türkischen oder russischen Politik wohl andere Prioritäten setzen müsste, aber es spricht wenig dafür, dass der letzte Wandel dauerhaft ist. Als die Krim im 18. Jahrhundert erstmalig russisch wurde, flohen viele Muslime ins Osmanische Reich. Momentan beobachten wir ein autoritäres Doppelspiel von religiösem Revival und gigantomanischer Modernisierung – in der Türkei wie in Russland. Die 2019 eröffnete Krim-Brücke über die als Straße von Kertsch bezeichnete Meerenge steht für Letzteres. Wenig spricht dafür, dass die Region, die geologisches wie historisches Risikogebiet ist, sich beruhigt.

Die EU lagert innere Widersprüche derweil aus. Da eine massive Aufnahme von Flüchtlingen und Migranten ohne einen radikalen Umbau zu einem fundamentalen Konflikt führen würde, trifft man mannigfaltige Maßnahmen zur Abwehr. Die reichen von Überwachungen im Vorfeld bis zu Lagern, die sich verfestigen und die nach Michel Agier, einem der weltweit führenden Experten für das

Archipel Flüchtlingslager, zunehmend dazu dienen, »unerwünschte Menschengruppen jeglicher Art zu parken und unter Bewachung zu halten«.[60] Die darauf verwendeten Mittel und Energien sollen den Ländern an den Rändern Europas, wozu auch EU-Länder wie Griechenland gehören, helfen, ihre enormen inneren Probleme abzumildern.

Während in der EU die Angst vor dem Islam wächst, nimmt dessen Gewicht in etlichen Übergangsregionen wie der Türkei zu. Ähnlich ist es bei der Orthodoxie. Interessenkonflikte um Rohstoffe und Einflüsse drohen. Eine Synthese, eine Lösung ist nicht in Sicht. Eine große Katastrophe ist möglich, aber nicht unausweichlich.

Immer mehr Fliehende, die immer mehr »Boten des Unglücks« (Brecht) sind, zeugen von den wachsenden inneren Widersprüchen in ihren Herkunftsländern. Eine Grammatik der Weltkrise findet sich in den Biografien der Ankommenden. Ein Weiter-So wird bald unmöglich sein. Noch aber hat die Gestalt des Neuen die Bühne nicht betreten. Was heute noch verborgen ist, kann morgen erscheinen.

WIE ZEIGT SICH DAS NEUE RUND UM DEN ALTEN DJEMAA EL FNA?

Den Orientalismus für ebenso anachronistisch halten
wie den Okzidentalismus. Das ist der einzige Vorzug:
Im Nebeneinander zeigen die Dinge ein anderes Gesicht.
Schweigen wir von der Wahrheit.

CHRISTOPH LEISTEN, 2005

Der Westen ist kleiner und größer als Europa, da Russland nicht zu ihm gehört, aber die USA oder auch Australien. Alles deutet darauf hin, dass er in der entstehenden multipolaren Welt des 21. Jahrhunderts einen Machtverlust erleiden wird. Solche Statusverluste bringen Überreaktionen und Hysterien hervor, wie etwa die Träumereien in England von einer Wiederbelebung des alten Commonwealth. Vermeintliche oder echte Herabsetzungen sind ein Quell der Gewalt von Kain und Abel bis heute. Von der Umgestaltung der Welt durch den Westen, die sich im 19. Jahrhundert im vollen Mittagslicht vollzog, hat heute – in der Abenddämmerung oder in einer vorübergehenden Sonnenfinsternis – die Globalgeschichte viel zu erzählen. Der Westen prägte die Bilder von den anderen Kontinenten. Der palästinensische Auswanderer Edward Said hat diese Dominanz in seinem 1978 publizierten und bis heute nachklingenden Werk *Orientalismus* stark kritisiert.

Die romantische Vorstellung von der afrikanischen Welt, die etwa Eugène Delacroix in seinen Gemälden und Skizzen zum Ausdruck brachte, beruhte auf einer Reise nach Marokko – finanziert von Mäzenen, die ihren Reichtum durch die europäische Expansion vermehrt hatten. Zahlreiche Epigonen folgten dem Franzosen auf diesem Weg. Auch in anderen Medien spiegelte sich diese Romantik, etwa in den Bestsellern von Pierre Loti, die um die Wende zum 20. Jahrhundert erschienen. Zu dieser Zeit war die Avantgarde schon von der nichtweißen Kunst fasziniert. Es war ein entscheidender Einbruch Afrikas in die westliche Vorstellungswelt, doch es dauerte noch lange, bis die Vertreter Afrikas in der weißen Welt anerkannt waren.

Als – und hier kommen wir in unsere Epoche – Wole Soyinka im Jahr 1986 als erstem Vertreter der afrikanischen Literatur der Nobelpreis verliehen wurde, bekundeten westliche Literaturpäpste deutliches Unbehagen, dass ein in unseren Breiten Unbekannter derart gewürdigt wurde.

Unter einem afrikanisch blauen Himmel rauscht auf einer europäisch wirkenden Autobahn ein vollklimatisierter Van in Richtung Marrakesch. In der Ferne tauchen ockerfarbene Ruinen aus Lehm auf, die sich beim Näherkommen als Dörfer erweisen. Auf Feldern wird gepflügt – mit Eseln. Mittelalter und Moderne reiben sich hier wie die Kontinentalränder. Das alte Agadir verschwand im Jahr 1960 bei einem Erdbeben. Die heutige Touristenhochburg entstand neben den Trümmerbergen. Brachflächen weiten die weiße Plattenbaustadt mit ihren kilometerlangen Sandstränden am Atlantik. Weil Seuchen drohten, konnten viele Tote nicht geborgen werden, und da nach islamischem Recht frühestens nach siebzig Jahren auf Gräbern gebaut werden darf, findet der Reisende mitten in der Stadt wüstes Wiesenland, auf dem sich verschlungene Pfade zwischen den Resten von Grundmauern winden. Agadir, das ist ein Ort des Nebeneinanders von uralten religiösen Traditionen und moderner eintöniger Architektur.

Das Atlasgebirge türmt sich im Hintergrund immer mächtiger auf. Die Arganbäume, in deren Astwerk die Ziegen der Früchte wegen klettern, prägen die Landschaft immer weniger und verschwinden endlich ganz. Der Van fährt durch eine Mittelgebirgslandschaft, die in der Ferne ins Hochgebirge übergeht. Das afrikanische Licht gleißt auf schneebedeckten Gipfeln. Schließlich ist die Hochebene mit den stolz in den Himmel ragenden Palmen erreicht. Alpen mit Palmen, das ist für den Europäer Vertrautes neben Fremdem.

Die Gegend wird so steppenartig karg wie die biblische Landschaft, in der Kain und Abel lebten – tatsächlich drehte man hier Bibelfilme –, oder die Umgebung von Las Vegas, an die sich die amerikanische Familie in Alfred Hitchcocks Thriller *Der Mann, der zuviel wusste* erinnert fühlt. Religion und Glücksspiel – beides werde ich auf dem Djemaa el Fna antreffen. Schließlich passieren wir die letzte

Mautstelle der Autobahn. Der Verkehr ist bunt gemischt, von Esels-karren bis zu Limousinen der S-Klasse bewegt sich alles auf der unebenen Straße fort. Ich muss mich der Kutscher erwehren. Sie wollen mich in ihre Droschken verfrachten und durch die Altstadt von Marrakesch fahren, die ich mir aber unbedingt erlaufen will. In der Ferne höre ich bereits das rhythmische, hypnotisierende Wummern der Gnaoua-Trommeln vom Djemaa el Fna. Er formte das Bild vom anderen, vom Fremden, vom Orientalen. Aber erst im letzten Jahrzehnt kam es dazu, dass Menschen von dort die Bilder von dem Platz mitbestimmen. Erst geraume Zeit nach meiner Reise verstand ich, dass ich einen Übergang erlebt habe.

Während bei Hugo von Hofmannsthal, der Nordafrika 1925 bereiste, die labyrinthische Anlage der Königsstädte Marokkos mit ihren vielen Sackgassen eine »Urerinnerung« hervorrief, die »Griechenland und Rom und das arabische Märchenbuch und die Bibel«[61] vereint, löste sie bei Elias Canetti ein Gefühl der Fremdheit aus. Richtig warm wird er nur mit der Mellah, dem jüdischen Viertel von Marrakesch. Gerade wegen dieser unterschiedlichen Wahrnehmung treten beide Schriftsteller hervor in der langen Reihe der Autoren und Regisseure, die sich in Marrakesch Europa und Orient erzählend näherten. Keine Stadt des Maghreb wurde öfter beschrieben als Marrakesch, kein Ort mehr beschworen und gefilmt als der geschichtenumwobene Djemaa el Fna.

Das jüdische Viertel, das Canetti 1954 sah, gibt es so nicht mehr, denn die meisten Einwohner wanderten nach Israel aus, da der Druck auf die Juden beständig zunahm und schließlich so stark wurde, dass man von Flüchtlingen sprechen muss. Das gilt für eine Vielzahl der Juden aus dem Maghreb, ja aus der gesamten arabischen Welt. Spuren dieser Migranten zwischen Bagdad und Marrakesch findet man überall in Israel. Die La Dschariba genannte Synagoge in Akko, die tunesische Juden 1955 gründeten und mehr als ein halbes Jahrhundert lang mit Mosaiken eindrucksvoll ausschmückten, ist anziehend, aber die größte Wirkung erzielten die Migranten auf einem anderen Gebiet: Sie brachten die Rezepte ihrer Heimat mit. So findet der Reisende selbst in Rechavia, einem Stadtteil von Jerusalem, das Thomas Sparr als »Grunewald im Orient« charakterisierte, Speisen wie in

Marrakesch. Die viel beschworene Vielfalt ist nicht nur ums Mittelmeer mit Flucht und Vertreibung verbunden.

Die marokkanischen Mellahs werden heute vorwiegend von Muslimen bewohnt. Doch vieles von dem, was in *Die Stimmen von Marrakesch* beschrieben wird, hat sich kaum geändert: »Es gibt Preise für einzelne Gegenstände und solche für zwei oder mehrere zusammen. Es gibt Preise für Fremde, die nur einen Tag in der Stadt sind, und solche für Fremde, die hier schon drei Wochen leben. Es gibt Preise für Arme und Preise für Reiche, wobei die für die Armen natürlich am höchsten sind. Man möchte meinen, dass es mehr verschiedene Arten von Preisen gibt als verschiedene Menschen auf der Welt.«[62]

Ungewöhnlich oft wird man als westlicher Besucher angesprochen, ob man etwas kaufen will, einkehren möchte, einen Stadtführer wünscht. Canetti suchte einen Begleiter loszuwerden, der sich aufdrängte, ihm schattengleich folgte und ihn beschwatzte: »Wie bringe ich ihn dazu, dass er mich nirgends hinführt? Aber er hatte beschlossen, sich mir nützlich zu erweisen, und die Entschlossenheit eines dummen Menschen ist unerschütterlich.«[63] Wahrscheinlich muss man eines »armen Menschen« hinzufügen. Mit Tricksereien kam Canetti jedenfalls nicht weiter, und auch ich muss die Grenze zur Unhöflichkeit überschreiten, um in Ruhe gelassen zu werden bei dem, was ich tun möchte: beobachten, vergleichen und nachsinnen.

Wenn die Dämmerung und die Rauchschwaden aus den Garküchen den Platz nicht gnädig verhüllen, wenn er im hellen afrikanischen Licht daliegt, bemerkt man seine architektonische Armseligkeit. Soweit man schaut, kein Gebäude von Rang, in der Nähe nur ein Minarett von unverschämter Schlichtheit, das zur Koutoubia-Moschee gehört. Sie verbindet Marrakesch insgeheim mit Europa, mit dem Markusplatz in Venedig. So wie der Reisende dem Markusturm ähnliche Campanile in Rovinj, Piran und anderen Orten Istriens findet, die einst zur Republik Venedig gehörten, so überdauerten Minarette aus der Zeit des maurischen Reiches, die dem der Koutoubia-Moschee nachempfunden sind, im heutigen Spanien.

Der Tourist, der über den Platz schlendert, taucht in der Literatur bei Hubert Fichte auf. In seinem letzten, 1985 druckreif abgeschlossenen Manuskript komponierte der Schriftsteller Fragmente aus dem Jahr 1970 zu einem eigenwilligen Text, den er Roman nannte. Er ist ein Teil des durch den Aidstod des Verfassers im Jahr 1986 unvollendet gebliebenen Erzählzyklus *Geschichte der Empfindlichkeit*, in dem die Welt mit einem ethnologischen und zugleich poetischen Blick betrachtet wird. Der Autor meinte, der Titel hätte auch lauten können: »Die touristische Entwicklung in der zweiten Hälfte des 20. Jahrhunderts.«[64] Zur Entwicklung im neuen Jahrtausend notiert dann Christoph Leisten: »Wie viele Photos gibt es an einem Tag? Hunderttausende? Wann überschreitet ihre Zahl die Million?«[65]

Seinem sogenannten Roman gab Fichte den martialischen Titel *Der Platz der Gehenkten*, eine Bezeichnung, die häufig für den Djemaa el Fna verwendet wird. In grauer Vorzeit sollen auf dem Platz die Köpfe von Hingerichteten ausgestellt worden sein. Wahrscheinlich vermischen sich hier Legenden und Übersetzungsfehler. Fichte meint, es müsste »Platz der Toten« heißen.[66] Leisten glaubt dagegen mit »Platz der Entwerdung« genau, wenn auch unpoetisch übersetzt zu haben, weshalb er sein Buch über diesen Platz *Marrakesch, Djemaa el Fna* nennt.

Entwerdung ist der Ausdruck für die Endstufe, die der muslimische Mystiker anstrebt: das Aufgehen in den Eigenschaften Gottes, schließlich im Sein Gottes. Das Zweideutige des Platzes spiegelt sich damit auch in der Namensdeutung und reicht eben von den Köpfen hingerichteter Verbrecher bis zur göttlichen Vereinigung.

Das Widersprüchliche fing Hubert Fichte in Miniszenen und Monologen ein, in Sprichwörtern und Fragmenten, denen er jeweils eine Seite einräumt. Es gibt etliche Seiten, die nur mit einem Satz bedruckt sind. Über einen Schuhputzer heißt es, er »massiert zärtlich durch das Schuhleder hindurch meine Füße. In den Außenwinkeln seiner Augen sehe ich die Verachtung und die Unterwürfigkeit und die Angst. Und das, was man Brutalität nennt.«[67]

Wie bei Hugo von Hofmannsthal entstehen auch vor Hubert Fichtes geistigem Auge immer wieder Bilder aus der Urzeit der Kultur: »Ich sehe von oben auf den Platz der Gehenkten. Auf Osiris, Antigone und Ödipus, auf Orpheus und Jeremia«[68] – eine ägyptische Gottheit, griechische und biblische Gestalten.

Kein Urbild, nichts Ewiges gewahre ich, als ich über den Platz gehe, sondern eher ein Neben- und Durcheinander von Archaischem und Hypermodernem – Einsprengsel der Geschichte auf einem Platz mit Geschichten. Es gibt wohl wenige Orte, wo man stärker über das Verschwimmen von Realem und Vorgestelltem, Traum und Wirklichkeit nachsinnen kann. Dies ist der erste Platz, den die UNESCO in das immaterielle Weltkulturerbe aufnahm.

Was heißt hier Platz? Unklar ist, wo er anfängt und wo er endet. Vieleckig franst er in den Basar aus, der arabisch Souk heißt. »In Wahrheit sind es die Menschen, die seine Architektur bestimmen, nicht die Mauern«, lese ich bei Leisten.[69] Da sind die drängelnden Menschenscharen um Garküchen und Orangensaftverkäufer und jene Menschenkreise – *halqa* genannt – aus Zuhörern und Zuschauern, Stichwortgebern und Mitspielern, die sich um konkurrierende Gaukler und Akrobaten, Schlangenbeschwörer und Tänzer, Geschichtenerzähler und Clowns bilden. Nein, an die Bibel oder Griechenland denke ich nicht. Dass mir wie in Hitchcocks Film ein Mann mit einem Messer im Rücken entgegentaumelt, erscheint mir wahrscheinlicher, als dass Antigone und Ödipus vorübergehen, wie Fichte schrieb.

Beim nächsten Besuch, als ich einzelne Gesichter – Araber, Berber, Schwarzafrikaner – betrachte, Musiker, die wie entfesselt auf Fasstrommeln, die Tbals, schlagen, und andere, die ein Sintir oder Gimbri genanntes dreisaitiges Zupfinstrument spielen, wozu metallen die Qargabas klappern, kommen mir allerdings Bedenken. Wäre es nicht passend, mit ihnen eine griechische Tragödie aufzuführen? Vielleicht wäre ein Antikenstück Heiner Müllers sogar noch besser, denn dieser ist modern und archaisch wie der Djemaa el Fna.

Der Cognac spült den Koran nicht mehr weg, wie Fichte glaubte. Bars mit Altären von Hochprozentigem findet man wenige Schritte entfernt von Teestuben, in denen nicht einmal ein Leichtbier ausgeschenkt wird. Man sieht Mädchen verschleiert bis bauchfrei, und dennoch: Der Islam ist unübersehbar die Religion der meisten Einheimischen. Cognac und Koran, Nacktheit und Schleier sind starke Gegensätze, die einander in Schach halten. In Marrakesch können fast Nackte am Swimmingpool Verschleierte in eine Moschee gehen sehen und umgekehrt. Dicht vor Augen, aber sprachlos türmen sich eskalierende Vorurteile. Ekstatisch wirbeln die Tänzer und Tänzerinnen und locken westliche Besucher. Man sieht Beobachter, die Fotos machen, und andere, die den Kopf schütteln. In dem bunten Treiben kann man teetrinkend verweilen, Abstand nehmen vom Wirbel der Welt. Der marokkanische Tee, der hier überall angeboten wird, ist eigentlich chinesischer grüner Tee mit Krauseminze – in kein anderes Land exportiert China so viel davon.

»Die Eile ist vom Teufel, die Ruhe aber von Gott«, lautet ein afrikanisches Sprichwort. Christoph Leisten, der sich seit Jahrzehnten vom Djemaa el Fna inspirieren lässt, erzählt, dass seine Frau hin und wieder orientalische Stoffe in dem in den Platz übergehenden Basar kauft, immer im selben Laden. Nach etwa zehn Jahren kommt das Ehepaar ins Gespräch mit einem Freund des Ladenbesitzers, der die beiden zum Mittagessen zu sich nach Hause einlädt. Er wohne in der Nähe. Am vereinbarten Tag wollen sich die Leistens mit einem Taxi dorthin fahren lassen. Doch der Fahrer erklärt, die genannte Adresse gebe es weder in Marrakesch noch in der Umgebung der Stadt. Bei der Post finden sie schließlich heraus, dass es die Adresse gibt, aber 180 Kilometer entfernt. Sie rufen an, und man teilt ihnen mit, dass sie erwartet werden. Mit einem Sammeltaxi würden sie in drei Stunden da sein. Da die traditionelle Tajine, ein aus Lehm gebranntes Schmorgefäß, Mahlzeiten bis zu drei Stunden warmhält, kann das Essen sofort nach ihrem Eintreffen aufgetragen werden. Man spricht weder über die Verspätung noch über die unerwartete Entfernung.

Max Weber machte die protestantische Ethik verantwortlich für die Entwicklung des Industriekapitalismus. Müssen die Afrikaner nicht endlich aufholen, oder sollten wir auch etwas von den Marokkanern übernehmen und nicht nur diese alles von uns? Es sind Fragen, die immer wieder gestellt werden, etwa von Historikern der postkolonialen Geschichtsschreibung, die aber selbst unter deren Vertretern hart umkämpft sind und letztlich unbeantwortet bleiben. Der vielgestaltige weltumgreifende Kapitalismus universalisiert die Marktabhängigkeit, aber er uniformiert nicht alle kulturellen Unterschiede. Erstere wird verstärkt durch Spaltungen von oben, die überkommenen Identitäten und ethnischen Verbindungen dagegen durch die von unten.

Das labyrinthische Zentrum von Marrakesch ist der exotische Teil, aber es gibt etliche moderne Viertel, auch welche, die aus der französischen Kolonialzeit stammen. Es ist das Bestimmende vieler Städte an den Rändern Europas. Sie haben nichtwestliche Viertel, sie haben Teile, die stark von den in der jeweiligen Region prägenden Zentralmächten bestimmt sind, und sie sind – schwankend nach Krisen und suchend nach offenen Wegen – Transiträume für Flüchtlinge und Migranten. Für einige werden sie auch Ankunftsstädte. In der Regel kommt man aber, um weiterzuziehen.

Solche Städte kann man als punktierte Linie im Süden und Osten Europas finden – in Nordafrika, im Nahen Osten bis hinter den Kaukasus. Auch Baku, die Hauptstadt Aserbaidschans, wuchs wie ein Baum um eine – für westliche Besucher – irrgartenartige Altstadt mit arabesken Karawansereien und dem wahrzeichenhaften Jungfrauenturm. Darum angelegt ist als nächster Ring die imposante Ölstadt aus der Spätphase des Zarenreiches mit geschmackvollen Jugendstilgebäuden und breiten Boulevards. Eine Stadt mit europäischen und orientalischen Einflüssen: Das eine Dach ähnelt einer Gründerzeitvilla in Berlin, während das Gegenüber mit Arabesken verziert ist. Es ist ein Viertel des Industriekapitalismus, eines von Geschäftsleuten mit Besitz und Bildung. Die Familie Nobel scheffelte hier Millionen. Hieran schließt sich sowjetische Architektur an – vom Stalin'schen Zuckerbäckerstil mit orientalischer Prägung bis zur Eintönigkeit der Plattenbauten. Mittlerweile entstehen in solchen Städten zunehmend spektakuläre Bauten, die hart mit der nahen Armut kontrastieren. In Baku sind es die Flammentürme, drei wie lodernde Flammen profilierte Hochhäuser mit Spiegelfassaden und ohne rechtwinklige Formen, die auch in die irreal wirkende Neustadt des kasachischen Astana passen würden oder in die Städte der Vereinigten Arabischen Emirate. In Marokko wiederum baut eine Gesellschaft aus Dubai den Al Noor Tower, der das höchste Gebäude Afrikas werden soll.

An der tourismus- und businessabgewandten Seite dieser Städte findet man dagegen slumartige Armut. In Baku war der Mitarbeiter einer deutschen Stiftung für mich der Türöffner in diese Viertel. Er führte mich zu Flüchtlingen aus Bergkarabach, die Anfang der 1990er hierher flohen. Manche zogen inzwischen weiter gen Westen. Meine

Heimatstadt Berlin gehörte zu den Sehnsuchtsorten, die ihre Fantasie anregten. Wie viele werden nach dem neuen Krieg 2020 mit erheblichen Gebietsgewinnen für Aserbaidschan nach Bergkarabach zurückkehren? In Marrakesch werde ich zu Menschen geführt, die in überfüllten Räumen hausen, die Gänge dazwischen vollgestellt mit Kochgeräten, und die alle eines wollen: weiter nach Europa. Mein afrikanischer Türöffner ist Mahi Binebine, ein illustrer Vertreter der neuen Weltliteratur, die für die Literaturkritikerin Sigrid Löffler eine Migrantenliteratur ist. Wem diese Einordnung zu einseitig erscheint, der wird doch immerhin zustimmen, dass der Migrant »zur Leitfigur der mobilen Moderne avanciert. Dies konnte deshalb geschehen, weil die Welt in Bewegung geraten ist wie nie zuvor.« Die neue Weltliteratur ist verbunden mit den großen Städten, denn dort »grenzt das Archaische unmittelbar an das Ultramoderne – und das bietet ergiebigen Erzählstoff«.[70] Ein Gegenpol zu dieser Welt in Bewegung sind neue Staaten, oftmals entstanden sie aus Kolonien. Sie reichen von Island über Marokko bis hin nach Israel. Hier ist die neue Weltliteratur auch Nationalliteratur, oft geschrieben von Rückkehrern.

Wer die Dimension der Flucht- und Migrationsgeschichten in unserer Zeit jenseits von Statistiken und Teilstücken erfassen will, kommt an den Vertretern dieser neuen Weltliteratur nicht vorbei. Die Ankommenden kennen die Ankunftsländer nicht oder nur rudimentär. Retter, Ärzte oder Behördenvertreter urteilen immer nur nach dem, was ihnen vorgetragen wird und für das Bleiben hilfreich ist. Was über diese Version hinausgeht, reimen sie sich aus Bruchstücken zusammen. Mittlerweile nehmen sich Schriftsteller in aller Welt dieses Themas an, aber es bleibt eine Tatsache, dass Autoren wie der Marokkaner Mahi Binebine mit *Willkommen im Paradies* die ersten waren. Sie inspirierten dadurch andere Künstler, etwa Filmemacher. Deren Werke sind inzwischen nicht mehr nur in kleinen Programmkinos zu finden, sondern auch in großen Medienunternehmen wie Netflix.

Die Kindheit und Jugend des 1959 geborenen Binebine hat viel von einem Shakespeare-Stück. Sein Vater war ein Vertrauter von

König Hassan II., sein Bruder Aziz jedoch als junger Offizier 1971 in das Attentat auf den Monarchen verstrickt. Zwanzig Jahre verbrachte er im Gefängnis, davon achtzehn in einem dunklen, stickigen Betonloch, wo es wenig zu essen gab und den Gefangenen die Kälte des Atlasgebirges schwer zu schaffen machte. Aziz gehört zu den wenigen, die die Haft in Tazmamart, die einer langsamen Todesfolter glich, überlebten. Als ich Mahi Binebine in seinem Atelier besuche und die zusammengekauerten, gekrümmten, einsamen Gestalten auf seinen Bildern betrachte, ahne ich etwas von der dunklen Quelle seiner Kunst. Die meisten Betrachter werden sich aber an die Bettler und Kranken auf dem Djemaa el Fna erinnert fühlen.[71]

Auf Fragmente der langen Geschichte von Flucht und Migration kann man vielerorts stoßen, die ganze Geschichte erfährt man allerdings nur aus Werken wie *Willkommen im Paradies*: In der Nacht harrt eine kleine Gruppe am Strand aus. Sie wartet auf einen günstigen Zeitpunkt zur Überfahrt. Den Schleuser nennen sie Chef. Sie kommen aus Mali, Algerien oder dem mittleren Atlas, und sie kommen nur aus einem einzigen Grund: Von hier soll man momentan am leichtesten nach Europa gelangen. Im Dorf des Erzählers hatten die Alten das Meer als einen Himmel aus Wasser beschrieben. Es schäumt, so hörte er, über riesigen Wäldern bewohnt von Ungeheuern und Fabelwesen. Der Erzähler gehört nicht zu den ganz Armen, aber auch er hat das Meer noch nie zuvor gesehen. Während er auf die Überfahrt wartet, erinnert er sich, wie er mit anderen Rotznasen vor Wonne jauchzend Bettler verspottete und bestahl. Sie wussten damals nicht, was sie taten. Weiß er es jetzt?

Die Menschen am Strand beobachten die Brandung, sie sind erschöpft und frieren. Ein Baby wimmert und schreit durchdringend. Erst als Mutter und Kind unter einem umgedrehten Boot Schutz finden, wird es still. Wie ein Grab, denkt er. Einige erzählen von ihren Schicksalen. Einer schuftete zehn Jahre illegal in einem Pariser Restaurant und hauste dort in einem sechs Quadratmeter großen Hinterzimmer. Er gilt als »Verstoßener Europas«, da er bereits dreimal abgeschoben wurde. Nun will er die gefährliche Überfahrt zum vierten Mal riskieren, denn für ihn waren die Jahre in Paris eine Zeit des Glücks. Es werden verborgene Netzwerke und Beziehungsgeflechte sichtbar, die sich über Ländergrenzen erstrecken. Restaurants in Paris, die profitabel sind dank illegaler Arbeitskräfte aus Nordafrika. Stafetten von Menschenschmugglern, die Flüchtlinge über Grenzen bringen und dann an andere Schlepper übergeben. Ankommende wechseln zuweilen die Seiten und werden selber zu Schleusern, »wie ein Fußballspieler, der Trainer wird«.

Diese Netzwerke enden nicht an den Außengrenzen der EU, sondern dehnen sich quer über den Kontinent aus bis hoch nach Großbritannien und Skandinavien. Die Flüchtlinge werden Harragas genannt, ein Begriff aus dem Arabischen, der sich mit »diejenigen, die verbrennen« übersetzen lässt. Gemeint ist damit die Vernichtung der Ausweise. Einer dieser Harragas im Roman träumt davon, als illegaler Tellerwäscher in Paris nicht von Polizisten aufgestöbert zu werden, bis er eine Aufenthaltsgenehmigung ergattert hat. Dann würde er aufsteigen, würde als Straßenverkäufer im Winter Crêpes und im Sommer Eis anbieten. Solange das ein Traum bleibt, suchen ihn nachts Albträume heim.

Viele der nichtautorisierten Fremdenführer auf dem Djemaa el Fna wollen Geld für die Überfahrt übers Mittelmeer verdienen. Wer es schließlich ins Paradies Europa schafft, verkauft dort oft gefälschte Lacoste-Polohemden, deren Krokodillogos in Süditalien hergestellt und die genäht werden in chinesischen Nähstuben im dreizehnten Pariser Arrondissement.

Cannibales, der Originaltitel von *Willkommen im Paradies*, spielt auf Michel de Montaignes Kannibalenessay (*Essais*, Buch I, 31) an, in dem der genialische Erfinder dieser Literaturgattung im 16. Jahrhundert versucht, die damals fremde Welt Amerikas zu begreifen und zu erkunden, was man unter Barbarei versteht. Wer bedenkt, dass der arabischstämmige Künstler Mahi Binebine auf Französisch an der amerikanischen Ostküste in East Hampton sein Erzählwerk über die Flucht und das Sterben im Mittelmeer schrieb, entdeckt eine Vernetzungsgeschichte. Die neue Weltliteratur ist mit der alten oft verbunden und sie ist dadurch zugleich intellektuell anspruchsvoll und emotional fesselnd. Sie ist, wie Shakespeare Hamlet sagen lässt, »abstract and brief chronicles of the time«. Ganz allmählich lösen Kulturschaffende wie Mahi Binebine nicht nur ihre westlichen Vorgänger in ihren Heimatländern ab, sondern werden zu einem wesentlichen Teil der globalen Kultur. Im Bereich der Musik erzielen sie bereits enorme Breitenwirkung, noch wichtiger ist aber möglicherweise ihr Wirken in der Zivilgesellschaft. So gründete Mahi Binebine zusammen mit anderen ein Kulturzentrum für Slumkinder, damit diese nicht in die Fänge von Islamisten geraten. Es findet ein kultureller Aufstand der Ränder gegen die Zentren statt, und es werden dabei entscheidende Fragen gestellt: Wie können die Abgründe überbrückt werden? Wie schafft man es vom Nebeneinander zum Miteinander und verhindert so, dass Bedrohungen und Krisen zum Kampf gegeneinander werden?

Gerade Intellektuelle, die als Flüchtlinge oder Migranten im Westen gelebt haben, die in ihre Herkunftsländer zurückgekehrt oder zu Pendlern geworden sind, wissen: Ohne Grenzen keine politische Einheit, ohne Einwanderung keine gesellschaftliche Bewegung, ohne Asylrecht keine humanistischen Werte.

Die Augen geöffnet und den Weg zur Kunst gewiesen hat dem Remigranten Mahi Binebine der spanische Schriftsteller Agustín Gómez-Arcos, der während der Franco-Diktatur im Exil in Paris lebte. »Er war sehr links und radikal und ermunterte mich. Ich schrieb ein Kapitel, und er korrigierte es. Er riet und erklärte mir, aus welcher Perspektive man eine Situation erzählen kann.« Der Künstler erläutert es an seinem Roman *Die Engel von Sidi Moumen.* Er handelt von einem Selbstmordattentat, erzählt aus einer irrealen Position: Es ist der Monolog eines toten Täters. »Es ist von Anfang an klar, dass es zum Attentat kommt und dass viele Menschen umkommen. Ich überlegte lange – und das lernte ich von Agustín Gómez-Arcos –, welche Perspektive ich wähle. Ich wollte diese Leute als Täter und Opfer zeigen. Zwischendurch unterbrach ich die Arbeit, weil ich befürchtete, sie würde als Rechtfertigung für Selbstmordattentate gelesen werden. Aus der Perspektive des toten Täters erzählt, weiß der Leser von Anfang an, dass Schreckliches passiert, findet aber auch Verständnis für diesen Jungen, hofft, dass es doch eine andere Auflösung gibt als die schreckliche Tat. Dass er die Bombe nicht zündet.«

Dreierlei Kräfte machen für Mahi Binebine die in Elendsquartieren aufgewachsenen Täter zu Opfern: Der Staat, der diese Armut zulässt, die Bourgeoise, die ihnen keine Chance gibt, die Salafisten, die ihnen die terroristischen Gedanken einpflanzen und sie benutzen. »Wenn ich an einem solchen Ort aufgewachsen wäre, hätte ich auch den Weg eines Selbstmordattentäters einschlagen können.« Im Roman spricht der Ich-Erzähler davon, dass ihm und seinen Freunden das »bittere Gefühl der Demütigung« zum integrierenden Teil des Lebens geworden ist, »wie das Hässliche, das uns überall umgab, wie das verdammte Schicksal, das uns wehrlos dieser namenlosen Verwahrlosung auslieferte«. Mahi Binebine erlebte Menschen, die ihr Land nicht kennen, ja nicht einmal ihre Stadt, sich aber wie selbstverständlich auf das Leid der Muslime in Tschetschenien oder Palästina berufen. »Sie kennen das nur aus der Indoktrination durch die religiöse Mafia der Salafisten.«

Marokko ist ein Land der Gegensätze. Ein entfesselter Kapitalismus trifft auf archaisches Mittelalter. Wie lange kann das Land dies noch verkraften?

»Die Gegensätze sind extrem. Die Zahl der Armen ist hoch. Offiziell heißt es, der Durchschnittslohn beträgt 200 Euro, ich glaube, 100 Euro sind realistischer. Aber jene Menschen, von denen ich schreibe, bekommen noch viel, viel weniger. Ihre Quartiere sind von hohen Mauern umgeben. Man kann auch nicht einfach hineingehen, es ist zu gefährlich. Mithilfe eines befreundeten Journalisten, der das Vertrauen der Einwohner von Sidi Moumen besitzt, lernte ich solche Leute kennen. Schließlich erzählten sie mir Geschichten. Durch meine Gemälde und meine Romane kenne ich beide Welten, kann die Grenze zwischen den ganz Reichen wie den ganz Armen überschreiten.«

Als wir Binebines Atelier in seinem Geländewagen in Richtung Djemaa el Fna verlassen, zeigt er auf Graffiti am Straßenrand, die er und seine Künstlerfreunde geschaffen haben. Davor sei da nur weißer Beton gewesen. Der stämmige, gern und viel lachende Mann, der zu feiern versteht, führt eine Künstlerexistenz, aber ohne sich Boheme-Attitüden zu leisten. Jeden Morgen bringt er seine jüngste Tochter in die Schule, dann widmet er sich in seinem Atelier beinahe täglich den Bildern und Skulpturen oder beschäftigt sich am Schreibtisch seiner Stadtwohnung mit Prosa. Ein marokkanischer Preuße, der lustvoll und diszipliniert arbeitet.

Sobald ich als Fremder ausgemacht bin, werde ich an den Souvenirständen in der Altstadt von Marrakesch angesprochen, mit Gesten zum Schauen und Verweilen aufgefordert. Finger beschreiben eine imaginäre Linie und suchen den Blick auf die Waren zu lenken. Ein Ortskundiger hatte mir geraten, mehr gestisch zu verneinen. Und tatsächlich, ein erhobener Zeigefinger, der sich wie ein Scheibenwischer bewegt, wirkt mehr als Worte. Wo Fleisch feilgeboten wird, halbe Ziegen und anderes, kann ich ungestört verweilen. Das Warenangebot wird großenteils zu Hungerlöhnen produziert, die Teppiche etwa in den ruinenähnlichen Dörfern, die Taschen in der chinesischen Provinz oder in Gefängnissen. Die Verkäufer wiederum müssen vieles entbehren. Ihre mit kunstvoll drapierten Waren vollgestellten Buden nennen sie »Grabmäler auf Lebenszeit«. Dennoch verbreiten sie eine Lebensfreude, die anrührt. Der Werbeslogan für einen Roman von Mahi Binebine lautete: »Die Hölle war nicht traurig«.

Auf der anderen Seite franst der Platz in verkehrsreiche Straßen aus. Die Ampeln werden nur in bestimmten Vierteln von Marrakesch beachtet, das Hupen ist weniger Protest als die Aufforderung, beachtet zu werden. Vom Eselskarren bis zum Bus, vom Fußgänger bis zum Fahrradfahrer beobachtet jeder mehr die anderen Verkehrsteilnehmer als die Einhaltung von Regeln, wie es in Europa üblich ist. Hier kommuniziert man, achtet auf den anderen, schlängelt sich durch das Heer der Fahrenden. Das Chaos erweist sich als eine andere Art von Ordnung.

Erst in der Rückschau wird mir bewusst, dass an den Rändern Europas der Vorwurf des Europazentrismus schwächer ist als in den Metropolen des Kontinents. Diese Erkenntnis erwuchs nicht nur im Austausch mit Ausnahmegestalten wie Mahi Binebine, sondern auch in zufälligen Gesprächen und Begegnungen.

Bezeichnenderweise warnt der in Jugoslawien geborene und damit in einer Übergangszone aufgewachsene Philosoph Slavoj Žižek in einer Streitschrift über die Gründe von Flucht und Terror eindringlich, zu vieles als europazentristisch abzulehnen: »Wir tendieren dazu, elementare westliche kulturelle Werte ausgerechnet in einer Zeit zu verwerfen, in der viele davon (beispielsweise Egalitarismus, Grundrechte, Sozialstaat) in einer neuen, kritischen Interpretation durchaus als Waffe gegen die kapitalistische Globalisierung dienen können.«[72] Überdies könnten die Widersprüche zwischen Zentren und Rändern eskalieren, gerade in den Übergängen, wo nichtreguläre Arbeitskräfte und Wanderarbeiter unterkommen, durch Menschenhandel rechtlos gewordene Existenzen und andere Ankommende, die ausgegrenzt werden und nicht zum allgemeinen Gemeinsamen gehören.

Zwar sind die an- und abschwellenden globalen Proteste von Chile bis Hongkong, von Libanon bis Frankreich nicht auf einen Nenner zu bringen, da sie kein gemeinsames Ziel haben, aber bei allen gravierenden Unterschieden bleiben Forderungen nach Anerkennung der allgemeinen bürgerlichen Rechte, die sich nun einmal in Europa entwickelt haben, das Gemeinsame. In dieser Hinsicht sind Orient und Okzident nicht zu trennen, ist die Welt unteilbar. Es geht nicht um eine Uniformierung der Welt im westlichen oder gar europäischen Sinn, schließlich ist die europäische Halbinsel global gesehen nichts weiter als eine Provinz von vielen, aber es geht um den Universalismus der Aufklärung, aus dem – bis zum Beweis des Gegenteils – Gemeinsames zu entwickeln ist.

Bei einem traditionellen Barbier auf dem Djemaa el Fna lasse ich mich rasieren und mir die Haare schneiden. Während der Friseur ein Rasiermesser desinfiziert, indem er es mit einer Flüssigkeit beträufelt und diese dann entzündet, verfolge ich im Spiegel das Treiben draußen, höre Trommeln, Rufe, Gesprächsfetzen, Anpreisungen, Flötentöne, Klingeln. Auf dem Djemaa el Fna treffen sie unablässig aufeinander: Touristen und Flüchtlinge, zwei Hauptgestalten der Globalisierung. Welcher der zahlreichen Fremdenführer, die ich sehe, ist ein Illegaler, der seine Überfahrt zusammenspart? Welcher Reisende, der das verlockend niedrige Sonderangebot annahm, ahnt, für was hier geschuftet und gespart wird? Die scharfe Klinge streicht sanft über meine Kehle. Es ist eine Szene wie in Büchners *Woyzeck*, aber auch wie im James-Bond-Film *Skyfall*. Ist es das, was den Djemaa el Fna ausmacht: die Grenzerfahrungen, die man hier machen und beobachten kann – von sich windenden Giftschlangen bis zu ekstatischen Menschen?

Eine Bühne mit Leinwand für das Filmfestival Marrakesch wird aufgebaut. Wie jedes Jahr werden etliche Stars erwartet. Die Glitzerwelt des Showbusiness in der Nachbarschaft von Billigwerkstätten mit alten Reifen und rostigem Werkzeug. Eine Einheit der Gegensätze. Die züchtig verschleierte Tänzerin auf dem Djemaa el Fna bewegt sich aufreizend in ihren engen Kleidern.

Der Petersplatz symbolisiert die katholische Kirche, der Platz des Himmlischen Friedens Glanz und Elend der wieder auferstandenen Weltmacht China, der Trafalgar Square den Aufstieg und Untergang des Britischen Empire. Der Djemaa el Fna erzählt keine Geschichte, sondern Geschichten. Alle Versuche, hier einen traditionellen Roman anzusiedeln, scheiterten. Die großen Texte, die ihn beschreiben, könnten alle betitelt sein wie Elias Canettis eindrucksvolles Werk *Die Stimmen von Marrakesch.*

Der Djemaa el Fna, der Platz der Gehenkten, der Platz der Entwerdung, ändert sich so, wie die Erde sich wandelt, und blendet zugleich zurück ins Mittelalter mit seinen Gauklern, Erzählern und Spielern. Hier ist es nichts Besonderes, sondern eher alltäglich, dass ein Hollywoodstar in einer Stretchlimousine einen Eselskarren überholt. Und doch ist der Platz trotz zunehmender Touristenscharen kein Disneyland. Noch kann man das Neben- und Gegeneinander verschiedener Epochen erleben. Hier kann man Grenzgänger nicht nur im Raum, sondern in der Zeit werden. Hier kann man das Leben, Denken, Erzählen in allen mögliche Variationen kennenlernen, was wahrscheinlich ein Merkmal unserer Übergangsepoche ist. Hier kann man dem »Homo migrans« (Klaus J. Bade) in seiner gegenwärtigen Vielfalt begegnen.

Widersprüchliche, zerrissene Gestalten gibt es auf diesem Platz überall, aber sie sind ihm nicht eigen. Der Doppelkopf des Janus entstand im antiken Rom. In der Hochphase der Aufteilung und Verwandlung der Welt, im Jahr 1886, schrieb Robert Louis Stevenson dann seine oft für Film und Bühne adaptierte Novelle über den gutherzigen Dr. Jekyll und den mörderischen Mr Hyde, die womöglich nur Facetten einer Person sind.

Der Erzähler Stevenson war Bürger des Britischen Empire, des bisher größten Kolonialreichs der Geschichte. Imperialismus und Kolonialismus waren stets die zwei Gesichter eines Doppelkopfes. Gestern gingen die Überflüssigen in die Kolonien, um dort Karriere zu machen, und noch heute werden dort Arbeiten verrichtet, die in den reichen Ländern nicht hinreichend profitabel erledigt werden können. Wo sich systemdestabilisierende Widersprüche auftun, werden sie einfach abgetrennt und ausgelagert. Kaum einer besitzt heute ein Smartphone, in dem nicht Kinder- oder Sklavenarbeit steckt, und kaum ein Flüchtling ist ohne mediale Verknüpfung. Ein magisch wirkendes Pressefoto des Jahres zeigt Afrikaner, die am mondbeschienenen, nächtlichen Meeresstrand stehen, ihre Mobiltelefone mit leuchtendem Display in den Himmel strecken und auf Empfang hoffen für ein Gespräch mit den Daheimgebliebenen.

Das globale, sich vernetzende System bringt vermehrt seltsame Verbindungen hervor wie die von Dr. Jekyll und Mr Hyde. Tourist und Flüchtling sind Hauptgestalten dieser Globalisierung. Zum einen beharrt EU-Europa auf wertebasierter Politik, zum anderen entstand um und in Europa ein Archipel aus Flüchtlingslagern, in denen traumatisierte Menschen beengt in Kälte und Nässe, ohne genügend Nahrung und Versorgung mit dem Nötigsten und unter Umständen ausharren müssen, die weitaus erbärmlicher sind als in den Gefängnissen von Europas Metropolen.

Die Flucht der noch nicht absolut Verarmten nach Europa und Nordamerika erschüttert die reichen Staaten so sehr, dass sich bereits Risse in ihren Fundamenten zeigen. Deals mit Despoten und Diktatoren sollen diese kitten, doch bislang schlug das gründlich fehl. Humane Lösungen, die auch nur eine annähernde Chancengleichheit herstellen, sind nicht in Sicht, geschweige denn durchzusetzen. Der entfesselte Globus ist nicht befreit, sondern haltlos.

Die Palette der Widersprüche ist vielgestaltig. Sie reicht von einer »Wirtschaft, die tötet« (Papst Franziskus), bis zum Entstehen einer extremen Rechten, die nur für die als einheimisch Anerkannten die soziale Frage beantworten will, was ihr in der Geschichte stets misslang. Viele Angehörige der Mittelklasse schwanken zwischen der Willkommenskultur und der Abschottung aus Angst vor dem eigenen Abstieg, gefährdete Existenzen reagieren Ängste und Demütigungen an Migranten ab. Immer stärker zeigen sich die Folgen der Globalisierung von der durch Menschen mitverursachten Klimakatastrophe bis hin zu den Stellvertreterkriegen der neuen multipolaren Welt. Gerade in den Zentren entfalten sich Lebensentwürfe, die Welten voneinander entfernt sind, treffen vom Individualitätsdiktat beherrschte Eliten auf Angehörige von Familienclans, die durch Tradition und nicht zuletzt durch Not zum Zusammenhalt gezwungen sind. Diese vielköpfigen Familien werden von der Mehrheitsgesellschaft als Bedrohung ihrer vermeintlichen kulturellen Identität empfunden. Gleichzeitig entstehen Familien, die über mehrere Länder, ja Kontinente verteilt sind, in denen der schwierige Zusammenhalt über digitale Kommunikation aufrechterhalten und erneuert wird.

Trotz aller Gleichheitspostulate, Aufregungen über schwarz geschminkte Schauspieler oder Diversität bei Talkshows spricht vieles dafür, dass farbige Menschen im unteren Drittel der Gesellschaft bleiben, dass sie weiterhin rassistischen Demütigungen ausgesetzt sind, ja sogar eingesperrt und getötet werden. Die allgemeine Verunsicherung gebiert Angstfantasien, die politisch genutzt werden. Gespenster treten hervor. Der vergewaltigende Fremde, der die einheimischen Frauen schändet, lauert förmlich überall, obwohl längst erwiesen ist, dass Vergewaltigungen vorwiegend innerhalb der eigenen Familie stattfinden. Ebenso erwiesen ist, dass Umbruchzeiten sich oft in einer Sexualisierung von Konflikten andeuten.

In diesem Zusammenspiel von dramatischen Konflikten entwickelt sich das Mittelmeer zur gefährlichsten Grenze der Welt. Während die Zugvögel, die im Frühjahr von Süden übers Meer kommen, schon sehnsüchtig erwartet werden, verbreiten die Flüchtlinge, die sich auf dieser Route nähern, Schrecken und Angst, und böse Ahnungen zeigen an, was faul ist.

WIE WURDE DAS MITTELMEER ZUR GEFÄHRLICHSTEN GRENZE DER WELT?

Diese Menschen-Massen – das habe ich den Behörden auf der ganzen Welt gesagt – wurden durch ein ungerechtes sozio-ökonomisches System und kriegerische Konflikte verbannt, die sie nicht angestrebt hatten. Nicht jene, die heute die schmerzliche Entwurzelung aus ihrem heimischen Boden erleiden, haben das verursacht, sondern viele von denen, die sich weigern, sie zu empfangen.

PAPST FRANZISKUS, 2016

WIR WISSENDEN

Weiß spritzt Gischt auf den schwarzen Fels. Vogelschwärme werfen flüchtige Schatten auf die Insel. Wie jedes Jahr hebt der Jäger das Gewehr und zielt. Und doch ist es anders. Die Vogelmasse, eine dunkle Wolke über seinem Kopf, erscheint ihm nun wie eine andere Art von Migration. Seine Arbeit, die ihn bis in seine Albträume verfolgt, veränderte ihn. Seit mehr als zwei Jahrzehnten untersucht und behandelt er als Arzt die Flüchtlinge von den Booten. Den unbekannten Toten entnimmt er Proben, nach denen sie möglicherweise einmal zu identifizieren sein werden. Unglaubliche Geschichten von Flucht und Vertreibung aus dem Nahen Osten und aus Afrika dokumentiert er, aber an das Elend kann er sich nicht gewöhnen. In den Vögeln über sich sieht er auf einmal Schutzsuchende und senkt die Waffe. Seine Jagdlizenz erneuert er im nächsten Jahr nicht mehr und rät anderen, es ihm gleichzutun. Dabei war er von Kindheit an ein leidenschaftlicher Jäger.

Pietro Bartolo ist Arzt an der Mole von Lampedusa. Im letzten Vierteljahrhundert hat er an die 300 000 Menschen untersucht und behandelt. Dabei hörte er unfassbare Geschichten von Schmerz und Leid, oft glaubte er, in einem Krieg zu sein. Er ist einer der großen Helden unserer Zeit, in dem sich die Hoffnungen und Katastrophen der Epoche widerspiegeln.

»So wurde der Mittelmeerraum zu der Region, in der es zu den weltweit wohl intensivsten Wechselwirkungen zwischen verschiedenen Gesellschaften kam. Und in der Geschichte der menschlichen Zivilisation spielte das Mittelmeer eine größere Rolle als jedes andere Meer«, beschließt der Historiker David Abulafia seine Biografie über das Mittelmeer.

Als der europäische Kontinent geteilt war, wurde die Berliner Mauer nicht nur zum Symbol der deutschen, sondern auch der europäischen Teilung. Als er wieder zusammenwuchs, vielfach vernarbt, entwickelte sich eine neue, todbringende Grenze dort, wo Europa in der Antike einst entstanden war und wo es bis dahin so gut wie keine Abschottungen gegeben hatte. Die Felseninsel Lampedusa – geografisch zu Afrika gehörend und staatlich zu Italien – wurde seither zu einem realen wie symbolischen Ort Europas, wie es bis 1989 das geteilte Berlin war. Sie ist ein Tor nach Europa und eine Toteninsel.

Wie die Tragödie vom vermeidbaren Massentod am und im Mittelmeer endet, das wird sich erst noch erweisen. Was immer aber geschieht: Die Toten im Mittelmeer bleiben die Schande der Europäischen Union.

Der Arzt Pietro Bartolo ist auch ein Beispiel dafür, welche Hoffnungen und Verheißungen das Europa der sozialstaatlichen Kompromissgesellschaften nach dem Zweiten Weltkrieg barg. Er wurde 1956 auf Lampedusa geboren und war der Erste in der Fischerfamilie, der studieren konnte. Wie in vielen anderen Familien auch wählte der Vater einen Sohn aus, der studieren sollte. Der italienische Staat unterstützte und förderte diese Kinder. So wurden Nachfahren von Fischern und Bauern schließlich Ingenieure und Rechtsanwälte, Lehrer und – wie Pietro Bartolo – Ärzte. Seine Kinder, auch das ist nicht ungewöhnlich, studierten alle. Italien und andere Länder Europas waren damals Aufstiegsgesellschaften. Die Enkel, so schien es, würden es nicht mehr ausfechten müssen, denn die Kinder siegten schon. Das hat sich inzwischen geändert. Vielen Italienern geht es heute deutlich schlechter als vor zehn Jahren.

Pietro Bartolo ist ein stämmiger Mann mit lockigem Haar über einem wettergegerbten Gesicht. Das offene Hemd auf dem Buchcover passt besser zu ihm als der Schlips, den er bei der Buchpräsentation trägt.[73] Es ist mittlerweile viel über ihn publiziert worden. Er ist der Protagonist des Kinodokumentarfilms *Fuocoammare* (deutsch: *Seefeuer*) von Gianfranco Rosi, der 2016 auf der Berlinale den Goldenen Bären erhielt. Ein halbes Jahr später erschien das Buch *An das Leid gewöhnt man sich nie. Salztränen. Mein Leben als Arzt auf Lampedusa*, das Bartolo mit der italienischen Journalistin Lidia Tilotta verfasste. Mit diesem Zeugnis reist er durch Europa, hält Vorträge, spricht auf Podien. Er ist ein Mann mit einer Mission, einer, der aufrütteln will.

»Es ist ein schändliches Gemetzel«, sagt er, »während wir hier sprechen, sterben Menschen. Wir können nicht sagen wie vor 70 Jahren: Wir wussten es nicht.«

Allerdings ist zu befürchten, dass nach dem Ende des aktuellen Schreckens wieder viele nichts gewusst haben wollen. Wer mit Touristen am Mittelmeer, dem beliebtesten Urlaubsziel der Europäer, ins Gespräch kommt, stellt oft eine erstaunliche Neigung zur Verdrängung fest. Überall stößt man auf Flüchtlinge, die Feuerzeuge und andere Utensilien feilbieten. Es gibt stacheldrahtumzäunte Lager, zuweilen direkt an den Besucherrouten, Stahlnetze an den Stränden von Spa-Hotels sollen das Anschwemmen von Leichen verhindern. Menetekel überall, aber viele scheinen sie nicht zu sehen.

Irgendwie erinnert das an Edvard Munchs *Der Schrei*. Munch hat sich zwischen 1893 und 1910 immer wieder mit diesem Motiv befasst. Ein Mensch mit schreckgeweiteten Augen, die Hände an den Kopf gepresst, schreit in Richtung Betrachter. Im Hintergrund sieht man zwei Figuren, die nichts zu hören scheinen und plaudernd ihres Weges gehen. Das weltbekannte Bild findet man heute überall – als Graffiti, in Comics und in Horrorfilmen.

»Warum Greueltaten nicht geglaubt werden« lautete die Überschrift eines 1944 im *New York Times Magazine* publizierten Essays von Arthur Koestler. Der jüdische Emigrant, Autor des Jahrhundertromans *Sonnenfinsternis*, berichtet darin von einem wiederkehrenden Albtraum: Er wird neben einer belebten Straße ermordet, seine Schreie bleiben ungehört, die Menschen scherzen, plaudern und flanieren, als würden sie nicht bemerken, dass etwas Schreckliches geschieht. Koestler erschienen die Beweise für die Massenmorde der

Nazis geradezu unerträglich eindeutig, aber es gab keinen Aufschrei. »Unser Bewusstsein scheint in demselben Maße zu schrumpfen, wie die Nachrichtenmittel sich ausbreiten. Die Welt liegt offen vor uns wie nie zuvor, und wir spazieren darin umher wie Gefangene, jeder in seinem eigenen Käfig.«

Koestler unterschied zwei Ebenen des menschlichen Bewusstseins: die triviale und die tragische. »Statistiken bluten nicht ... Wir sind nicht imstande, den Gesamtvorgang mit unserem Bewusstsein zu erfassen, wir können unser Augenmerk nur auf kleine Ausschnitte aus der Wirklichkeit richten.« Erst über die sprechende Einzelheit lässt sich das Tragische mit dem Trivialen verbinden. Räumliche und zeitliche Entfernungen nehmen den Gräueln überdies viel von ihrer Intensität. Wenn ein Hund vor unseren Augen überfahren wird, erschreckt uns das mehr als die Gaskammer irgendwo im besetzten Polen. Koestler berichtet von einem Redner, der sich vor seinen Ansprachen die Gräuel, etwa den Erstickungstod durch Gas, in allen Einzelheiten vorstellte. Danach besaß er »eine große Gewalt über seine Zuhörer, ... vielleicht hat er die zwei Ebenen, die durch Meilen voneinander getrennt sind, um einen Zoll einander nähergebracht«.[74]

Als einen solchen Vortragenden muss man sich Pietro Bartolo vorstellen, der als Junge beinahe ertrunken wäre und mit dieser intensiven Erfahrung sein Buch beginnt. Jahrelang hat er Interviews gegeben, doch die Wirkung war bescheiden. Nach dem Film und dem Buch ist es besser geworden. Endlich bewilligte man ihm zwei Mitarbeiter – eine Gynäkologin für die meist vergewaltigten Frauen und einen Kulturvermittler. Und die Zahl der Spenden steigt.

Nicht durch Breaking News, also die Diktatur des Augenblicks, können die beiden Ebenen unseres Bewusstseins sich annähern, sondern erst, wenn Tatsachen eingeordnet, in einer Erzählung entfaltet werden. Ohne Empathie keine Wirkung. Das war 1944 so und gilt trotz aller Vernetzungen bis heute. Es bleibt die »Unfähigkeit, den größten erfahrbaren Schrecken mitzuteilen«, schreibt Koestler, der selbst in der Todeszelle gesessen hatte. Solchem Schrecken könne man sich allenfalls annähern.

Ein Panorama des Horrors und der Empathie skizziert Bartolo mit Hilfe der Journalistin Lidia Tilotta, die er scherzhaft-liebevoll meine Stalkerin nennt, da sie ihn drängte, seine Erlebnisse aufzuschreiben. Es sind Szenen zwischen Breughel und Goya, die der Arzt in dem Buch schildert: Ein Brüderpaar lebt in Symbiose. Der eine ist gelähmt, der andere trägt ihn. Menschenhändler verspotteten den Gesunden, weil er den Krüppel nicht verrecken ließ. Ein anderer Flüchtling trieb über eine Stunde lang mit Frau, Säugling und dem dreijährigen Sohn im Meer. Die Wellen schienen sie zu verschlingen. Um weiter durchhalten zu können, ließ er seinen Sohn ertrinken. Wenige Minuten später entdeckte ein Rettungshubschrauber die Familie. »Wenn ich nur ein bisschen länger ausgehalten hätte«, schildert er Pietro Bartolo seine seelische Not, »dann wäre mein Sohn jetzt hier bei uns. Das werde ich mir nie verzeihen.«

Einmal will sich ein Mann aus Nigeria nicht untersuchen lassen. Der Arzt lässt ihm Zeit, aber was er dann sieht, macht ihn ratlos und stumm: »Zwischen seinen Beinen waren die Hoden und dazwischen ein Loch. Er hatte auch nicht die Andeutung eines Penis. Den hatte man ihm abgeschnitten. Dieser arme Junge war entmannt worden.« Nein, muss er ihn enttäuschen, eine Heilung gibt es da nicht.

Scheu sagt einer der Ankommenden, er solle unter Deck schauen. Beim Gang zum Laderaum wird der Gestank stärker und der Untergrund so weich wie ein Kissen. Er knipst die Taschenlampe an und sieht: »Der Boden war gepflastert mit Leichen. Ich auf Toten, vielen Toten. Alle sehr jung ... Nackt, einer über dem anderen, einige schienen sich zu umarmen ... Die Wände des Laderaums waren zerkratzt und blutverschmiert. Und die Finger dieser armen Jungen hatten keine Fingernägel mehr.« Eingeschlossen, waren sie qualvoll erstickt.

Oft erzählen ihm die Ankommenden vom Sandmeer Sahara als der wahren Hölle. Die Wüste sei das Schlimmste. Um überhaupt in die Wüste zu gelangen und dort Qualen zu erleiden, müssen sie teuer bezahlen. Narben bestätigten dem Arzt von Lampedusa, was zuerst als Gerücht galt: »Eine Niere verkaufen, um aus dem eigenen Land zu fliehen, um das Ticket für eine teure Reise bezahlen zu können. Das ist es, was viele Verzweifelte tagtäglich tun.«

Mittlerweile geht die Weltgesundheitsorganisation davon aus, dass rund zehn Prozent der in den westlichen Ländern transplantierten Organe illegal entnommen sind. Pietro Bartolo merkt man die

Empörung an über das Netzwerk aus Spezialisten, das hinter alldem steckt. Ohne seine Kollegen würde das System schließlich nicht funktionieren. »Eine Niere zu entnehmen, sie in adäquater Weise zu konservieren und die Transplantation durchzuführen, ist kein Kinderspiel. Und wer bereit ist, 200 000 Dollar zu zahlen, will sicher sein, dass die Entnahme des Organs nach allen Regeln der Kunst durchgeführt wurde und dass diese verdammte Niere auch wirklich perfekt funktioniert.« Es ist ein wohlregulierter Geldfluss des organisierten Verbrechens, der in den reichen Ländern beginnt und dort auch wieder endet.

Vergleichbares berichtete mir bereits 2001 Petros Markaris über die Schlepperbanden aus der zerfallenden Sowjetunion am Beispiel einer Geschichtslehrerin aus Usbekistan, die schon vor dem großen Flüchtlingsansturm in Athen als Putzfrau arbeitete. Für diesen demütigenden beruflichen Abstieg hat sie viel Geld gezahlt. Der Schlepper in Moskau verlangte 5000 Dollar, 2000 als Anzahlung. »In Griechenland durfte sie das restliche Geld in Raten zahlen. Nur ein gut funktionierendes Wirtschaftssystem kann Ratenzahlungen akzeptieren. Ich fürchte, die Einnahmen aus illegalen Geschäften, die in das legale Finanznetz fließen, können so groß werden, dass man sie nicht herausziehen kann, ohne eine Finanzkrise zu verursachen. Das globalisierte Verbrechen arbeitet daran, dass man Legales und Illegales nicht mehr trennen kann.«[75]

Für viele Bürger Mitteleuropas kamen die Flüchtlinge des Jahres 2015 unerwartet wie ein Tsunami. Dass nach wie vor immer neue ankommen, verstört sie bis heute. Sie können nicht fassen, was da vor sich geht. Dabei hätten sie es längst wissen können. Aufschlussreich ist, was dazu bereits vor Jahrzehnten gefilmt und geschrieben wurde: Zwei Hubschrauber über dem Meer. Rechts und links nähern sich zwei Schiffe der Küstenwache. Im Hintergrund eine blassblaue, leicht geschwungene Küstenlinie. Die Kamera zoomt sie näher heran. Der Wind der Rotoren lässt das Wasser schäumend kreisen. Irgendetwas schwimmt in der Mitte. Es sind Leichen. Ein Erzähler berichtet, dass er immer wieder an ein Ereignis in Piräus denken müsse. Asiatische Flüchtlinge haben, nachdem die griechischen Behörden ihnen das

Asyl verweigert hatten, Selbstmord begangen. Er aber fragt sich: »Wie geht man fort? Warum geht man fort? Wohin geht man fort?« So beginnt der Film *Der schwebende Schritt des Storches* von Theo Angelopoulos, an dessen Drehbuch Petros Markaris mitschrieb. Heute gilt er als Meisterwerk über Flüchtlinge und Grenzen. Aber bei den Filmfestspielen 1991 in Cannes wurde er nicht ausgezeichnet, und obwohl Weltstars wie Marcello Mastroianni und Jeanne Moreau darin mitspielten, kam er nur in wenige Kinos.

Schon angesichts des Terrors von Rostock-Lichtenhagen 1992 denkt Heiner Müller mit der Weite und Tiefe seines Blicks auch an das Sterben im Mittelmeer: »… auf der Tagesordnung steht der Krieg um Schwimmwesten und Plätze in den Rettungsbooten, von denen niemand weiß, wo sie noch landen können, außer an kannibalischen Küsten.«[76]

Umberto Eco wies am 23. Januar 1997 in Valencia bei einer Rede über Perspektiven des dritten Jahrtausends eindeutig auf die ankommenden Flüchtlinge und die unangemessenen Reaktionen hin: »Das Problem ist nicht mehr, zu entscheiden (wie die Politiker zu glauben vorgeben), ob in Paris Schülerinnen mit dem Tschador herumlaufen dürfen oder wie viele Moscheen man in Rom errichten soll. Das Problem ist, dass Europa im nächsten Jahrtausend – da ich kein Prophet bin, kann ich das Datum nicht präziser angeben – ein vielrassischer oder, wenn man lieber will, ein ›farbiger‹ Kontinent sein wird. Ob uns das passt oder nicht, spielt dabei keine Rolle: Wenn es uns gefällt, umso besser; wenn nicht, wird es trotzdem so kommen.«[77]

Bildgewaltige Fotos, aussagestark wie dramatische Ölgemälde der Renaissance, schuf Sebastião Salgado in den 1990er Jahren mit seiner Serie *Exodus*. In der Neuauflage beschreibt er im Vorwort, was 2015 in Mitteleuropa sichtbar wurde: »Über Nacht erreichten die menschlichen Tragödien, die die Europäer aus sicherem Abstand in fernen Ländern mitverfolgen konnten, nun ihre Straßen und die Gewässer ihrer Küsten. Seit Erscheinen des Buches mag sich der Fokus der weltweiten Aufmerksamkeit mithin verlagert haben, doch das Phänomen bleibt das gleiche. Solange weiter ländliche Armut besteht, Diktatoren ihre Völker unterdrücken und Bürgerkriege toben, wird der Überlebensinstinkt die Menschen aus ihrer Heimat hinaus auf die Suche nach Sicherheit und einem besserem Leben treiben.«

Das massenhafte Erscheinen der Ausgegrenzten an den Grenzen Europas 2015 war kein Tsunami, den niemand vorhergesehen hatte, es war die Rückkehr der Verdrängten.

Es gibt Zeiten, in denen Einigungskriege ausgetragen werden, aber auch Epochen, die von Zerfalls- und Aufteilungskonflikten geprägt werden. Alle Kriege unserer Zeit brachten keine oder nur scheinbare Sieger im Gesamtgesellschaftlichen hervor. Wenige gewannen, die meisten verloren. Von Jugoslawien bis Somalia, von Syrien bis Südsudan: Bislang konnte keine neue staatliche Ordnung die Stärke der vorherigen erreichen. Gespaltene Gesellschaften, zerrissene Wirtschaftseinheiten, der demokratische Traum verweht. Die Trennung zwischen Krieg und Frieden wird brüchiger. Ein Stakkato aus Unruhen, Provokationen, Fluchtwellen malträtiert einen brennenden Halbmond um Europa.

Im Zeitalter der transnationalen Konzerne, mit denen nur gefestigte Staaten oder Staatenverbände gleichberechtigt agieren können, werden die durch Kriege und Unruhen beschädigten Länder zu Objekten, denn Subjekte der Geschichte können sie nicht mehr sein. Seit Anfang der 1990er Jahre macht der Ausdruck *failed states* die Runde.

Entstaatlichung heißt Entgrenzung. Aber wenn es keine Grenze mehr gibt, sind gerade die Armen ungeschützt. Ihnen bleibt oft nur die Flucht in sich abschottende Staaten und Staatenbünde. Man flieht dorthin, wo es noch Grenzen gibt. Es hatte also durchaus einen Sinn, dass die Europäische Union die Außengrenzen stärker kontrollierte, sogar schloss und die Innengrenzen weiter öffnete. Man kann von der südlichsten Stadt Spaniens, Tarifa, ohne Pass quer durch Europa reisen. Aber für marokkanische Saisonarbeiter ist die Grenze seit 1991 undurchlässiger geworden. Die Folge waren mehr illegale Einwanderer, und bald spülte das Meer die ersten Toten, die auf untauglichen Schiffen die Grenze zu überwinden suchten, an die Küste.

Unangemessene Einwanderungsbestimmungen stärken die Macht von Schleppern. Schändliche, aber von europäischen Mehrheiten gewollte Deals mit Diktatoren, Warlords und autoritären Führern unterhöhlen die Demokratie. Die Grenzsicherungsbehörde Frontex wird ständig ausgebaut, aber da sich die Ursachen für den Druck auf die Grenzen nicht so einfach beseitigen lassen, werden die Flüchtlingsströme nur aufgehalten, umgeleitet, verzögert, aber nicht aufgelöst.

The Migrants Files, das Projekt eines europäischen Journalistenkonsortiums, lieferte Daten darüber, wie viele Menschen an den europäischen Grenzen umkommen. Es gewann Preise, aber die Geldquellen versiegten. Die Daten wurden chronologisch exakt und visuell überzeugend aufgearbeitet und schockierten, weil sie nüchtern, aber mit großer Eindringlichkeit präsentiert wurden. Es sah so aus: Eine graue Europakarte erscheint auf dem Bildschirm, auf der linken Seite wird die Liste der angespülten oder auf Schiffen verstorbenen Menschen immer länger, gleichzeitig sieht man an den Fundorten rote Flecken, prozentual zur Anzahl der Toten. Der Bildschirm rötet sich – ein blutgetränktes Leichentuch der Hilflosigkeit und der Schande.

Am 3. Oktober 2013 wird der rote Fleck um Lampedusa deutlich größer. 368 Menschen ertrinken an diesem Tag in Sichtweite der rettenden Küste. Die Toten und die Lebenden – alle untersucht Pietro Bartolo. Im Hangar des Flughafens stehen die aufgereihten Särge der Toten, das Ambulatorium mit den Überlebenden ähnelte einem Lazarett. Entsetzen erfasst das Land, die Fernsehbilder werden weltweit gesendet. Wenige Tage später, am 11. Oktober, sterben annähernd so viele Menschen auf hoher See vor Malta, nicht unmittelbar vor dem rettenden Ufer. Diesmal gibt es keinen Aufschrei des Entsetzens.

Das Sterben ging und geht weiter. Die kriegsähnlichen Totenzahlen wären noch höher, folgten die Fischer und Inselbewohner nicht weiterhin dem überlieferten Verhaltenskodex, der sie immer wieder in Widerspruch zum neuen Sicherheitsdenken geraten lässt.

»Es ist nicht zulässig«, erläutert Pietro Bartolo, »ja, nicht einmal denkbar, einen Menschen, wer auch immer er sei, der Gewalt der Wellen zu überlassen. Das ist ein Gesetz des Meeres, und dagegen darf nicht verstoßen werden. Es ist so mächtig, dass die Fischer, als der Gesetzgeber verbot, Migranten an Bord zu nehmen, den Gehorsam verweigerten und deshalb auch mehrfach vor Gericht kamen.«

Pietro Bartolo ist Katholik. Wenn seine Kräfte schwinden, wendet er sich an die Madonna di Porto Salva, die Schutzpatronin von

Lampedusa. Papst Franziskus hat ihn empfangen. Froh ist er nicht nur über die Ansprachen dieser weltweiten Autorität am 16. April 2016 auf Lesbos – für Bartolo das andere Lampedusa –, sondern auch über die vor den Teilnehmern der 3. Internationalen Begegnung der Volksbewegungen wenige Monate später:

> Ich mache mir die Worte meines Bruders Erzbischof Hieronymus von Griechenland zu eigen: ›Wer in die Augen der Kinder sieht, die wir in den Flüchtlingslagern getroffen haben, wird sofort den ganzen Bankrott der Menschlichkeit erkennen.‹ Was ist los mit der Welt von heute, die beim Konkurs einer Bank sofort skandalöse Summen für die Rettung der Bank bereitstellt, aber bei diesem Konkurs der Menschlichkeit nicht einmal den tausendsten Teil zur Verfügung hat, um diese Geschwister zu retten, die so viel leiden? So ist das Mittelmeer zu einem Friedhof geworden, und nicht nur das Mittelmeer ... so viele Friedhöfe entlang der Mauern, der mit unschuldigem Blut befleckten Mauern.[78]

Sind solche Worte angesichts der Verstrickungen der Vatikanbank nichts weiter als ein Lippenbekenntnis, weißer Schaum auf dem dunklen Wellenschlag des anscheinend ewig Gleichen? Auszuschließen ist es nicht. Ist aber auch das Gegenteil denkbar?

Heiner Müller, Nachfolger Brechts und gewiss kein Katholik, entwickelte 1990 angesichts des Zusammenbruchs des real existierenden Sozialismus – die Sowjetunion gab es noch, und der Papst war der polnische Johannes Paul II. – die Option einer Allianz von Kommunismus und Katholizismus. Mit den Flüchtlingen aus dem Süden werde die soziale Frage wieder auf die Tagesordnung kommen, prophezeite Müller, viele Katholiken in Lateinamerika hätten das längst begriffen. Auf die Europäer wirkte es dagegen höchst befremdlich, als er forderte: »Im nächsten Jahrtausend muss es zur Allianz von Kommunismus und Katholizismus kommen«, denn »die Realität gibt nur nach, wenn man sich gegen sie verbündet«.[79]

Zweifel bleiben, aber diese Hypothese ist angesichts von Menschen wie Pietro Bartolo und dem lateinamerikanischen Papst plausibler geworden als jemals zuvor.

Im Oktober 2020 verschärfte Papst Franziskus in seiner Enzyklika seine Kritik so, dass zuweilen Marx' Geist aufscheint, der 1844 forderte, »alle Verhältnisse umzuwerfen, in denen der Mensch ein erniedrigtes, ein geknechtetes, ein verlassenes, ein verächtliches Wesen ist«.[80]

Sicher ist jedenfalls, dass sich an den Rändern des alten Europa die schärfsten Widersprüche unserer Epoche zeigen: das Nord-Süd-Gefälle, das die sich erweiternde Kluft zwischen Arm und Reich offenbart; die von Menschen verursachten Klimakatastrophen, die die Wüsten wachsen lassen; die Zerfalls- und Aufteilungskriege, die immer mehr Staaten heimsuchen; die rücksichtslose Ausbeutung von Mensch und Natur. Es gibt in Europa aber noch das Potenzial zur Veränderung dieser mörderischen Realität.

VON RETTERN UND SCHLEPPERN

Als nautischer Offizier auf einem modernen Roll-on-Roll-off-Frachter hatte er, wie er es an der nautischen Hochschule in Bremen gelernt hatte, für den kommenden Reiseabschnitt die Kurse in die Seekarten eingezeichnet. Die kürzeste Route verlief von Singapur über das Südchinesische Meer entlang der Küste von Vietnam zur Straße von Taiwan. Doch der Kapitän akzeptierte diese Route nicht, sondern reagierte barsch, fast wütend. Der Absolvent lernte: In der Praxis geht Rentabilität nicht selten vor Humanität. Er musste eine längere Route ermitteln, so fern von der Küste, dass die Boatpeople den Frachter nicht erreichen konnten. Man hätte genügend Platz für Flüchtlinge gehabt, doch man wollte sich nicht aufhalten lassen. Kapitän und erster Offizier belehrten den Absolventen, dass eine rote Leuchtrakete hier nichts gelte. Das Notsignal sei zu übersehen.

In der Nacht träumte er erstmals von einer endlose Kette von Menschen, Kopf an Kopf, sie schwimmt im Meer, einer hält den anderen, der erste ist so nah beim erschreckten Beobachter, dass er ihn fast berührt. Lange kann das nicht gut gehen, der erste löst sich schon und ertrinkt. Wie kann der Beobachter handeln, retten? Jeder Griff geht daneben, steigert die Panik der Bedrohten. In den Augen sieht er die entsetzliche Angst vor dem qualvollen Tod. Nach dem Aufwachen mit Schrecken bleibt die Erkenntnis, dass sich dieser Albtraum aus realem Erleben speist.

Inzwischen ist Klaus Vogel zum Kapitän auf großen Containerschiffen aufgestiegen. In Auszeiten gründete er eine private, spendenfinanzierte Hilfsorganisation und rettet Flüchtlinge. Seit er das tut, lässt der Albtraum ihn in Ruhe. Wer nicht helfen kann, aber spürt, dass das richtig wäre, wer in die tragische Situation gerät, Entscheidungen treffen zu müssen, die seinem moralischen Empfinden nach falsch sind, den plagen häufig dunkle Träume.

»Albträume habe ich nicht mehr«, sagt Klaus Vogel, »aber die Rettung geht mir in die Knochen. Wenn man Menschen in hoher Not sieht, da kommt man an seine körperlichen und seelischen Grenzen. Man möchte schreiend durch die Straßen laufen, aber das bringt ja auch nichts.«

Sein entschlossenes Handeln rettete bislang mehreren Tausend Menschen das Leben. Im Jahr 2015 gründete Klaus Vogel mit der französischen Menschenrechtsaktivistin Sophie Beau die spendenfinanzierte private Rettungsorganisation SOS Méditerranée. Sie schloss eine Lücke, die entstanden war, als die staatlich organisierte italienische Seenotrettungsoperation Mare Nostrum ersatzlos eingestellt wurde. Das war ein eklatantes Versagen der EU wie der Anrainerstaaten des Mittelmeers, denn hier gab es nicht wie in der Ost- und Nordsee seit dem 19. Jahrhundert nichtstaatlich finanzierte Organisationen – just im Jahr 2015 feierte die Deutsche Gesellschaft zur Rettung Schiffbrüchiger unter der Schirmherrschaft des Bundespräsidenten das 150. Jubiläum ihrer Gründung. Nicht von ungefähr kommen daher viele Aktivisten der privaten Seenotrettung aus Zentral- und Nordeuropa. Die staatlichen Stellen gehen zunehmend hart gegen die privaten Retter vor. Das verträgt sich kaum mit dem Anspruch, dass die Einhaltung von Menschenrechten ein wesentlicher Beitrag Europas zur Weltkultur sei. Durch die massive Behinderung der Seenotrettung verliert Europa jeden Tag mehr an Ansehen und Glaubwürdigkeit.

Das Foto des zweijährigen Alan Kurdi aus Syrien, der am 2. September 2015 auf der Flucht nach Griechenland ertrank, erschütterte die Welt, weil dieser Tod hätte verhindert werden können. Aber es wurde bald offenbar, dass dieses Innehalten sich in Sonntagsreden erschöpfte. Das Ertrinken geht weiter.

In jenem Jahr, als das Kind ertrank, erlebte Griechenland einen ökonomischen Zusammenbruch von solcher Wucht, wie es ihn nie zuvor in einem Land des Euroraums gegeben hatte. Tausende starben, weil sie ihre Medikamente nicht bezahlen konnten oder es keine ausreichende medizinische Versorgung gab. Ohne Schuldenerlass wird Hellas im Schuldturm bleiben, was manchmal mit Hafterleichterungen verdeckt wird. Das ruinierte Griechenland wurde unnachgiebig zum Verzicht gezwungen. Viele Griechen verließen ihre Heimat und wanderten aus nach Kanada, Australien oder auch nach Deutschland.

Als Deutschland nach dem Zweiten Weltkrieg am Boden lag, drängten die USA darauf, dass die Forderungen der besetzten Länder an Deutschland nicht erfüllt wurden. Ohne diesen Druck wäre das sogenannte westdeutsche Wirtschaftswunder nicht zustande gekommen. Griechenland hat solche mächtigen Fürsprecher nicht. Griechenland leidet darunter, dass in der EU politische Entscheidungen unter dem Vorwand der technokratischen Regeleinhaltung getroffen und damit entpolitisiert werden. Dieses Vorgehen verdeckt das Problem, das Thukydides schon vor über 2500 Jahren beschrieb: »Die Starken tun, was sie wollen, und die Schwachen ertragen, was sie müssen.« Griechenland ist dabei nur das extremste Beispiel am Südrand Europas, der allmählich wieder zu einer Region der Auswanderer wird.

Wer in Europa ein Schlauchboot kauft, bekommt in der Regel eines mit mehreren Kammern, das nicht untergeht, falls aus einer der Kammern die Luft entweicht. Klaus Vogel, der nach 2016 als Kapitän der »Aquarius« im Mittelmeer Menschen vor dem Ertrinken rettete, sah oft Schlauchboote mit nur einer Kammer, aus dünnem Material gefertigt, vollgepfercht mit Menschen, von denen die meisten das Meer noch nie zuvor gesehen haben. »Was für ein großer Fluss, sagte ein Geretteter zu mir.«

Die Bergung verläuft zumeist nach einem festen Schema: Rettungsboote des Hauptschiffes werden herabgelassen und Rettungswesten verteilt – auch an die, die schon eine übergestreift haben, denn diese Westen sind gewöhnlich genauso wenig tauglich wie die

Schlauchboote. Viele Mitglieder der gecharterten Mannschaft auf der »Aquarius« stammten aus der Ukraine oder aus Russland. Sie kamen nicht wegen der Seenotrettung, sondern weil der Reeder sie ausgesucht hatte. Da viele der großen Reedereien in ihren Heimatländern nicht mehr existieren, müssen sie auf dem internationalen Markt Arbeit suchen. »Anfangs sahen sie die Rettung der Afrikaner zumeist kritisch«, erläutert Klaus Vogel, »aber die konkrete Arbeit überzeugte schließlich viele.« Oft sind sie selber Entwurzelte, denn zwischen ihren Ländern herrscht ein Krieg ohne Schlachten, der aber eine riesige Flüchtlingswelle von der Ost- in die Westukraine und darüber hinaus ausgelöst hat.

Die Retter bitten zunächst um Geduld, versuchen die Menschen zu beruhigen. »Dolmetscher brauchen wir nicht, da es stets genügend Schiffbrüchige gibt, die Französisch oder Englisch können, weil das die beiden grundlegenden Verkehrssprachen in Afrika sind.« Dann werden Frauen mit Kindern und Schwache in Gruppen von sechs bis zwölf Personen an Bord des Hauptschiffes gebracht, schließlich alle anderen. Es folgt die medizinische Erstversorgung, etwa die Behandlung von Verätzungen, verursacht durch die Verbindung von Treibstoff und Seewasser. Gerade die Frauen, die sich zumeist in die Mitte der Boote setzen oder sich setzen müssen, sind davon betroffen. Dann werden die Angehörigen angerufen, wobei die Geretteten oft kaum vom überstandenen Horror erzählen, sondern davon, dass sie neue Turnschuhe erhalten haben. Erst mit Abstand erfolgen Aussagen wie: »Wenn die Leute, die durch Libyen gereist sind und dort gefoltert wurden, mich gewarnt hätten, wäre ich nie von zu Hause fortgegangen.«

Die moralischen Dilemmata bei Flüchtlingen, die ihre Heimat verlassen müssen, weil sie verfolgt werden oder ihr Gemeinwesen zusammenbrach, sind seit der Antike überliefert. Der Stoff wurde vom ersten der klassischen griechischen Dramatiker, Aischylos, bis zum letzten, Euripides, bearbeitet. Immer wird deutlich, dass die Schutzflehenden auch Gefahren in das Gemeinwesen tragen, in das sie kommen. Bei Aischylos weigert der König sich wortgewaltig, die Flüchtlinge aufzunehmen, ohne dass zuvor in der Gemeinde zu besprechen. Er beruft eine Versammlung ein und sucht die Gemeinde günstig zu stimmen:

Darum bleibt hier und fleht die Götter unsers Landes
Inständig an, euch zu gewähren, was ihr wünscht!
Ich mach mich auf, um das Gesagte auszuführen.
Sei Überzeugungskraft mir treu – und Glück zur Tat![81]

Ein Fingerzeig, was 2015 falsch gelaufen ist. Wir haben zwar keine
Agora, aber als liberale repräsentative Demokratie haben wir ein Parlament. Wenn man private Retter wie Klaus Vogel befragt, die das Staats-
versagen eindämmen, hört man häufig, man muss die Aufnahme der
Ankommenden so regeln, dass die Einheimischen das Vorgehen
akzeptieren. Auf keinen Fall darf man einfach von oben verordnen,
vielmehr müssen Anreize geschaffen werden.»Wer so oder so viele
Flüchtlinge aufnimmt, wird auch bei anderen Vorhaben großzügig unterstützt. Wenn die Bevölkerung gefragt wird, was sie am meisten will,
wenn es ein gemeinsames Projekt der Kommune ist, dann funktioniert
es meistens recht gut.«

»Ihr müsst das aushandeln«, so zitiert der Schweizer Schriftsteller
Adolf Muschg einen Satz der Athener Stadtgottheit. Solche elementaren Debatten, erläutert er, dürfen nicht auf die Frage nach den Kosten reduziert werden. Vielmehr sei der »Markt – die Sphäre der Ba-
nausia, das Interesse der Banausen – vom Streitplatz der Meinungen«
zu trennen. »Dort ging es um das partikulare Interesse; hier um die *res
publica*. Geschäftssinn und Gemeinsinn kommunizieren, aber sie sind
nicht dasselbe. In bestimmten Lagen verlangt die *polis* etwas, was der
Markt nicht kennt: das Opfer. Das weiß die Religion; die große Kunst
weiß es auch.« Dann kommt er auf *Ödipus auf Kolonos* von Sophokles
zu sprechen, dem dritten der großen Tragödiendichter Athens. Als der
alte, fluchbeladene Ödipus auf dem ihm verbotenen Hügel von Kolonos erscheint, wird ihm Gastrecht gewährt und er damit vor weiterem
Leid bewahrt. Theseus hat nach Muschg die Lektion der Blutorgien
der *Orestie* gelernt, deshalb sei *Ödipus auf Kolonos* das vorbildliche
Stück der europäischen Kultur. Aus dem Geist der Gastlichkeit wird
der Konflikt zwar nicht gelöst, aber aufgehoben.[82]

Natürlich gibt es Neues unter der Sonne, zumal in der sich ver-
netzenden Welt. Wer die von Griechen gegründeten Städte rund

ums Schwarze Meer betrachtet und die für die damalige Zeit ozeanischen Weiten zwischen Kolchis im heutigen Georgien und dem Peleponnes bedenkt, ahnt, dass es gravierende Unterschiede gibt zwischen Theseus und Klaus Vogel, dem Kapitän der deutschen Handelsschifffahrt. Es gibt unter den Rettern und Helfern zwar Menschen, die aus religiöser Überzeugung helfen, etwa der Katholik Pietro Bartolo, der Arzt von Lampedusa, aber die meisten folgen schlicht ihrem Gewissen.

Die bereits in der Antike dargestellte Tragik bei der Aufnahme von Flüchtlingen nahm zu im Zeitalter der allgemeinen Menschenrechte. Dazu kommt der ungeheure Anstieg der Flüchtlingszahlen. Die bereits 1979 von Michel Foucault vorhergesehene große Wanderungsbewegung des 21. Jahrhunderts ist längst Realität geworden.

Nach den Statistiken des Flüchtlingswerks der Vereinten Nationen gab es 1951, im ersten Jahr der Messung, 2,1 Millionen Flüchtlinge weltweit. Es war auch das Jahr der Verabschiedung der Genfer Flüchtlingskonvention, die stark durch die Erfahrungen von Flucht und Vertreibung während und nach dem Zweiten Weltkrieg geprägt war. Die Vereinten Nationen definierten im Artikel 1, dass ein Flüchtling eine Person sei, die »aus der begründeten Furcht vor Verfolgung wegen ihrer Rasse, Religion, Nationalität, Zugehörigkeit zu einer bestimmten sozialen Gruppe oder wegen ihrer politischen Überzeugung sich außerhalb des Landes befindet, dessen Staatsangehörigkeit sie besitzt, und den Schutz dieses Landes nicht in Anspruch nehmen kann oder wegen dieser Befürchtungen nicht in Anspruch nehmen will«. Im Jahr 1973 gab es weltweit über drei Millionen Flüchtlinge. Zuweilen wird dieses Jahr als Zäsur unserer Epoche gesehen, da damals die erste Ölkrise ausbrach und mit dem Putsch am 11. September in Chile der letzte Versuch, einen demokratischen Sozialismus durchzusetzen, blutig endete. Gern wird auch darauf hingewiesen, dass in diesem Jahr das zweitürmige World Trade Center in New York eröffnet wurde.

Im Jahr 1979 gerieten dann die Boatpeople in die Schlagzeilen, die Foucault zu seiner Äußerung veranlassten, und die Geschichte nahm Fahrt auf. Die neue britische Premierministerin Margaret Thatcher begann mit der Privatisierung staatlicher Unternehmen, dem Ausbau des Finanzsektors und der Entmachtung von Gewerkschaften. Sowjetische Truppen intervenierten in Afghanistan und leiteten damit ihr Vietnam ein. Seitdem kam der Hindukusch nicht mehr zur Ruhe. Der Papst reiste in sein Heimatland Polen, und im sowjetischen Herrschaftsbereich setzte der rapide Machtverfall der Kommunistischen Parteien ein. Die Revolution im Iran war die erste erfolgreiche der neueren Geschichte im Namen des Islam. Die Zahl der Flüchtlinge stieg auf sieben Millionen.

Nach den gewaltigen Umbrüchen und Revolutionen zwischen 1989 und 1991, die die Sowjetunion verschwinden und ein geeintes Europa aufscheinen ließen, nähert sich 1991 die Zahl der Flüchtenden mit 19,1 Millionen der 20-Millionen-Marke, die während der 1990er Jahre manchmal erreicht wird, manchmal nicht. Es ist ein ständiges Auf und Ab mit leicht steigender Tendenz.

Als sich die Anschläge vom 11. September 2001 ereignen und das zweitürmige World Trade Center einstürzt, sind 19,9 Millionen Menschen auf der Flucht. Von da an geht es steil nach oben: 2018 sind es fast 75, im Jahr 2019 nahezu 80 Millionen.[83] Aber es gibt Grau- und Dunkelzonen: Wer weiß – um im europäischen Kontext zu bleiben –, wie viele beim Durchqueren der Sahara oder im Mittelmeer unbemerkt gestorben oder wie viele ohne Papiere im Norden jenseits der Statistik leben oder weitergezogen sind? Überdies gab es Modifikationen in der Statistik. So werden seit 2007 auch Personen gezählt, die in einer flüchtlingsähnlichen Situation leben.

Bei allen Unwägbarkeiten: Eine Steigerung von rund drei auf 80 Millionen bedeutet nicht nur eine neue Quantität, sondern auch eine ganz andere Qualität: Die Welt geriet in Bewegung. Eine Entkoppelung von Gesellschaften begann. So wuchs die Zahl der Nationalstaaten auf bislang 193 UN-Mitglieder, aber zugleich trat das Phänomen der *failed states* auf, der gescheiterten, zerbrochenen Staaten. Der unscharfe Begriff, der ein reales Geschehen bezeichnet, entstand Anfang der 1990er Jahre nach dem Ende des Kalten Krieges und am Beginn dessen, was man Globalisierung nennt. Zwar ist Europa von diesen Fluchtbewegungen nur am Rande betroffen, da die meisten Flüchtlinge nicht nach Europa streben, sondern allenfalls in Nachbarländer, wenn sie im eigenen Land nirgends Zuflucht finden. Dennoch muss inzwischen jeder Regierungschef oder Präsident diese Bewegungen in seine Überlegungen und Strategien einbeziehen, denn nichts deutet darauf hin, dass diese Entwicklung merklich abflauen wird. Mann, Frau, Kind: Die meisten Flüchtlinge sind jung, ein Mann über fünfzig ist eher die Ausnahme von der Regel. Es sind die kräftigsten, die zukunftshungrigen Menschen, die sich auf den Weg machen. Wenn sie schließlich auf das Schiff gehen, das sie über das Mittelmeer nach Europa bringen soll, haben sie bereits diverse individuelle Gefahren überstanden, aber ihre Leben weisen große Ähnlichkeiten auf. Jedes dieser Leben ist der *Roman eines Schicksallosen* – ganz im Sinn von Imre Kertész, der seinen Romantitel nicht allein auf die NS-Lagerwelt eingeschränkt wissen wollte.

Ob man am Ankunftsort, in einem Flüchtlingsheim oder an Orten wie der Berliner Sonnenallee mit den Migranten spricht, man hört Geschichten, die sich alle irgendwie gleichen. Das ist auch so, wenn man mit Rettern, Ärzten oder den Beamten der Ausländerbehörde spricht, die vieles – gängige Lügen und Ausreden sogar bis zum Überdruss – kennen. Und es ist auch nicht anders, wenn man die Geschichten von Ankommenden in den Medien, auf den Webseiten von Fluchtorganisationen oder in herkömmlichen Archiven liest und hört.

Die meisten machten sich auf die Reise in der Hoffnung auf ein besseres Leben in Europa. Dennoch wehrt sich Klaus Vogel gegen die Formulierung, dass durch die Ankunft in Sizilien die lebensgefährliche Reise nach Europa vom Erfolg gekrönt sei. »Selbst wenn sie zunächst ›Migranten‹ waren, spätestens in Libyen sind sie zu Flüchtlingen geworden, die extrem traumatisiert und in hohem Maße schutzbedürftig sind. Von den fast 30 000 Menschen, die wir mit der ›Aquarius‹ zwischen Februar 2016 und Herbst 2018 gerettet haben, waren über 6000 Jugendliche und Kinder.« Alle stammten aus Afrika – aus dem Südsudan oder Nigeria, aus Somalia oder Mali. Dennoch sind sie Teil der weltweiten Vermischung von Flucht- und Migrationsbewegungen, die man für Nordafrika auf der Webseite von Mixed Migration Hub beobachten kann. Eine bestürzende wie erhellende Parallele, auf die verschiedene Beobachter wie Fabrizio Gatti oder Beat Stauffer hinwiesen, wird dabei sichtbar: Maßgeblich nehmen die Flüchtlinge und Migranten die Routen, die durch die über tausendjährige Tradition des Sklavenhandels in Nordafrika entstanden sind, und dieses Geschäft machte bis Anfang des 20. Jahrhunderts etliche wohlhabend und ließ viele leiden. Hungern gehört in Libyen dazu, Vergewaltigungen sind die Regel, nicht die Ausnahme. Das sieht man auch daran, dass viele Frauen Injektionen zur lang anhaltenden Empfängnisverhütung vornahmen. Retter wie Klaus Vogel sprechen daher nicht von illegaler, sondern von irregulärer Emigration und sehen in der Tatsache, dass mit europäischer Hilfe eine libysche Küstenwache aufgebaut wurde, geleitet von Warlords in einem gescheiterten Staat, einen Rechtsbruch, ja einen unerhörten Skandal. »Ich werde Gaddafi nicht verteidigen, aber unter ihm gab es eine Million Arbeitsplätze für Menschen aus dem subsaharischen Afrika, und die sind alle nicht mehr da.«

Ängste plagen die Auswandernden, Ängste plagen die in ihren Orten Gebliebenen. Werden sie sich wiedersehen? Manchmal dauert die Reise durch die Sahara bis an die Ufer des Mittelmeers ein Jahr. Schlepper müssen bezahlt werden, auch andere nutzen die Zwangssituation aus oder müssen es. Entführungen sind nach übereinstimmenden Erzählungen gängige Praxis, weil sie für etliche die einzige Einnahmequelle darstellen. »Wir reisen nie mit Geld, mit Bargeld. Sie geben einem eine Bankverbindung, und deine Familie muss dann Geld überweisen. Wenn es angekommen ist, wird man freigelassen und kann die Reise fortsetzen. Nicht nur die Libyer behandeln uns so, sondern alle Maghreb-Länder. Einmal musste ein Freund von mir von seiner Familie Geld auf ein ägyptisches Konto überweisen lassen.«

Manchmal geraten Mütter in Panik, wenn sie erfahren, die letzte Etappe – die Fahrt übers Mittelmeer – beginnt, betteln ihre Söhne am Telefon an, nicht auf das Boot zu gehen. Viele, wenn nicht jeder kennt einen, der für immer verschwunden ist oder als Leiche gefunden wurde. Oft wissen beide Seiten, dass es kein Zurück gibt: Das russische Roulette der Flucht beginnt. Manchmal haben selbst Schlepper Mitleid mit der geschundenen Kreatur. »Von einem Schmuggler erfuhr ich, dass die Überfahrt mindestens 1000 Dinar kostet. Ich hatte nur 505 sparen können … Am Strand gab ich dem Schmuggler meine 505 Dinar. Er nahm 500 und gab mir fünf zurück. ›Behalte sie als Erinnerung‹, sagte er. Mit knapp 120 anderen Menschen fuhren wir abends auf einem Schlauchboot los. In den frühen Morgenstunden wurden wir von der ›Aquarius‹ gerettet. Ich freute mich, meine Mutter anzurufen und ihr zu sagen: ›Dein Sohn lebt.‹ Den Fünf-Dinar-Schein habe ich übrigens immer noch in der Tasche.« Das und viele andere Aussagen findet man auf der Webseite der Organisation SOS Méditerranée, die von Anfang an ihre Aufgabe in diesem Dreiklang sah: »Leben retten, schützen und bezeugen.«

Die fröhlichen Kinder, die tagsüber spielen und toben, die die Stimmung aller heben, geraten nachts in Panik und schreien, von Albträumen gepeinigt.

»Manchmal, wenn ich die Zerbrochenheit dieser Menschen sah«, sagt Klaus Vogel, »kam ich mir wie ein sowjetischer Soldat vor, der Auschwitz befreit. Einige waren auch nach zwei Tagen auf dem Rettungsschiff noch völlig zerbrochen, bei manchen weiß ich nicht, ob man das noch heilen kann.«

Während ich ihn befrage und seinen Schilderungen folge, muss ich immer wieder an Gespräche mit Überlebenden der Lagerwelt des 20. Jahrhunderts denken. Viele Überlebende der sowjetischen Kolyma oder eben von Auschwitz haben die erlittenen Traumata nie ganz überwinden können. Kurt Julius Goldstein zum Beispiel, der Auschwitz überlebte, erzählte mir über ein halbes Jahrhundert später: »Die Akkumulation des täglich erlebten Mordens im Unterbewusstsein machte einem – besonders in den ersten Nachkriegsjahren – nachts in den Träumen zu schaffen. Wenn ich von meinen Erlebnissen berichte, macht mir das nichts mehr aus, aber zwei Tage später schreie ich in meinen Träumen. Wenn mich meine Frau aufweckt, ist das eine Erlösung für mich. Danach aber liege ich noch lange wach, bevor ich wieder einschlafen kann. Manchmal kommen die Traumbilder auch ein zweites Mal wieder. Deshalb erzählten viele Häftlinge nichts von ihren Lagererlebnissen. Sie wussten, dass dann nachts die Schrecken wiederkamen. Es gibt immer wiederkehrende Träume, die mich nachts quälen, bei denen ich schreie.«[84]

Oft sind es Szenen sadistischer Brutalität, die in wiederkehrenden, surreal verwandelten Träumen auftauchen. Etwa Wachen, die zu Serienmördern mutieren und Mitgefangene ermorden, oder Häftlinge, die mit bloßen Fäusten gegeneinander boxen, während die anderen Gefangenen unter den Augen der Wachen zusehen müssen, bis einer der Gladiatoren nicht mehr aufstehen kann und der am Boden Liegende zu Tode getrampelt wird. Ähnliches hört und liest man von denen, die der Schreckenswelt Libyens entkamen und die Todesgefahr auf dem Mittelmeer überstanden: »Wir kennen das Risiko. Bei uns hat man Fernsehen. Wir schauen uns Videos von Booten an, die kentern, auch von den richtig großen Booten. Ich kann anderen Menschen nicht raten, zu tun, was ich getan habe. Aber wenn du erzählst, dass die Zustände in Libyen nicht gut sind, dann glauben sie dir nicht. Und wenn sie dann kommen, ist es zu spät. Wir laufen vor dem Krieg in der Heimat davon und erreichen den nächsten in Libyen. Und was machen wir dann? Ich habe mit meinen eigenen Augen ansehen müssen, wie sie ein äthiopisches Mädchen aus unserer Gruppe vergewaltigten und umbrachten. Wenn du deinen Mund aufmachst, bringen sie dich um.«[85]

Selbst wenn man die Shoah nicht mit den Flucht- und Migrationsbewegungen von heute gleichsetzen möchte, findet man wiederkehrende Reaktionen. Neben dem Schrecken der Lagerwelt muss die sich regende moralische Unruhe beachtet werden, die zum Aufstand des Gewissens führen kann. Generalmajor Henning von Tresckow hat in einem Brief an Stauffenberg die geplante Tat vom 20. Juli 1944 verteidigt: »Das Attentat muss erfolgen ... Denn es kommt nicht mehr auf den praktischen Zweck an, sondern darauf, dass die deutsche Widerstandsbewegung den entscheidenden Wurf gewagt hat. Alles andere ist daneben gleichgültig.«

Diesen Gedanken griff der Schweizer Soziologe und Globalisierungskritiker Jean Ziegler in seiner Festspielrede auf, die er 2011 in Salzburg halten sollte, aber nicht halten konnte, weil man ihn wegen seiner angeblichen Nähe zum libyschen Diktator Muammar al-Gaddafi auslud. Sie erschien daraufhin als kleines Buch unter dem Titel *Der Aufstand des Gewissens. Die nicht-gehaltene Festspielrede 2011* und erregte ungewöhnliches Aufsehen. Ziegler prangerte die unterlassene Hilfe des Nordens mit alttestamentlicher Wucht und Statistik an. Er rechnete vor, dass alle fünf Sekunden ein Kind unter zehn Jahren verhungert: »Ein Kind, das am Hunger stirbt, wird ermordet.« Er verwies auf die zwölf Millionen Menschen auf der Flucht in Äthiopien,

Dschibuti, Somalia und Nordkenia, wo ein Großteil der Böden zu hart ist für ertragreiche Ernten. Hedgefonds und Großspekulanten, die aufgrund des Zusammenbruchs der Finanzmärkte auf die Agrarrohstoffbörsen umstiegen, würden zwar Gewinne erzielen, aber ihre Transaktionen würden zum Anstieg des Hungers und damit der Flüchtlingszahlen führen.

Das Gewissen treibt auch viele Helfer der spendenfinanzierten Seenotrettung am Mittelmeer an. Klaus Vogel sagt es im Gespräch am Küchentisch so: »Jeder, den wir gerettet haben, ist einer weniger, der auf unabsehbare Zeit unser moralisches Konto belastet. Es ist nicht zu akzeptieren, dass wir ein privilegiertes Leben in Europa führen, und vor unserer Türschwelle sterben die Menschen zu Tausenden.«

Aber unterschätzt man damit nicht, wie dicht die Netze krimineller Menschenschmuggler inzwischen geknüpft sind, die nach konservativen Schätzungen zehn Milliarden Euro einnehmen? Diese Entwicklung müsste von Polizeikräften gestoppt werden. Aber letztlich sind die Schmugglerbanden nicht der Grund des Elends, sondern der Verstärker.

Klaus Vogel musste die Arbeit auf der »Aquarius« infolge politischen Drucks 2018 aufgeben. Klaus J. Bade kommentiert scharf: »Denunziationen und Kriminalisierung, auch aus Deutschland, haben fürs erste gesiegt. Das passt wenig zu den hehren Zielen des globalen Migrationspakts.«[86]

Zugvögel sammeln sich im Park am Landwehrkanal. Eine Frau füttert Schwäne, die nicht in den Süden fliegen. Ich denke an Joseph Roth, der auf der Flucht im Jahr 1937 bitter notierte, dass überall in Europa Tierschutzvereine Vögel retten, die von ihren Artgenossen zurückgelassen werden, doch: »Wo gibt's einen Menschen-Schutzverein, der unsere Artgenossen ohne Pass und Visum in das von ihnen ersehnte Land bringen wollte?«

Beim Spaziergang am Ufer des Landwehrkanals erzählt Julia Schaefermeyer von ihrer Arbeit. Sie setzt auf dem neuen Schiff der Organisation SOS Méditerranée das Werk von Klaus Vogel und anderen fort, genauer: sie setzte. Doch sie möchte bald wieder Menschen vor dem Ertrinken im Mittelmeer retten. Vorerst haben die italienischen Behörden nach elfstündiger Durchsuchung die unter norwegischer Flagge fahrende »Ocean Viking« aber in Porto Empedocle auf Sizilien festgesetzt. »Es geschah, nachdem die Ocean Viking schon drei solcher Inspektionen innerhalb von weniger als einem Jahr ohne Beanstandung durchlaufen hatte«, erläutert Julia Schaefermeyer. »Diesmal hieß es unter anderem, das Schiff habe zu viele Passagiere befördert – dabei gelten aus Seenot gerettete Menschen unter keinen Umständen als Passagiere.«

Da andere Rettungsschiffe wie die »Alan Kurdi« der deutschen Organisation Sea-Eye oder die »Aita Mai« der italienischen Salvamento Maritimo Humanitario / Maydayterrano ebenso festgesetzt worden sind, ist hinter der Willkür der Ämter Methode zu erkennen. Bei der von der evangelischen Kirche finanzierten »Sea-Watch 4« waren die Gründe besonders bizarr: Es seien zu viele Rettungswesten an Bord gewesen, und das Abwässersystem sei nicht für die vielen Geretteten ausgelegt gewesen.

Kein Aufschrei der Entrüstung ging durch die Medien. Ganz anders wäre das wohl, wenn jemand Schwäne erschießen oder Zugvögel vergiften würde. »Kein Wunder, dass der Tierschutz-Verein in allen Schichten der Bevölkerung populärer ist als der Völkerbund«,[87] stellte Joseph Roth einst fest. Für die Vereinten Nationen gilt das wohl ebenso.

»Ich hätte jetzt wieder einen Einsatz im Mittelmeer«, erzählt Julia Schaefermeyer beim Spaziergang im Herbst des Jahres 2020, »aber unser Schiff ist immer noch beschlagnahmt.«

Wie stets besteht die Mannschaft aus einer vom Schiffseigentümer angeheuerten Crew und dem »Menschenschutzverein«. Die »Ocean Viking« arbeitet ähnlich wie die »Aquarius«. Bei schönem Wetter gibt es mehr Überfahrtsversuche und dadurch gerade in der Urlaubs- und Badesaison mehr Tote als im übrigen Jahr. Das Risiko des Ertrinkens und damit die nervliche Anspannung bleiben stets hoch. Allein bei Kälte und Sturm sinkt oft die Anzahl der Fahrten.

Meist empfangen die Rettungsschiffe einen Notruf mit einer ungefähren Positionsangabe. Oft durchkämmen sie das Meer, dort, wo sie Fluchtrouten vermuten. Es ist nicht leicht, ein kleines Boot auf dem großen Meer zu finden. Man kann von Glück reden, wenn jemand auf der Brücke mit dem Fernglas einen winzigen Punkt entdeckt und dieser sich beim Näherkommen als Barke mit Flüchtlingen erweist. Damit die Rettung gelingt, ist es wichtig, dass niemand die Nerven verliert und am Ende viele in Panik geraten. Rettungswesten werden ausgeteilt, zügig bringt ein Schnellboot – als Erstes Frauen und Kinder – die Schiffbrüchigen zur »Ocean Viking«. Dort werden sie mit Kleidung und einer Decke versorgt, bekommen zu essen und zu trinken. Manche benötigen auch Erste Hilfe. Auf die Registrierung folgt die »Goldene Stunde«: Die vorerst Geretteten ruhen sich erst einmal aus, viele schlafen.

»Die Kinder bringen Fröhlichkeit und Wildheit auf das Schiff«, sagt Julia Schaefermeyer. »Über einige Spielsachen sind sie glücklich. Manche werden auch etwas frech und fordernd. Ein Junge ließ mich einmal über ein Crewmitglied holen, es sei wichtig. Er wollte mit mir spielen.«

Es ist unmöglich, die vor dem Ertrinken Bewahrten auf einen Nenner zu bringen. So beeindruckte Julia Schaefermeyer eine junge Frau, wahrscheinlich eine politische Aktivistin auf der Flucht, die aus dem Gedächtnis ganze Passagen aus Voltaires Gedanken zu den bürgerlichen Freiheiten vortrug. Die zierliche Frau hörte in Gesprächen aber auch dunkle Andeutungen, die auf Vergewaltigungen oder andere Verbrechen hindeuten. Zuweilen kommen durch die Kinder die wahren Beziehungen ans Licht. Dann stellt sich etwa heraus, dass es sich bei der vermeintlichen Mutter in Wahrheit um die Tante handelt und die Mutter verschollen oder gar umgekommen ist.

Beim bislang letzten Einsatz der »Ocean Viking« verweigerten zuerst die maltesischen, dann die italienischen Behörden das Einlaufen in einen sicheren Hafen. Der Stress stieg, als Flucht und Rettung unmittelbar vor der Küste zu scheitern drohten, zumal etliche Überlebende nach Auskunft der Ärzte an Bord Nahtoderfahrungen durchlitten hatten. Es kam zu sechs Selbstmordversuchen aus Verzweiflung, die knapp verhindert werden konnten, worauf die Besatzung den Notstand ausrief. Es begann ein Nervenspiel. So mussten die Menschen auf der »Ocean Viking« etwa in Ufernähe noch fünfzehn quälend lange Stunden ohne Informationen ausharren, bevor es weiterging. Am Ende kamen sie nicht an Land, wechselten aber auf das Kreuzfahrtschiff »Moby Zazà«, das zum Quarantäneschiff umfunktioniert worden war.

Nicht die illegalen Schlepper sind das entscheidende Problem, obwohl es darunter hochkriminelle Banden gibt, sondern die Tatsache, dass die legalen Wege versperrt sind. Für das verbotene Geschäft bildeten sich inzwischen strikte Regeln und Standards heraus. »Viele Gerettete können mir genau sagen«, so Julia Schaefermeyer, »für wie viel Geld sie in Libyen verkauft und weiterverkauft wurden. Aber die Kosten der Flucht, egal welche Form von Kosten, waren den meisten vorher sicherlich nicht bewusst.«

Als Julia Schaefermeyer im Sommer 1991 geboren wurde, waren die ersten Proteste gegen das Sterben im Mittelmeer bereits Geschichte. In Wellen steigt und sinkt seitdem die Zahl der Toten. Nur noch kurzzeitig erregt dieses »organisierte Verbrechen an der Menschlichkeit«[88] (Klaus J. Bade) die Gemüter, meist ist es lediglich ein mediales Hintergrundrauschen, das wie Kaufhausmusik kaum bemerkt wird. Während ich diese Zeilen schreibe, erscheint auf der *Spiegel*-Webseite die bald wieder verschwindende Schlagzeile, dass mehr als neunzig Flüchtlinge vor der libyschen Küste gestorben sind, also dort, wo Julia Schaefermeyer auf der »Ocean Viking« als »Menschenschützerin« unterwegs gewesen wäre.

Was trieb die in Berlin und Rennes ausgebildete Sozialwissenschaftlerin dazu, in der privaten Seenotrettung zu arbeiten? Warum erwog sie sogar, eine maritime Ausbildung anzutreten? »Ein einzelnes Erlebnis, das mich stark prägte, hatte ich nicht. Ich bin in Nordhorn geboren und aufgewachsen, also direkt an der niederländischen Grenze, die ich nur ohne Grenzkontrollen kennenlernte, und glaubte – wie meine Freunde – an ein Europa der offenen Grenzen. Als ich allmählich erfuhr, was im Mittelmeer geschieht, war es ein Schock, und ich wollte mich dort engagieren.«

Etliche der älteren Retter nennen die Naziverbrechen und die Auseinandersetzungen damit als Motiv. Julia Schaefermeyer war noch ein Kind, als 1995 mit der Ausstellung »Verbrechen der Wehrmacht« die letzte große Debatte darüber erfolgte. Spielen diese Verbrechen für sie noch eine Rolle? Sofort und bestimmt bejaht sie das nicht nur für sich, sondern für viele ihrer Generation. Bei Brecht steht geschrieben:

Wenn die Wunde
Nicht mehr schmerzt
Schmerzt die Narbe[89]

Italienische Behörden hoben am 21. Dezember 2020 die Festsetzung der »Ocean Viking« auf. Die Seenotretter erklärten, sie wollen nun in Richtung der französischen Hafenstadt Marseille auslaufen und nach der Quarantäne neue Rettungseinsätze vorbereiten und bald wieder aufnehmen. Dennoch bleibt eine neuerliche Behinderung wahrscheinlich. Ein Pendeln zwischen Stop-and-go, Stau und Weiterfahrt ist ein zu erkennendes Muster, solange es keine Strategie gegen das Ertrinken im Mittelmeer gibt. Besserung ist wohl erst möglich, wenn das beherzigt wird, was Bruno Latour so formuliert: »Jetzt, da alle die Schotten dicht machen, ist offenkundig ein denkbar schlechter Augenblick, um über offene Grenzen und eine Revolution der Lebensweisen zu reden. Eins muss uns aber klar sein: Migration und neues Klimaregime, die Bedrohung ist ein und dieselbe.«[90]

Nur wenn die Klimabewegten ihr berechtigtes Anliegen nicht einseitig betrachten, sondern als untrennbar verbunden mit den mannigfachen Krisen, die sich in Flucht und Migration zeigen, werden sie darauf angemessen reagieren können. So zwingen etwa die Heuschreckenplagen in Ostafrika und Südasien, die von nahezu allen Wissenschaftlern auf die Klimakatastrophe zurückgeführt werden, Millionen zur Flucht vor Armut und Hunger.

Und so geschah es.

Als die »Ocean Viking« – sie hatte als einziges Schiff der privaten Seenotrettung agiert – am 25. Januar 2021 im Hafen des sizilianischen Augusta anlegte, hatte die Besatzung nicht weniger als 374 Flüchtlinge, darunter Babys und Kleinkinder, vor der libyschen Küste aus vier in Seenot geratenen Schlauchbooten gerettet.

WARUM KOMMEN FREIHEIT UND GLEICHHEIT SO SCHWER ZUSAMMEN?

Doch wir wollen nicht die Hände in den Schoß legen,
auch nicht in unbefriedigenden Zeiten. Soziale Ungerechtigkeit
muss immer noch angeprangert und bekämpft werden.
Von selbst wird die Welt nicht besser.

ERIC HOBSBAWM[91]

Wir befinden uns nicht im selben Boot, aber im selben Sturm. Die Corona-Pandemie wirkt wie ein Vergrößerungsglas, das Risse und Dellen augenfällig macht. Allmählich, aber unaufhaltsam wird sichtbar, was ansonsten nahezu verborgen bleibt hinter Mauern und Dreck. Auf einmal sieht man die im Dunkeln, das Virus brachte sie ungewollt ins Scheinwerferlicht. Der erste tote Arbeitsmigrant in der Landwirtschaft tauchte nur kurz in den Schlagzeilen auf, erst die Zustände in der Fleischindustrie, in der zunehmend Arbeitsmigranten viel zu beengt malochen und übernachten, regten die Gemüter auf. Plötzlich zeigten sich Politiker entsetzt, gelobten Besserung. Betroffene und ihre Unterstützer kamen in nahezu allen Medien ins Bild und zu Wort. So berichtete der katholische Pfarrer Peter Kossen, der sich seit Jahren für die Rechte von Arbeitsmigranten in der Fleischindustrie einsetzt, ausführlich von modernen Formen der Sklaverei – mitten in Deutschland.

»Mein Bruder ist Mediziner, und der beschreibt mir immer wieder aus seiner Dorfarztpraxis, … was die Lebens- und Arbeitssituation mit diesen Menschen macht … In dem Versuch, das zu beschreiben, was da für ganz viele Menschen die Wirklichkeit ist, ist mir der Begriff des ›Wegwerfmenschen‹ gekommen, der ja zynisch ist, aber den ich leider in diesem Zusammenhang für sehr treffend halte.«[92]

Wohlgemerkt: Diese Erschöpften kommen nicht aus dem globalen Süden, sondern aus der Halbperipherie. Sie sind fast ausnahmslos EU-Bürger von den Rändern, wo viele Familien ohne Geld aus den Zentren Europas nicht leben können. Mittlerweile werben Agenturen dort Menschen an, die Arbeitsbedingungen zwischen Gefängnis und Kaserne auf sich nehmen, um ihre Familien notdürftig über die Runden zu bringen. Sie sind die schwächsten Glieder in der Produktionskette, doch als während der ersten Welle der Pandemie die Grenzen geschlossen waren, zeigte sich: Es gibt keine nationale Produktion ohne Einwanderer und ausländische Saisonarbeiter. Sie sind »systemrelevant«.

Ein schneller Ausstieg aus dem Teufelskreis ist nicht zu erwarten. Im Norden von Griechenland oder im Süden von Spanien sind die Wanderarbeiter leicht zu finden, manchmal ganz nah bei den Touristenorten. Ähnliche Verhältnisse herrschen überall auf der Welt – von Indien mit seinen Wanderarbeitern bis hin zu den Einwanderern und Binnenmigranten in Brasilien. Sicherlich ist vieles auf die Deregulierungen der letzten Jahrzehnte zurückzuführen, doch beim Blick in die Literatur, das verdichtete Gedächtnis der Menschheit, stößt man auf Verblüffendes.

Chicago löste Ende des 19. Jahrhunderts Manchester als paradigmatischste Stadt des Kapitalismus ab. Vorrangig Einwanderer und Binnenmigranten erbauten die Metropole am meerartigen Michigansee. Eine industrielle Metropole mit Fließbändern entstand, zog Farbige aus dem Süden der Staaten an, aber auch viele Osteuropäer über den Atlantik. Upton Sinclair recherchierte sieben Wochen in und um die Schlachthöfe, tagsüber tarnte er sich zuweilen als Angestellter, abends ging er in Sammelunterkünfte und Kneipen. Er sprach mit Politikern und Juristen, Gewerkschaftern und Grundstücksmaklern, Polizisten und Medizinern. Möglicherweise redete er auch mit Vorfahren von Michelle Obama, größtenteils Nachfahren von Sklaven aus dem Süden, die Ende des 19. Jahrhunderts nach Chicago gelangt waren. Noch der Vater der späteren First Lady arbeitete als Metzger.

Vergeblich suchte Upton Sinclair nach einer Handlung, bis er eines Tages auf eine Hochzeitsgesellschaft traf, die ihn gastfreundlich einlud, wie man das aus den litauischen Wäldern kannte, von wo die Feiernden ausgewandert waren. Dank der Migranten aus Europas Osten gelang ihm endlich der beherzte Zugriff auf seinen Stoff. Die Litauer berichteten von verstellten Horizonten im Zarenreich, von der Ausreise mit Hindernissen, ihren überzogenen Hoffnungen auf Amerika, dem allmählichen Kennenlernen der fremden Welt. So fand und erfand er mit der Zeit die Gestalten des Fleischtrusts, es entstand »der Große Schlächter – der fleischgewordene Geist des Kapitalismus«.[93] Upton Sinclairs Protagonist Jurgis, der zuvor noch nie eine Metropole gesehen hat, ja kaum eine richtige Stadt, gehört zur ersten Generation der Migranten. Sein Lebensweg ähnelt dem des Zeitzeugen Harry Nemtzov bis in Details. Bei diesem war die Flucht eines Bruders vor der Einberufung in die Armee – am anderen Ende des Zarenreichs tobte gerade ein Krieg gegen Japan – ein Auslöser für die Auswanderung einiger Männer der Familie Nemtsov in die Vereinigten Staaten. In Sinclairs Roman ist Jurgis' Bruder eingezogen worden, seitdem hatte man nie wieder etwas von ihm gehört. Um diesem Schicksal zu entgehen, wählt Jurgis mit einigen anderen die Migration. Die Auswanderer geraten an betrügerische Schlepper. Ihre Unkenntnis der Vereinigten Staaten lässt sie nach der Passage über den rauen Atlantik erneut zur leichten Beute werden. Ein uniformierter Mann verfrachtet sie nach der Ankunft in ein Hotel, das zu verlassen ihnen nur erlaubt wurde, wenn »sie die geforderten enormen Hotelpreise zahlten«.[94]

Rund um die Schlachthöfe mit ihrem »elementaren Geruch, roh und vermischt; er war schwer, beinahe ranzig, sinnlich und scharf«,[95] breiten sich die Sammelunterkünfte für die Neuankömmlinge aus: »Jedes Mietshaus hatte vier solcher Wohnungen, und jede Wohnung war eine ›Pension‹ für Ausländer – Litauer, Polen, Slowaken oder Böhmen … Im Durchschnitt wohnten in jedem Raum ein halbes Dutzend Leute, manchmal aber auch 13 oder 14 in einem Zimmer und 50 bis 60 in einer Wohnung … Es war keineswegs ungewöhnlich, dass zwei Männer gemeinsam nur eine Matratze besaßen, wenn nämlich der eine am Tag arbeitete und nachts darauf schlief und der andere nachts arbeitete und am Tag darauf schlief. Häufig vermietete der Pensionsinhaber auch dieselben Betten an zwei Arbeiter, die in verschiedenen Schichten arbeiteten.«[96]

Es ist die Zeit vor der großen Migration innerhalb der USA, bei der rund sechs Millionen Afroamerikaner aus den vorrangig ländlichen Gebieten in die Industriestädte des Nordens zogen. Deshalb dominieren am Anfang des 20. Jahrhunderts zunächst die osteuropäischen Einwanderer die Szene. Der Leser erfährt vom gefährlichen Handwerk eines Knochenausschälers, der im Akkord arbeitet, um die Aussteuer für die Hochzeit zu verdienen: »Die Hände sind glitschig, das Messer ist glitschig, du schuftest wie verrückt, und plötzlich redet dich einer an, oder du triffst auf einen Knochen. Dann rutscht dir die Hand ab ins Messer, und es gibt eine klaffende Wunde.«[97] Die Ausschäler verdienen mehr als andere Malocher im Schlachthof, ihre Hände aber sind übersät von Verletzungen. Beständig drohen Blutvergiftung und Arbeitsverlust. Dann muss man in Kälte und Schnee jeden Morgen um sechs Uhr anstehen und versuchen, einen neuen Job zu finden.

Da das immer wieder gelingt, dauert es lange, bis der Glaubensvorrat aufgebraucht ist und die Hoffnung auf ein besseres Leben schwindet. Eines Tages muss Jurgis nach dem Arbeitsunfall eines Kollegen länger bleiben und sieht, was mit den Tieren geschieht, die auf der langen Reise im Güterzug gestorben waren – wegen einer Krankheit, weil andere Rinder im Waggon sie im Gedränge zerquetscht, ihre Hörner in ihre Flanken gebohrt hatten oder aus einem anderen Grund, niemand will es genau wissen. Die Kadaver wanderten nun in die Kühlhallen zum anderen Fleisch, »sorgfältig hier und da verteilt, damit man sie nicht ausmachen konnte«. Müde vom langen Arbeitstag und in düsterer Stimmung kommt Jurgis die Erkenntnis, »dass diejenigen, die ihn wegen seines Glaubens an Amerika ausgelacht hatten, wohl doch im Recht waren«.[98]

Unter dem Eindruck der Corona-Pandemie und der Tagesnachrichten über infizierte Arbeiter aus Südosteuropa ist der heutige Leser erstaunt, mit welcher Präzision Upton Sinclair schon vor mehr als einem Jahrhundert erläuterte, wie sich Lungenentzündungen und Grippe ausbreiten in den beengten Verhältnissen. Aus Angst, die Arbeit zu verlieren, schuften viele, bis die Muskeln versagen und sie entkräftet aufgeben müssen. Dann bekommen neue Leute eine »Chance«.

Nicht so mythisch-suggestiv wie die Schlachthöfe wirkt die Landwirtschaft, aber auch ihr widmet sich Upton Sinclair, als es Jurgis nach Missouri verschlägt. »Hier stand Getreide auf dem Halm, für das Menschen sich drei oder vier Monate gemüht hatten und das sie nun fast alles verlieren würden, wenn sie nicht für ein, zwei Wochen fremde Hilfe finden würden.«[99] Dabei kommt es aber auch zu Gewaltausbrüchen.

Wer *Dschungel* von Upton Sinclair liest, ein Bestseller von 1905/06, der zum Klassiker avancierte, erkennt Muster, die in Variationen bis heute blieben. Schon Bertolt Brecht war von diesem dokumentarischen Roman fasziniert und nutzte ihn für einige seiner Stücke wie *Die heilige Johanna der Schlachthöfe*. In den 1960er Jahren sahen Vertreter des New Journalism in Sinclair ein Vorbild. Obwohl Brecht seine *Johanna* vor der Erfahrung der USA und vor der Flucht schrieb – und sich deshalb wohl so blind zeigte für die Einwandererbewegungen, die nahezu alle Chicago-Erzählungen bis hin zu den Vertretern der neuen Weltliteratur wie Aleksandar Hemon durchströmen –, spielt er auf einer abstrakten Ebene eine Melodie, die Upton Sinclairs Titel betont: Ein scheinbar rational-effizienter Produktions- und Geschäftsablauf kann, wenn er das normale Leben außerhalb des Betriebs ausblendet und dennoch umpflügt, eine chaotische Umwelt erzeugen, einen gesellschaftlichen Dschungel.

Anders als gestern sammeln sich heute in den Vorstädten nicht mehr jeden Morgen Hunderte, um sich als Tagelöhner zu verdingen. Das große Geschäft ist an die Ränder Europas verlagert. Jenseits und diesseits der EU-Außengrenzen stößt man in den Städten im Grunde auf die immer gleichen Brüche: Eine Einkaufsstraße mit westlichen Boutiquen von Gucci und Levi's über Boss bis Mango. Die fein gegliederten historischen Gebäude sind herausgeputzt und angestrahlt, sodass sie wie Filmkulissen wirken. In den dunklen Unterführungen findet man dagegen kleine Billigläden mit buntem Spielzeug und bunter Kleidung, mit bunten Geräten und bunten Taschen; alles muss hier bunt und billig sein. In ärmeren Vierteln wechseln sich verrottende alte Häuser mit Baustellen ab. Manchmal ist eine solche Gegend beim nächsten Besuch schick herausgeputzt, aber die Armen sind in der Regel nicht weniger geworden, sondern verdrängt an die neuen Ränder der größer gewordenen Stadt. An den Übergängen zu den Rändern sieht man an einigen Stellen Männer herumstehen; es sind Tagelöhner, die auf dem sogenannten Arbeitsstrich auf einen Auftrag warten. Zunehmend ältere findet man hier, viele ersetzen die

Jungen vor Ort, die sich auf den Weg in die Metropolen und in die Zentren der EU gemacht haben. Solange der Eiserne Vorhang nicht heruntergelassen war, erfolgte die Wanderung in Europa vornehmlich von Ost nach West oder von Süd nach Nord. Zuweilen gab es auch eine von den westlichen Rändern in die Zentren. Als der Westen nicht nur aus parlamentarischen Demokratien bestand, sondern sich an seinen Rändern faschistische und Militärdiktatoren breit machten, gab es Geschichten von Portugiesen, die Schlepper über die französische oder spanische Grenze brachten. Nach der Bezahlung, etwa 1000 Mark pro Person, was in den 1960er Jahren ungefähr dem Jahresverdienst eines Bauern entsprach, ließ man sie nicht selten mittellos allein hinter der Grenze in den spanischen Bergen zurück. Es kam zu Todesfällen, manche mussten aufgeben und umkehren. Daraufhin etablierten die Migranten ein Bezahlsystem, das sie vor solcher Ausbeutung schützte: Sie ließen sich fotografieren und zerrissen die Aufnahme in zwei Hälften. Die eine nahmen sie an sich, die andere bekam der Schlepper. Sobald sie die gefährliche Reise überstanden hatten, schickten sie ihre Hälfte nach Hause, und der Menschenschmuggler erhielt sein Geld von der Familie, wenn er die andere Hälfte des Bildes vorlegen konnte. Das dokumentiert in ungewöhnlich intensiver Weise John Berger in einem mit Jean Mohr entwickelten eindrucksvollen Foto-Text-Band aus dem Jahr 1975.[100] Die Ansprache an den Leser zur Neuauflage 2016 – und damit einer der letzten Texte John Bergers – schließt mit dem Satz: »Doch die Tatsache, dass Westeuropa weiterhin, selbst während einer solchen Krise, auf Millionen Arbeitsmigranten angewiesen ist, zeigt, dass das Wirtschaftssystem nicht mehr ohne die Arbeitskraft der Emigranten bestehen kann.«

Unter der Corona-Lupe wurde eine Paradoxie der verflochtenen Wirtschaft deutlich, die ständig bestrebt ist, die Lohnkosten zu senken, denn das heißt: Massen in Bewegung setzen. Die nationalen Grenzschließungen machten das offenbar. Fremdenfeindlichkeit von Gruppen und Staaten kann sich bis zu Menschheitsverbrechen wie Völkermord und Massenvertreibungen steigern, aber sobald der Motor der Wirtschaft wieder rotiert, kommt es zu einer neuen Vermischung. Das geschah selbst nach dem Zweiten Weltkrieg, als die ethnische Vielfalt anscheinend dauerhaft eingeschränkt war. Doch schon wenige Jahrzehnte später war die große Bewegung und Vermischung der Völker auf den Straßen und Plätzen wieder zu beobachten. »Nur besteht heute die typische ›nationale Minderheit‹ in den meisten Einwanderungsländern aus einem Archipel kleiner Inseln statt aus einer zusammenhängenden Landmasse.«[101] Als die Zahl der Corona-Infizierten unter den Wanderarbeitern jäh anstieg, gab es etliche Vorschläge, was verändert werden müsse – vom Mindestlohn über den Arbeitsschutz bis zu den Profitmargen. Das führt zum Klassiker *Früchte des Zorns*, der, als er 1939 erschien, keine Prophetie war, sondern auf langen Recherchen des Literaturnobelpreisträgers John Steinbeck in Migrantenlagern in Kalifornien beruhte. Über dreißig Jahre nach Sinclairs *Dschungel* erschienen, zeigt er vergleichbare Zustände – diesmal vor allem in der Landwirtschaft. *Früchte des Zorns* ist ein Roman, der soziologische Studien inspirierte und Reformen im Rahmen des New Deal ermöglichte. Heute wird nicht zufällig ein Green New Deal gefordert. Der Titel verweist auf die Schlachthymne der Republik aus dem amerikanischen Bürgerkrieg, der zumindest formal das Ende der Sklaverei in den Vereinten Staaten brachte. Freiheit und Gleichheit sollten für alle gelten.

Damit offenbart sich ein weiteres Paradox: Wirkmächtige Angriffe gegen eine zu wenig regulierte Wirtschaft gehen oft auf Ideen der bürgerlichen Revolutionen zurück, doch Forderungen wurden daraus erst durch das Eingreifen nichtbürgerlicher Kräfte. Ohne die Arbeiterbewegung gäbe es keine bürgerliche Demokratie, wie sie heute in Variationen – pauschal gesagt – im Westen herrscht. Forderungen der organisierten Beschäftigten suchten die Unternehmer Chicagos mit Massenaussperrungen und der Einstellung gerade ankommender Migranten zu unterlaufen. Das misslang. Die Solidarität siegte, und es gab nur wenige Streikbrecher. Der seit 1890 bis heute mit Demonstrationen und Feiern begangene 1. Mai hängt mit diesen Protesten in Chicago zusammen. Wenn eine relevante Zahl der Ankommenden sich anders verhalten hätte, wäre es wahrscheinlich zu rassistischen Angriffen gekommen. Rassismus ist nicht nur, aber immer auch der Gegenpart zur Solidarität.

Albert Memmi bezeichnet die Ablehnung, die sich gegen Einwanderer richtet, als »Rassismus der Verarmten«. Memmi, 2020 im hundertsten Lebensjahr verstorben, war ein Bewohner verschiedener Welten – jüdischer, arabischer, französischer – und stieg als Sohn tunesischer Juden aus dem Handwerkermilieu zu einem Pariser Intellektuellen von Rang auf. In seinem Standardwerk führt er zum Rassismus aus: »So paart sich diese Feindseligkeit z. B. häufig mit der Angst vor Arbeitslosigkeit.«[102]

Dieser Spaltpilz, der vielfältig wie ein Virus mutieren kann, hat immer eine Grundstruktur, die Memmi klassisch klar definierte: »Der Rassismus ist die verallgemeinerte und verabsolutierte Wertung tatsächlicher und fiktiver Unterschiede zum Vorteil des Anklägers und zum Nachteil seines Opfers, mit der seine Privilegien oder seine Aggressionen gerechtfertigt werden sollen.«[103] Kurzum, festzustellen, dass es Unterschiede gibt, ist kein Rassismus, aber diese Feststellung ist eine gefährliche Waffe, ohne die der Rassismus nicht auskommt. Im Kern kämpft der Rassismus gegen die Gleichheitsforderung aller bürgerlichen Revolutionen. Freiheit, Gleichheit, Brüderlichkeit – Letzteres wird häufig als Solidarität aktualisiert. Anfangs richteten sich diese Forderungen gegen die feudale und absolutistische Herrschaft. Die künstliche Ungleichheit sollte überwunden werden und die Natur sich dann frei durchsetzen.

Es ist eine utopische Dimension, der sich viele Gesellschaften verpflichtet fühlen, weshalb sie in vielen progressiven Verfassungen zu finden ist, auch im deutschen Grundgesetz, wo es gleich im Artikel 1 heißt, die Würde des Menschen ist unantastbar. Hier geht es um das Zukünftige, wird ein Möglichkeitsraum geschaffen, denn Realität ist, dass die Würde des Menschen nicht nur in Krisenzeiten angetastet wird.

Wahrscheinlich gilt für die Menschheit, was Ivo Andrić für den einzelnen Menschen formulierte: »Der Mensch kann leben, solange er die Kraft besitzt, sich Illusionen hinzugeben, um so die Unvollkommenheit der Welt und die Vergänglichkeit alles Bestehenden zu ertragen; wenn er diese verliert, taugt er nicht mehr fürs Leben, er erträgt es schwer, und es wäre besser für ihn, das Leben möglichst bald auf eine schöne Weise wegzuwerfen. Doch das tut er selten.«[104]

Selbst wenn die Forderungen der bürgerlichen Revolutionen nach Freiheit und Gleichheit, die sich bislang als unvereinbar erwiesen, erfüllt werden sollten, bleibt die Conditio humana, und dann dürfte gelten: Selbst wenn alle im selben Boot sitzen, bleibt immer noch der Sturm.

KOMMT NACH DER EINWANDERUNGS-
DIE MINDERHEITENGESELLSCHAFT?

Migration ist ein Konstituens der Conditio humana wie Geburt,
Vermehrung, Krankheit und Tod. Die Geschichte der Wanderungen
ist so alt wie die Menschheitsgeschichte; denn der Homo sapiens hat
sich als Homo migrans über die Welt ausgebreitet.

KLAUS J. BADE

In Festreden über Europa und die Welt wird gern Immanuel Kant
zitiert und an seinen philosophischen Entwurf *Zum ewigen Frieden*
erinnert. Im ersten Zusatz »Von der Garantie des ewigen Friedens«
gibt es allerdings eine Passage, die heute verstörend wirkt und – ver-
ständlicherweise – nicht erwähnt wird. Dort erläutert der Philosoph,
der sein ganzes Leben im ostpreußischen Königsberg und dessen
Umgebung verbrachte, warum in der »Vermischung« und »Zusam-
menschmelzung« der Völker eine Gefahr für den Frieden liege, und
gibt der »Absonderung« den Vorzug. Die Schrift erschien 1795 in
einer stürmischen Phase der Weltgeschichte. Die Französische Revolution markierte nach der amerikanischen den Beginn einer neuen
Weltepoche. Nicht nur von heute aus gesehen, sondern schon für
viele Zeitgenossen war es eine planetarische Zäsur. Als Sattelzeit bezeichnete der Historiker Reinhart Koselleck die Epoche von der späten Aufklärung über die Revolutionen bis in die Mitte des 19. Jahrhunderts. Es war für ihn wie das Erklimmen eines Bergsattels, von
dem aus man ein neues Land erblickt und betritt.

Selbst wenn man Kants Werk aus dem Geist der Entstehungszeit
der großen europäischen Nationalstaaten begreift, kann man den uni-
versal denkenden Aufklärer, der darin den Ausgang des Menschen
aus der selbst verschuldeten Unmündigkeit sah, nicht leicht mit unseren Erlebnissen und Erfahrungen widerlegen.[105]

In den 1990er Jahren zerbrachen die großen osteuropäischen
Vielvölkerstaaten von der Sowjetunion über die Tschechoslowakei bis
Jugoslawien. Ob die westeuropäischen von Spanien bis Großbritan-
nien die nächsten Stürme der Geschichte überstehen, ist ungewiss.

Ankommende Flüchtlinge, Einwanderer, Arbeitsmigranten werden immer noch und verstärkt missbraucht zur Spaltung der Gesellschaft. Dass es letztlich um eine soziale Frage geht, offenbart die Tatsache, dass der investierende Milliardär durchaus willkommen ist, nicht aber der mittellose Bootsflüchtling.

Immanuel Kant wollte den Krieg mit friedlichem Handelsgeist überwinden, was ihn immer wieder zum Philosophen von Wirtschaftsliberalen avancieren ließ. Schon jüngere Zeitgenossen stellten diesen Ansatz Kants infrage. Goethe, der seine Erfahrungen in Politik und Wirtschaft gemacht hatte, ließ sich im zweiten Teil des *Faust*, der mit Bedacht erst wenige Monate nach Goethes Tod erschien, aus dem Munde Mephistopheles' – der mit Abstand besten Rolle dieses Welttheaters – besonders deutlich vernehmen. In der Palastszene im fünften Akt heißt es: »Krieg, Handel und Piraterie, dreieinig sind sie, nicht zu trennen.«

Bei einem unserer Gespräche in Athen meinte Petros Markaris, der im Zuge der wirtschaftlichen Entfesselung des Globus seit den 1990er Jahren mit seinen weltweit beachteten Kriminalromanen Gesellschaftspanoramen schuf, dass diese Stellen aktuell für unsere Zeit seien und neu gelesen werden sollten. Das kam aus berufenem Mund, da er als Erster überhaupt das Goethe'sche *Faust*-Gebirge bis hin zu den Paralipomena, also den Nachträgen, ins Neugriechische übersetzt hat. Wenn aber die Geschäfte die Kriege nicht beenden können, da das Geld und die damit verbundene Verteilungsfrage weiterhin trennend wirken und nach Immanuel Kant die Vermischung der Völker zu Katastrophen führen kann, ist die Größe der aktuellen Weltkrise zu erahnen. Erklimmen wir wieder einen Bergsattel und sehen das neue Land noch nicht?

Man soll seine eigene Zeit nicht überschätzen. Dennoch: Die Vielfalt der Gesellschaft wird vor allem in den großen Städten sichtbar und ebenso die daraus resultierenden Konflikte, reale wie fiktive. Zuwanderer werden weiter kommen, und so dürften nur radikale – an der Wurzel, also an den Ursachen ansetzende – Veränderungen aus der Krise führen, ein wahrscheinlich höchst langfristiger Prozess. Das rasante Bevölkerungswachstum im Süden, die massenhafte Hoffnung auf ein besseres Leben und die gleichzeitige Verknappung von Ressourcen könnten die Erwartungen allenthalben enttäuschen und dürften das Leben in Deutschland, in Europa, ja global umstürzend verändern. In den Geschichten der Ankommenden bilden sich die kommenden Dramen bereits ab.

Wer sich alte Wochenschauen und Dokumentarfilme aus der zweiten Hälfte des vergangenen Jahrhunderts anschaut, würde im Straßenbild zunächst keine Flüchtlinge wahrnehmen. Dabei könnten etliche Passanten von Flucht- und Vertreibungserfahrungen am Ende des Zweiten Weltkriegs erzählen, doch davon geben die Bilder nichts preis. Zumindest in den großen Städten hat sich im Laufe der letzten Jahrzehnte einiges geändert. Es ist ein buntes Bild, das sich dem Betrachter dort heutzutage bietet.

In Berlin leben offiziell Einwohner mit Pässen aus nahezu allen Ländern. Und weil das so ist, »darf ethnische Herkunft keine Rolle mehr spielen«, sagt Klaus J. Bade beim Gespräch über den Dächern von Berlin. In Paris, London oder Amsterdam ist das Bild kein grundsätzlich anderes, aber der Anteil der verschiedenen Ethnien ist dort teilweise bedeutend größer, weil ganze Viertel von Menschen aus den verlorenen Kolonien – und ihren Nachkommen – dominiert werden. An einigen Bahnhöfen Londons steigen fast nur Fahrgäste ein und aus, die aus der ehemaligen Kronkolonie Indien stammen. *The Empire strikes back* – Das Imperium schlägt zurück!, sagen viele Briten angesichts ihrer Mitbürger aus den Kolonien des untergegangenen Weltreichs, das als Werkstatt der Welt entscheidend die industrielle Revolution im 19. Jahrhundert und damit die Globalisierung voranbrachte. *We are here because you were there* – Wir sind hier, weil ihr dort wart!, antworten diese.

Die Bilder mögen sich ähneln, dennoch gibt es gravierende Unterschiede, die mit den unterschiedlichen Nationalgeschichten und deren Auswirkungen zu erklären sind. Die vielen russischen Juden in Deutschland sind ohne die Shoah nicht zu erklären. In den alten Kolonialmächten leben dagegen vorrangig Menschen aus den ehemaligen Kolonien. In Frankreich wohnen sie zumeist in den Wohnblocks der Banlieues, die in den 1960er und 1970er Jahren entstanden sind und die es in dieser Form sonst nirgends gibt. Trotz vieler Warnungen wurde die Gefahr, die von Ghettos ausgehen kann, zu lange unterschätzt. Dabei war sie kaum zu übersehen. Volker Braun, einer der seltenen aus der DDR anreisenden Beobachter, notierte bereits am 16. Januar 1979 während einer Frankreichreise in sein Werktagebuch:»... der soziale wohnungsbau kann der zuwanderer nicht herr werden, sie kommen in familien und halben stämmen, 30 % der beschäftigten sind gastarbeiter; sie sperren sich in ihre kanisterstädte ohne hoffnung auf integration.«

Bis heute entladen sich die Spannungen in den Banlieues immer wieder in tagelangen Unruhen und Kämpfen mit Sicherheitskräften, es gibt Plünderungen und brennende Autos. Strikte Trennung führt offensichtlich in die Sackgasse, und die Ahnung wächst, dass Einwanderungsfragen immer stärker auch zu Gleitschienen und Einstiegsmöglichkeiten für Rechtstrends werden, deren weitere Entwicklung noch nicht abzusehen ist.

»Es hat doch keinen Sinn zu warten«, kommentiert Bade sarkastisch die Schwerfälligkeit der Politik, »bis das Kind im Brunnen ertrunken ist, nur weil noch nicht letzte empirische Sicherheit über Brunnentiefe und Kindesalter bestand.«

Vom Ende her werden die Anfänge ja bekanntlich immer deutlicher. Dass wir diese längst hinter uns gelassen haben, bezeugen die vielen Toten im Mittelmeer. Mahnmale, an denen Kränze niedergelegt werden, dürften errichtet werden, und die Nachgeborenen werden fragen, wie das geschehen konnte. Am Ende kommen Touristen.

In den Boatpeople, die aufs offene Meer fuhren ohne Aussicht auf ein rettendes Ufer, aber in der Hoffnung auf ein rettendes Schiff, sah Michel Foucault bereits am 17. August 1979 die Vorboten der sich anbahnenden Wanderungsbewegungen des kommenden Jahrhunderts, die – wenn man alle Hochrechnungen berücksichtigt – schon mehrere Hunderttausend Menschen das Leben kosteten. Jean-Paul Sartre, sein Vorgänger, Antipode und Konkurrent in der Rolle des öffentlichen Intellektuellen, der das Künftige antizipieren wollte und sein intellektuelles Kapital in die Waagschale warf, bemerkte in seinem letzten Interview, das am 24. März 1980 in der *Libération* erschien:»Gemeinsamer Ursprung und gemeinsames Ziel, das konstituiert die Brüderlichkeit. Meiner Ansicht nach wird die totale, die wirklich denkbare Erfahrung dann existieren, wenn das Ziel, das alle

Menschen in sich haben, wenn der Mensch verwirklicht wird. Dann wird man sagen können, dass die Menschen, die hervorgebracht werden, alle einen gemeinsamen Ursprung haben, und zwar nicht durch das Geschlecht der Mutter oder des Vaters, sondern durch einen ganzen Komplex von Maßnahmen, die seit Tausenden von Jahren ergriffen wurden und schließlich zum Menschen führen. Das erst wird die wahre Brüderlichkeit sein.«

Hier spricht ein Philosoph des bürgerlichen Zeitalters aus dem Land der Französischen Revolution, die neben der amerikanischen der modernen Welt zum Durchbruch verhalf. Klaus J. Bade musste in der sich nach dem Fall des Eisernen Vorhangs rasant entwickelnden Medienlandschaft eine plastischere Sprache wählen und sich viel mehr als diese Granden bemühen, öffentlich Gehör zu finden. Seit dem Ein- und Aufbruch der digitalen Medien – das Internet entstand Anfang der 1990er Jahre, die erste Webseite wurde am 6. August 1991 veröffentlicht – ist der Kampf um Aufmerksamkeit, um Konzentration und Weitergabe des Entscheidenden viel härter geworden.

Vor Äußerungen vor Kreisen jenseits der wissenschaftlichen Community suchte Bade immer wieder nach Bildern, mit denen er die Menschen erreichen, sie wachrütteln konnte. Da viele gern Thunfisch essen, erwähnte er bei einer dieser Veranstaltungen, dass dieses Tier alles frisst, was an organischen Stoffen im Wasser treibt – auch Leichen von Bootsflüchtlingen. »Es muss im Mittelmeer noch leichiger werden, bis die Leute aufwachen.« Das Wort »leichiger« regte an und auf. Dennoch blieb bei ihm das Gefühl, keinen Schritt voranzukommen trotz immer höher werdender Leichenberge.

»Wir haben uns an das Sterben gewöhnt. Wenn ein Boot untergeht, ist das keine Nachricht. Man kann das journalistisch nicht verwerten. Wenn ein Kind angespült wird, dann gibt es eine kurze Unterbrechung der langen Abstumpfung.« Wer denkt da nicht sogleich an das Foto der türkischen Fotografin Nilüfer Demir, das den toten Alan Kurdi am Strand von Bodrum zeigt? Der Dreijährige war ertrunken, als seine Familie mithilfe von Schleppern versuchte, von der Türkei zu der in Sichtweite liegenden griechischen Insel Kos zu gelangen. Der mit Schuhen, blauer Hose, rotem Shirt bekleidete Junge, der bäuchlings am Strand liegt, löste einen Schock aus, wie ihn der Untergang eines Flüchtlingsboots voller junger Erwachsener nicht mehr bewirken kann. Ein Untergang ist nur noch eine Nachricht, wenn die Anzahl der angeschwemmten Toten sensationell hoch ist; falls nicht, ist der Flüchtlingstod im Meer keine Schlagzeile wert.

»Nach wenigen Wochen, in denen kräftig geweint wurde, ist alles wieder vergessen, und die Falle schnappt wieder zu«, stellt Bade lakonisch fest. »In einigen Jahrzehnten wird man sagen können, Europa hat die ethische Prüfung angesichts von Migration und Integration definitiv nicht bestanden.« Dennoch hofft er, dass eine andere Welt, ein anderes Europa möglich ist – dass wir, wie Sartre es erträumte, »den *Menschen* verwirklichen«. Die Gesellschaft der im Wandel begriffenen Welt des Nordens kann in Zukunft nur dann in einer menschenfreundlichen Form zusammenleben, wenn sie sich nicht mehr durch Herkunft, Genetik und Abstammungsstrukturen definiert, sagt Bade. Schon der demografische Wandel mache solche Definitionen obsolet. Dass die internationalen Verflechtungen zunehmen und man nahezu an jedem Ort der Welt sekundenschnell Nachrichten versenden oder empfangen und zumindest der reichere Teil der Welt sich jederzeit ein umfassendes Bild von der Lage machen kann, lässt Raum zur Hoffnung angesichts der Katastrophen.

Wer die – bei aller Annäherung rund um den Globus – gewaltigen Unterschiede zwischen den einzelnen Regionen und den historischen Entwicklungen bedenkt, dem werden auch die weiter wirkenden dunklen Strömungen nicht entgehen. Die ungeheuren – in der Mehrdeutigkeit des Wortes – Revolutionen in der Informations- wie in der Biotechnologie könnten dazu führen, dass sich in der Welt von Big Data und designtem Leben die Gräben nicht nur wieder öffnen, sondern erweitern und vertiefen. Roboter machen dann die Arbeit der Illegalen und der armen Migranten, die für immer draußen bleiben. Als Vision gibt es das schon – in Büchern und Comics, in Filmen und Computerspielen.

Sind dunkle Varianten mit Menschen als lebenden Ersatzteillagern und Replikanten in der Realität möglich und nicht nur in der Fiktion, die mit dem Anwachsen der Flüchtlings- und Migrantenströme in der populären Kultur entstand?

Im Jahr 1982 kam der Film *Blade Runner* in die Kinos, der mittlerweile als Klassiker und als erster Cyberpunk-Film gilt. Er spielt vorwiegend im November 2019. Los Angeles ist ein ethnisch und religiös durchmischter Slum. Visuell reich ausgestattet wandeln religiöse Gestalten und Freaks, Nonnen und Punks durch eine Welt ohne Moral und voller Verbrechen. Es ist ein Elend mit Kolorit, bösartige Unvernunft regiert. Die Message lautet: Die Menschheit hat den Planeten ausgelaugt, Endzeit herrscht überall auf der Erde, eine bessere Geschichte beginnt vielleicht auf einem anderen Stern. Varianten dieser futuristischen Version eines Lebens ohne Sinn und Perspektive entstanden seitdem zu Dutzenden. Es entwickelte sich geradezu ein Charme der Apokalypse.

Eine Fortsetzung von *Blade Runner*, die 2017 in die Kinos kam und 2049 spielt, zeigt eine Welt, in der die Ökosysteme bereits zusammengebrochen sind, in der es keine Tiere und Pflanzen mehr gibt, nur noch zwei Arten von Lebewesen: den Menschen und den Replikanten. Für den theoretisch und politisch wachen Filmkritiker Georg Seeßlen ist der Replikant »der an seiner Uneigentlichkeit und Versklavung, an seiner Fremdbestimmung und Unvollständigkeit leidende Mensch«.[106]

Klaus J. Bade entwarf schon 2008 eine düstere Zukunftsvision in einem von ihm erbetenen Beitrag zu einem dann nie erschienenen Sammelband über Illegale in Europa. Betrachtet man ein gutes Jahrzehnt später seine Vision der Welt im Jahr 2030, muss man feststellen, dass vieles der Realität bereits sehr nahe kommt.

»Aus dem weitgehend ineffektiven und wenig beherzten Kampf gegen die Ursachen unfreiwilliger Wanderungsbewegungen in den Ausgangsräumen wird ein Kampf gegen illegale Flüchtlinge aus diesen Räumen geworden sein. Er dürfte in weit höherem Maße als heute (Frontex u.a.) mit allen verfügbaren, auch militärtechnischen Mitteln geführt werden, um die zu Lande und insbesondere zu Wasser andrängenden Flüchtlinge abzudrängen in als ›Rückführungslager‹ umschriebene Auffanglager in Grenzregionen mit häufig dramatischen Lebensumständen, trotz der Finanzierung dieser Lager durch entsprechende Zahlungen und anderweitige Gegenleistungen Europas an die entsprechenden Länder … Dennoch wird der Andrang illegaler Wanderungen an die Grenzen des Großraums Europa anhalten, gerade weil es dort trotz aller Abwehr nach außen im Inneren – wenn die Hürden einmal überwunden sind – in der Illegalität Überlebensmöglichkeiten gibt, die in den Ausgangsräumen kaum noch bestehen und die sogar legale Geldtransfermöglichkeiten dorthin gestatten. Denn die Inkonsequenz des europäischen Umgangs mit illegalen Zuwanderern und in der Schattenwirtschaft illegal Beschäftigten wird weiter eine stete Verlockung bilden, immer wieder zum Kampf um die Überwindung der sichtbaren und unsichtbaren Grenzanlagen zu Wasser und zu Land anzutreten: einerseits durch mit gefälschten Papieren oder zu falschen Zwecken getarnte Einreisen (Verwandtenbesuche, Touristen etc. mit anschließender Überschreitung der Aufenthaltsfrist und irregulärer Arbeitnahme); andererseits durch das oft lebensgefährliche Durchbrechen der Grenzsicherungen zu Wasser und zu Land (illegale Einreise).«[107]

Es gibt sie nicht, die immer wieder als Bedrohung heraufbeschworene Flutung Europas durch Flüchtlinge. Eine neue Völkerwanderung findet nicht statt. Es gibt aber ein wachsendes Herr von nur auf Zeit Geduldeten oder Illegalen, die den Angehörigen in der Heimat Geld schicken, das dort oft wichtiger ist als die europäische Entwicklungshilfe. Man muss keineswegs in dunkle Ecken gehen, um zu sehen, dass die Wirtschaft in den reichen Industriestaaten die Illegalen braucht. Ohne Illegale wäre etwa das Regierungsviertel an der Spree nicht so schnell und für einen derart günstigen Preis entstanden.

Während sich der Fortschritt des Guten oft langsamer als erhofft vollzieht, kommen die Schrecken zumeist schneller als erwartet. Heute werden Deutschlands und Europas Grenzen nicht mehr nur angeblich am Hindukusch verteidigt, sondern auch in Niger und im Senegal, in Mali und im Sudan. Die Entwicklung von der Einwanderungs- zur Minderheitengesellschaft wird das nicht aufhalten. Bade wie seine Nachfolger prophezeien, dass die Einwanderer der letzten Jahrzehnte Europa radikal verändern werden. Ähnliches erwarten sie für die USA, wo die Amerikaner mit europäischen Vorfahren wohl bald die größte einheimische Minderheit darstellen werden.

Allerdings: *The Future is unwritten.*

Kommen nach den Patchwork-Familien die Patchwork-Gesellschaften, also Flickwerk überall? Momentan deutet vieles in diese Richtung, aber die Zukunft liegt hinter dem Horizont. Sollte dieser globale Trend zunehmen, geht es bald nicht mehr um Integration, sondern um die Neuregelung von Normen und Werten für ein Gemisch von Minderheiten. Wie Kolumbus, der glaubte, er habe einen neuen Seeweg zum alten Indien gefunden, aber in Wahrheit einen neuen Kontinent entdeckt hatte, so könnten wir eine neue Welt entdecken, die es zu gestalten gilt. Bereits in seinem im Jahr 2000 erstmals erschienenen Buch *Europa in Bewegung* schrieb Bade, dass die – im Kern bis heute unveränderte – Flüchtlingspolitik in eine Sackgasse führt: »Solange das Pendant der Abwehr von Flüchtlingen aus der ›Dritten Welt‹, die Bekämpfung der Fluchtursachen in den Ausgangsräumen, fehlt, bleibt diese Abwehr ein historischer Skandal, an dem künftige Generationen das Humanitätsverständnis Europas im späten 20. und frühen 21. Jahrhundert bemessen werden.« Fast zwei Jahrzehnte später beschließt er seine Forschungen mit dem Hinweis auf dieses Werk und eine menschenfreundliche Zukunft, die nicht erreicht werden kann bei Fortsetzung unserer »›imperialen Lebensweise‹ und mit postkolonial-gönnerhaftem Blick auf unsere ›armen Vettern‹ im globalen Süden, sondern nur mit einer weltgesellschaftlich informierten und motivierten Partnerschaft auf Augenhöhe«.[108]

Die Alternative ist Finsternis. Mit dieser alttestamentarisch anmutenden Warnung, was geschehen wird, wenn wir unsere Lebensweise nicht ändern, ließ der britische Historiker Eric Hobsbawm sein *Zeitalter der Extreme* enden. Er schrieb seine Weltgeschichte des kurzen 20. Jahrhunderts nach der Zäsur 1989/90, mit der für ihn ein neues Zeitalter begann. Als das Werk 1994 erschien, war der Krieg nach Europa zurückgekehrt in die Gegend, wo Hobsbawm seinen Weltlongseller 1914 beginnen lässt: auf den Balkan. Mehr als zwei Jahrzehnte nach den Kriegen der 1990er Jahre mit Hunderttausenden Toten, Verletzten und Flüchtlingen stellt sich die Frage, wie es dort angesichts massiver Abwanderungen weitergeht.

Welche Gestaltungskraft hat das alte, neue Europa?

KEIN EPILOG

*Es ist, als ob eine globale, durchgängig verwebte zivilisatorische Welt
Barbaren aus sich selbst heraus produzierte …*

HANNAH ARENDT, 1951

Die Nachgeborenen können das Tor zur Zukunft nur mit dem
Schlüssel der Vergangenheit öffnen. In Science-Fiction-Filmen kann
man in die Vergangenheit reisen und miterleben, wie der jeweilige
Held die Welt rettet. Der von Arnold Schwarzenegger verkörperte
Terminator (vom englischen: *to terminate* – beenden) ist der popu-
lärste dieser Retter. Doch leider kann nur im Film die Tötung oder
Rettung eines Einzelnen den Lauf der Geschichte ändern. Ein Terminator, der in die Zeit der großen Wirtschafts- und Finanzkrisen
von 1873 und 1929 zurückreist, könnte beobachten, dass Bismarck sich
gegen ein Auswanderungsgesetz ähnlich sträubte, wie es die Konservativen am Ende des 20. Jahrhundert gegen das Einwanderungsgesetz
taten und – wenn es um Erweiterungen geht – heute noch tun. Er
wäre Zeuge des beginnenden Zeitalters der großen Massenfluchten
vor, während und nach dem Ersten Weltkrieg. Vertreibungen, Fluchten und Migrationen waren damals zuerst europäische Geschichten
und sind heute vor allem afrikanische und asiatische.

In den USA würde der Terminator an der Wende der 1920/30er
Jahre riesige Wanderungsbewegungen beobachten, die Fluchten aus
der Not waren, aber in keiner Flüchtlingsstatistik auftauchen, da
keine Landesgrenzen überschritten wurden. Dies war der Stoff, aus
dem John Steinbeck *Früchte des Zorns* schuf, ein Epos, das der legendäre John Ford kongenial verfilmte. Der Terminator wird aber auch
sehen, dass die USA mit dem New Deal aus der Krise herausfanden,
während Deutschland unter die Gewaltherrschaft der Nationalsozialisten geriet, wodurch die im Verhältnis zur Weltbevölkerung
größte Flüchtlingskatastrophe ausgelöst wurde.

In jenen Jahren der Nazidiktatur schrieb die in Etappen – Paris,
interniert in Camp de Gurs – nach New York fliehende Hannah

Arendt ihren zunächst wenig beachteten, zwischen Gedanken und Erinnerungen changierenden Text *Wir Flüchtlinge*, der 2016 angesichts der Neuankömmlinge in Deutschland zum Bestseller wurde. Ihre Erfahrung einer »verwebten zivilisierten Welt«, die »in einem inneren Zersetzungsprozess« Flüchtlinge erzeugt, legte sie in großer Form in dem Abschnitt »Aporien der Menschenrechte« ihres Standardwerkes *Elemente und Ursprünge totaler Herrschaft* aus dem Jahr 1951 vor.

Mit der Suche nach den Ursachen dafür, warum unsere Welt aus den Fugen geraten scheint, sollte der Zeitreisende von heute am 15. August 1971 beginnen. Damals kündigten die USA unter Präsident Nixon die Goldkonvertibilität des Dollars auf. Der amerikanische Finanzminister erklärte seinen Kollegen harsch und machtbewusst: »Meine Herren, der Dollar ist unsere Währung. Und von jetzt an ist das Ihr Problem!«[109] Wenig später brach das von den USA geschaffene Bretton-Woods-System der festen Wechselkurse zusammen. Es war das Ende der Weltwirtschaftsordnung der Nachkriegszeit, und es kam nicht von ungefähr. Nach 1945 gaben die Europäer und Japaner mehr Geld für amerikanische Produkte aus als die USA für europäische und japanische. Das änderte sich in den 1960er Jahren mit dem Wiederaufstieg der alten Mächte. Dadurch geriet das System in Schwierigkeiten. Die einst dringend gebrauchten »Gastarbeiter« erschienen plötzlich als eine Last, das Klima für ankommende Flüchtlinge wurde, wie der Migrationsforscher Philipp Ther nachwies, rauer. Allerdings sollte man nicht vergessen, was der Schriftsteller John Berger einwandte, der einige maßgebliche Werke zum Thema verfasste und darauf hinwies, dass selbst im Moment der Krise Westeuropa auf Millionen Arbeitsemigranten angewiesen war. Das sei auch weiterhin der Fall und belege, »dass das Wirtschaftssystem nicht mehr ohne die Arbeitskraft der Emigranten bestehen kann«.

Der Sozialstaat geriet unter Druck, die Spekulationsgewinne stiegen unaufhörlich. Der Kommunismus verlor seine Anziehungskraft. Neue Bewegungen entstanden im Zeichen der Religion, nicht nur im Iran und im Namen des Islam. In Europa ist die polnische Solidarność, die erste staatlich unabhängige Gewerkschaft im Ostblock, ein wirkmächtiges Beispiel. Bilder von sich bekreuzigenden Arbeitern der Lenin-Werft gingen um die Welt. In den Ländern des schamhaft real genannten Sozialismus kam es zum Versuch einer Revolution von oben unter Michail Sergejewitsch Gorbatschow wie zu solchen von unten, die den Ostblock nicht reformierten, sondern schließlich implodieren ließen. Der Fall der Berliner Mauer am 9. November 1989 wurde zum Symbol für das Ende der Nachkriegsordnung und das Ende von Kommissar und Prolet als welthistorischen Gestalten.

Der Zeitreisende könnte an diesem Punkt auf eine vergessene, verdrängte Diskussion in der alten Bundesrepublik stoßen, etwa in dem Essay »Neue Ziele für die Wirtschaft« des *Spiegel*-Wirtschaftsredakteurs Dieter Kampe vom Februar 1989. Der alt gewordene Staatssozialismus wird dort abgeräumt: »Die Weltgeschichte, durch Michail Gorbatschow in Bewegung geraten, teilt das Ergebnis mit: Es geht nicht ohne Markt, ohne jene Einrichtung, die Angebot und Nachfrage ausgleicht, die Knappheiten durch einen Preis ausdrückt.«[110] Nicht nur in Deutschland wurde beraten, ob der Westen eine Perestroika (deutsch: Umbau) wie der Osten brauche, denn »es kommt einfach zu teuer, all die großen Schäden nachträglich zu reparieren, die eine sich völlig selbst überlassene Privatwirtschaft fortlaufend verursacht. Das überfordert die Allgemeinheit, und es treibt auf lange Sicht den Staat in den Bankrott.«

Wenn die Welt wie im Westen werden würde, so sahen es etliche, gerieten alle in eine Krise mit Umweltzerstörung, Zerfall der Gesellschaften in viele Teilgruppen und Sinn- und Orientierungslosigkeit. Die Rückkehr auf den alten Weg des individuellen Aufstiegs in sozialer Einbettung per ausgeweitetem Wirtschaftswachstum war auf ökologischer Ebene aber verbaut, zudem schienen die revolutionären Um- und Abbrüche im Osten den Westen zu bestätigen, und so verlief der Diskurs über die Perestroika West im Sand. Scharfsinnig bemerkte der Schriftsteller Volker Braun, einer der wenigen, die in den neuen und alten Migranten Seismografen der Erdbeben sahen: »Wir [die Ostdeutschen] haben die Verhältnisse der Bundesrepublik durch unsere Wahl so vollkommen salviert, dass wir nun Verantwortung für sie tragen. Wir haben mit unserem fraglosen Übertritt ihr Leben bestätigt, das sie selber bezweifelten, wir haben es angenommen und ihnen ihre Träume genommen.«[111]

Es war nicht das gewünschte Ende der Geschichte, vielmehr zeigten sich die Konflikte im Schatten der Weltmacht USA immer stärker. Sarkastisch kritisierte der 1998 verstorbene griechisch-deutsche Philosoph Panajotis Kondylis die Linken, die nach dem Untergang des fingierten Kommunismus die Utopie verdammten und sich mit dem übersteigerten Eifer und der Starrheit von Konvertierten der liberalen Demokratie und der sozialen Markwirtschaft zuwandten. Sie glaubten, so Kondylis, alle Luftschlösser aus ihrem Denken verbannt zu haben, plädierten für die Alternativlosigkeit der neuen vermeintlichen Sieger der Geschichte und wollten »die utopische Komponente der westlichen Verheißung nicht wahrhaben, die es nun einzulösen gilt: Sechs, acht oder zehn Milliarden Menschen sollen pro Kopf so viel konsumieren wie die Seligen im hochindustrialisierten Erdteil und sich niederlassen dürfen, wo sie wollen.« Die westliche Zukunftsvision sei »von ihrem universalen Umfang und ihrem materiellen Gehalt her an Radikalität kaum zu überbieten«. Wer sich ihr anschließe, verschreibe sich »einer geschichtsphilosophisch getragenen Utopie«.[112] Für das 21. Jahrhundert prophezeite Kondylis die Abwehr von Ankommenden, die man nicht mehr integrieren können würde, oder ein neues Denken in gesellschaftlichen Alternativen. Sein Morgen ist unser Heute: Fast jedes Jahr brechen Kriege mit neuen Flüchtenden aus. Um Europa bildete sich ein brennender Halbmond von Nordafrika über den Nahen Osten bis in die Ukraine. Im globalen Süden ist die Flüchtlingsfrage noch brennender.

Bereits Ende 1996 hielten – wie in einem verstörenden Buch erzählt wird – im Tessiner Lugano Limousinen vor dem Eingang eines luxuriösen Konferenzgebäudes. Türen werden geöffnet, angesehene Wissenschaftler steigen aus. Sie bilden eine Arbeitsgruppe, die Leitlinien entwickeln soll, »wie man die liberale freie Marktwirtschaft und jenen Prozess, der sich am besten unter dem Begriff ›Globalisierung‹ fassen lässt«,[113] nicht nur beibehalten kann, sondern im kommenden 21. Jahrhundert weiterentwickeln und vertiefen kann. Als gravierendes Problem sieht die Arbeitsgruppe das »erhebliche Bevölkerungswachstum im Süden« und den damit verbundenen »immer größeren Zustrom von Einwanderern aus dem Süden in den

Norden«. Dies werde »früher oder später schwere kulturelle Konfrontationen und Implosionen«[114] auslösen.

Wenn es im Jahr 2020 tatsächlich acht Milliarden Menschen auf der Welt geben sollte, werden die gravierenden Probleme überdeutlich sein und der jetzigen Form der Globalisierung würde von den Verlierern ein Ende gesetzt werden. Deshalb kommen die hochdotierten Experten – Zynismus gehört zum Handwerk – zu dem Schluss, dass die Zahl der Menschen drastisch reduziert werden müsse – durch Eroberung, Krieg, Hungersnot und Seuchen. »Um das Ziel von vier Milliarden Menschen im Jahr 2020 zu erreichen, muss die Weltbevölkerung über zwei Jahrzehnte hinweg durchschnittlich um hundert Millionen Menschen jährlich reduziert werden.«[115] Nur wenn das vor allem in den weniger entwickelten Ländern gelänge, sei der neoliberale Kapitalismus zu retten – ansonsten zerstöre er die Natur, weil er zu viele Verlierer produziere.

Das Buch ist durchweht von einem kalten, sarkastischen Wind, wie ihn einst schon Jonathan Swift zu erzeugen verstand, der in seinem »bescheidenen Vorschlag« angesichts der Hungersnöte in seiner irischen Heimat 1729 satirisch dafür plädierte, die Kinder der Armen zu schlachten und das Fleisch als »höchst schmackhaftes Nahrungsmittel und eine gesunde Speise anzubieten«. Allerdings ist die Autorin Susan George keine im Sinne des Erzählers von *Gullivers Reisen*, vielmehr verfasste sie den Lugano-Report als stellvertretende Direktorin des Transnational Institute (TNI) in Amsterdam. Seit drei Jahrzehnten beriet sie da schon verschiedene UN-Kommissionen und hatte mehrere Standardwerke zu ernährungs- und wirtschaftspolitischen Fragen verfasst. Ihr Buch basierte auf Prognosen, die bis ins Jahr 2020 reichen und sich – wie wir heute wissen – im Kern als richtig erwiesen.

Deshalb ist das Buch nicht nur antiquarisch zu kaufen. Susan George schrieb keine direkte Anklage aus der Perspektive der Kritikerin, sondern eine scheinbare Verteidigung – und mit erschreckender Ruhe und unerbittlicher Konsequenz enthüllt sich: Wer klar analysiert und die bestehende Weltordnung beibehalten will, ist zu wachsenden Brutalitäten gezwungen. Die Logik der Sachzwänge ist die Logik der Gewalt.

Seit 2008 wird wieder einmal die Systemfrage gestellt. 2013 kam es zu einem denkwürdigen Gipfeltreffen von fünf renommierten Gesellschaftswissenschaftlern: Randall Collins, Immanuel Wallerstein, Michael Mann, Georgi Derluguian und Craig Calhoun, eine Gruppe ohne Dame, was kaum ein halbes Dutzend Jahre später wohl nicht unbeanstandet geblieben wäre. Diese Fünf stellten die bis heute unbeantworteten Fragen der Epoche. Der Soziologe Randall Collins führte damals aus, dass die Informationstechnologie (IT) bezahlte Arbeitsplätze nicht im gleichen Maße schaffe wie vernichte, und prognostizierte: »Die technologische Arbeitslosigkeit der Mittelschicht wird dort, wo er [der Kapitalismus] heute herrscht, zum Sturz des Kapitalismus führen, noch vor dem Ende des 21. Jahrhunderts. Ob diese Übergänge friedlich oder fürchterlich werden, bleibt abzuwarten.«[116]

Der Verlust von Industriearbeitsplätzen kann als Schicksalsschlag empfunden werden, was er für die Entlassenen zunächst in der Tat ist, aber er könnte zugleich befreiend wirken, wenn die Gesellschaft dem neuen Wirtschaften angepasst wird. Es gibt immer Alternativen – auch bessere. Die fünf Wissenschaftler haben Übereinstimmendes und höchst Unterschiedliches formuliert. Nicht unisono konstatieren sie das Ende des Kapitalismus, vielmehr sieht der Soziologe Michael Mann hier eher den Wunsch als Vater der Forschung am Werk, nicht zuletzt, da bislang alle vermeintlichen Alternativen scheiterten und keine realistische in Sicht ist. Aber am Schluss schlagen sie gemeinsam einen Akkord an, der mächtig nachklingt: »Wir sind uns einig, dass die Welt in eine stürmische und dunkle Geschichtsperiode eingetreten ist, die einige Jahrzehnte andauern wird. Historische Großwetterlagen brauchen ihre Zeit, bevor sie sich verändern oder verziehen.«

»Die alte Welt liegt im Sterben, die neue ist noch nicht geboren: Es ist die Zeit der Monster«, das schrieb der früh verstorbene Jahrhundertdenker Antonio Gramsci, der unter dem faschistischen Diktator Mussolini viele Jahre im Gefängnis saß, angesichts des Aufstiegs autoritärer Führer. Wer denkt bei diesem Satz nicht an Gestalten von heute, die zunehmend politischen Einfluss gewinnen? Die mit der Krise verbundenen Absturzängste, die realen Abstiege und der Statusverlust des Westens in der entstehenden multipolaren Welt sind die

Ursachen für ihren Aufstieg. Die neuen autoritären Führer nutzen dabei schamlos die bedrängte Lage der Flüchtlinge und Migranten, sie errichten Mauern und schaffen die staatliche Seenotrettung ab. Ein von nützlichen Ideen entleerter Raum ist ihre Bühne, in immer stärker auf Personen zielenden Wahlkämpfen drehen sie eitle Pirouetten, während die verängstigten Massen in die Sackgasse marschieren. Flüchtlinge aus anderen Ländern und Ausländer überhaupt werden dann zu Blitzableitern der in die Enge getriebenen Herde. Was kann man tun? Ist ein einiges Europa die Lösung?

Keinem Eroberer und keiner gesellschaftlichen Kraft ist es bisher gelungen, Europa auf Dauer zu vereinen, und zwar weder von außen, etwa durch Tamerlan im 14. Jahrhundert, noch von innen, etwa durch Napoleon im 19. Jahrhundert. Auf absehbare Zeit wird es bei den uneinigen Staaten von Europa bleiben. Von Reykjavík bis Moskau, von London bis Istanbul sind die Traditionen zu verschieden, als dass die Länder ohne gravierende Verluste vereint werden könnten. Dennoch sollte man sich den europäischen und humanitären Aufgaben stellen, schließlich gibt es mittlerweile Verflechtungen, die nicht zu ignorieren sind.

»Stadtluft macht frei«, hieß es im Mittelalter. Es gibt viele Geschichten, die von der Selbstfindung in den großen Städten erzählen. Karl Schlögel sah in den 1980er Jahren die Wiederkehr Europas aus dem Geist der Städte heraufziehen. Im darauffolgenden Jahrzehnt plädierten Intellektuelle wie der Philosoph Jacques Derrida oder der Schriftsteller Salman Rushdie für ein Netz aus Fluchtstädten, die jenseits der Nationen Fragen nach Asyl und Gastfreundschaft beantworten. Derrida wollte wegen des damaligen und immer noch aktuellen Sterbens im Mittelmeer antike Traditionen der griechischen Polis wiederbeleben, aber auch die der hebräischen Überlieferung, in der Gott Moses gebietet, Städte einzurichten, und zwar – so steht es ausdrücklich in der Bibel – Flucht- oder Asylstädte.

Eine Veränderung durch die großen Städte sieht auch der amerikanische Sozialtheoretiker David Harvey, der eine andere Globalisierung über *Rebellische Städte* – so der Titel seines weltweit übersetzten und vielleicht sogar besten Buches – erreichen will. Er sieht die Polis durch einen entfesselten Kapitalismus zerstört. Überakkumuliertes

Kapital ließ die Städte wuchern und wie Krebsgeschwüre ohne Rücksicht auf den Gesamtorganismus wachsen. Es gelte, eine neue Art Stadt zu entwerfen, ja zu erstreiten und andererseits zu schnell Zerstörtes und Bewährtes wiederherzustellen. Die Welt verstädterte mit dem von der Oberschicht initiierten Bauboom, der sich in wilden Stahl-Beton-Glas-Konstruktionen und abgeschirmten Wohngebieten zeigt, und dem Drang der armen nationalen wie internationalen Migranten in die Metropolen. Es entstand ein Konglomerat aus Widersprüchen, ein Kampfplatz für ein Morgen. In diesen Zentren könnten sich Konflikte bis hin zu Entscheidungen verdichten und schließlich zu alternativen Formen des Zusammenlebens führen.

Eine Demokratie, in der der gesellschaftliche Reichtum so verteilt ist, dass alle eine Chance haben, sich zu entfalten, ihre Rolle zu finden und zu spielen, ist technologisch so nah wie noch nie, aber praktisch scheint sie unerreichbar fern.

Die Umbruchphase, die in den 1970er Jahren begann, in der der Fall der Berliner Mauer ein wichtiger Knoten- und Wendepunkt ist und Europa vielleicht zum letzten Mal das Zentrum der Welt war, ist noch nicht zu Ende. Die Frage, ob wir einen demokratischen oder diktatorischen digitalen Kapitalismus bekommen oder diese bislang wandlungsfähigste Formation der Geschichte ganz und gar abtritt, ist so offen wie die deutsche Frage während der Teilung.

Bei jeder Überwindung der bestehenden Verhältnisse müssen neue Antworten auf diese alten Fragen gefunden werden: »Eine Planwirtschaft als solche kann mit der totalen Versklavung des Individuums einhergehen. Sozialismus erfordert die Lösung einiger äußerst schwieriger sozio-politischer Probleme: Wie ist es angesichts weitreichender Zentralisierung politischer und ökonomischer Kräfte möglich, eine Bürokratie daran zu hindern, allmächtig und maßlos zu werden? Wie können die Rechte des Einzelnen geschützt und dadurch ein demokratisches Gegengewicht zur Bürokratie gesichert werden?«, fragte Albert Einstein, der Schöpfer der Relativitätstheorie, am Ende seiner Schrift *Warum Sozialismus?* im Jahr 1949.

Solange keine Antworten auf diese Fragen gefunden und daraus reale Maßnahmen abgeleitet und durch machtvolle Bewegungen umgesetzt worden sind, deutet alles auf einen Aufstieg Chinas hin, eine wirtschaftliche Schwerpunktverlagerung nach Asien und das Entstehen einer multipolaren Welt in einem weltumfassenden Kapitalismus, in dem die größten Unternehmen nicht mehr Marktteilnehmer sind, sondern wie Amazon die Märkte besitzen. Welche Folgen hat das für die große Wanderung?

Der enorme Ausbau von City-Clustern in China wie etwa die Metropolenregion Peking–Tianjin–Hebei und andererseits die erhebliche Einkommenskluft zwischen den Regionen zieht die Massen in die großen Städte. Das birgt viele Chancen und ebenso viele Risiken bis hin zur Rebellion der Städte. Die Binnenwanderung innerhalb des neuen Reichs der Mitte übersteigt bei Weitem die Zahl der Emigranten ins Ausland. Obwohl er durch den Handelskrieg mit den USA gebremst wird, bleibt der Aufstieg Chinas beeindruckend und birgt Hoffnung auf ein neues Gleichgewicht der Großmächte, aber auch enorme Gefahren. Und er prägt das 21. Jahrhundert schon jetzt. Letztlich sind die gravierenden Widersprüche Chinas gar nicht so verschieden von denen anderer Staaten mit imperialen Ambitionen, da der Unterschied im Grunde nur im Ausmaß und in der Anzahl der Betroffenen besteht, als da sind: die gewaltigen Unterschiede in der Verteilung des Reichtums, Umweltsünden, die die Klimakatastrophe mit Artensterben und Erderhitzung verstärken, Ressentiments gegen Minderheiten wie die Uiguren, die teilweise mit anderen Gefangenen in Lagern Zwangsarbeit verrichten müssen.

Nun entsteht und entwickelt sich in Asien die größte Freihandelszone der Weltgeschichte, die neben China die Staaten Indien, Indonesien und Malaysia umfasst. Bei Diskussionen im Schutz der Chatham House Rule, gemäß der Inhalte weitergegeben werden dürfen, ohne dass die Redner oder Teilnehmer benannt werden, hört man, dass die Erderhitzung auf drei oder vier Grad ansteigen wird und die offiziell angegebenen zwei Grad sicher überschritten werden. Noch mehr Gebiete werden dann unbewohnbar sein, Wüsten sich weiter ausbreiten, Meere noch mehr ansteigen, und noch mehr Trecks von Klimaflüchtlingen werden neue Orte suchen. Diese tragischen Konflikte werden den Planeten aber nicht im Feuersturm untergehen lassen.

Offiziell will China bis 2049, zum hundertsten Jahrestag der Gründung der Volksrepublik, die USA als Hegemonialmacht abgelöst haben. Auch dadurch sind Konflikte bis hin zu Kriegen zu erwarten. Der in Harvard lehrende Politikwissenschaftler Graham Allison fragte, ob die USA und China der Thukydides-Falle entkommen können oder diese wieder zuschnappt.

So viel hat sich geändert seit der Antike, aber Autoren wie der Grieche Thukydides sprechen uns immer noch unmittelbar an. Dieser erste Historiker im engeren Sinn hat in seiner *Geschichte des Peloponnesischen Krieges* die Ursachen und Hintergründe erläutert, die zum Kriegsausbruch führten, und die Gesetzmäßigkeiten analysiert, die in die nach ihm benannte Falle führten. Thukydides stellt fest, dass in den Reden vor dem Krieg der eigentliche Kriegsgrund, nämlich die Furcht der Lakedämonier vor der wachsenden Macht Athens, gar nicht zur Sprache gekommen sei, kurzum: Die Kriegsgefahr wächst, wenn eine Macht eine andere überflügelt.

Angesichts der schwindenden Hegemonie der USA und des Aufstiegs Chinas analysierte Graham Allison 16 Auseinandersetzungen seit dem 16. Jahrhundert. Nur in vier Fällen konnte ein Krieg vermieden werden, allerdings liegen drei davon in der zweiten Hälfte des 20. Jahrhunderts. Lernte die Menschheit etwa doch aus den beiden Weltkriegen und dem menschheitsgefährdenden Fortschritt der Waffen? Graham Allison ist sich sicher, dass nur eine neue Friedenspolitik mit beharrlichen Anstrengungen von allen Seiten sowie verständnisvollen Gesprächen wie jene zwischen Henry Kissinger und Zhou Enlai in den 1970er Jahren diese drohende Auseinandersetzung mit gewaltigem Zerstörungspotenzial und gigantischen Flüchtlingswellen verhindern kann.

Die wirtschaftlich starken europäischen Mächte, an erster Stelle Deutschland, sind abhängig vom chinesischen Markt und zwangen während der Eurokrise schwache Staaten wie Griechenland und Portugal, ihren Staatsbesitz zu privatisieren und so schnell wie möglich zu verkaufen. Dieses Verfahren, das schon bei der deutschen Einheit tiefe Brüche verursachte, führte im Rahmen der EU dazu, dass chinesische Investoren zugriffen. Die zerrissenen Ränder Europas, an erster Stelle der Westbalkan, mutierten zu geopolitischen Grauzonen. Mittlerweile hofft man in Belgrad, dass die Chinesen das marode, zerbombte serbische Schienennetz wieder aufbauen, und in Rijeka, dass die kroatischen Häfen durch die Neue Seidenstraße einen Aufschwung erleben und die Auswanderung aus Kroatien eingedämmt wird.

Wer die wahrscheinliche Machtverschiebung zwischen den Vereinigten Staaten von Amerika und der Volksrepublik China unter dem Aspekt der Migration sieht, der verweist zunächst darauf, dass die USA sich traditionell als Nation von Einwanderern verstehen: Aus Ausländern werden Amerikaner. Wie der amerikanische Traum ist auch das Bild des Schmelztiegels, der die verschiedenen Elemente vermischt, ein Wunschtraum. In vielen US-Metropolen ist die Trennung nicht zu übersehen – Chinatown, Little Italy, Haarlem –, und dennoch ist der Mythos des Schmelztiegels präsent und wirkmächtig. Der Mythos vom viertausendjährigen Reich der Mitte ist dagegen der von einer jahrhundertelang äußerst produktiven Volkswirtschaft. China hatte nach Auffassung der marxistischen Weltsystemtheoretiker wie auch Henry Kissingers »in 18 der vergangenen 20 Jahrhunderte einen größeren Anteil am Gesamtbruttoinlandsprodukt der Welt als alle anderen Gesellschaften. Noch im Jahr 1820 produzierte es mehr als 30 Prozent des weltweiten BIP – also mehr als das BIP Westeuropas, Osteuropas und der Vereinigten Staaten zusammen.«[117]

China wünscht keine Vermischung, es werden lediglich Technologien übernommen und teilweise Konsummuster. Welche Folgen das für Einwanderer hat, möglicherweise auch für Flüchtlinge, wissen wir noch nicht, aber ein Wechsel der Perspektiven sollte bedacht werden, zumal die möglicherweise durch die Neue Seidenstraße technisch angeschlossenen enormen Weiten Zentralasiens zeigen könnten, was der Planet bietet. Sicher ist schon jetzt: Der Kampf um die Weltvorherrschaft wird einschneidende Folgen haben.[118]

Der Gründer des führenden chinesischen Hightech-Konzerns Huawei empfängt Besucher in einem bizarren Ambiente, das vom Aufstieg und Fall großer Mächte erzählt. In einer Mischung aus europäischer Historienmalerei und Fotorealismus wird im zentralen Besucherraum des Konzerns, der gern für Fototermine genutzt wird, die Schlacht von Waterloo dargestellt.

»Mögest du in interessanten Zeiten leben!«, lautet ein chinesischer Fluch. Wahrlich, wir leben in interessanten Zeiten!

Selbst wenn die Machtverschiebung ohne großen Krieg gelingt, bleiben die Einsprüche von Panajotis Kondylis oder Susan George oder anderen: Wie kann eine wachsende Menschheit immer mehr konsumieren, ohne den Planeten zu ruinieren?

Da immer mehr Menschen von diesem verderblichen Zusammenhang wissen oder ihn zumindest spüren, spalten die damit verbundenen diversen Fragen nach Aufnahme von Flüchtlingen und einer geregelten Einwanderung die Aufnahmegesellschaften. Die Ankunft der Fliehenden im Herbst 2015 in Deutschland erregt stärker als ihr tägliches Sterben im Mittelmeer, der gefährlichsten Grenze der Welt, oder die bügerkriegsähnlichen Szenen an der griechisch-türkischen EU-Außengrenze. Die Corona-Pandemie verdrängte im Frühjahr 2020 die unsäglichen Zustände im Archipel Flüchtlingslager aus den Schlagzeilen, obwohl sich dieses zur Brutstätte der Viruskrankheit entwickeln könnte oder – es gibt dort keine Tests – schon entwickelt hat.

Die Tageszeitung *Die Welt* publiziert zu dieser Zeit eine aufwendig recherchierte Artikelserie über Differenzen innerhalb der Bundesregierung im Herbst 2015, die sich an der Frage, wie man sich zu den Ankommenden verhalten solle, entzünden. Der Herausgeber schreibt dazu einen Kommentar, in dem eher mehr als weniger der Einsatz von Militär gegen Flüchtlinge ins Spiel gebracht wird. »Die Schaffung der Europäischen Union und damit die Abschaffung der Binnengrenzen ist für Europa eine der größten Errungenschaften der letzten Jahrhunderte. Aber ohne tatsächlichen Schutz der Außengrenzen werden die europäischen Binnengrenzen wieder kommen.«[119] Vielleicht – so sein unbescheidener Vorschlag – sollten die Bundeswehr und andere europäische Armeen den künftigen Grenzschutz übernehmen. Weder im Kommentar noch in der Artikelserie wird diskutiert, warum es seit Jahrzehnten steigende Flüchtlingszahlen weltweit gibt, und es wird nicht einmal erwähnt, dass Europa davon keineswegs am stärksten betroffen ist.

Der Rat für Migration, ein bundesweiter Zusammenschluss von über 170 Wissenschaftlern, die sich mit Fragen von Migration, Integration und Asyl beschäftigen, reagiert anlässlich der Gewalt an der türkisch-griechischen Grenze und der Lage im Archipel Flüchtlingslager mit einer Stellungnahme unter der Überschrift: »An den europäischen Außengrenzen entscheidet sich Europa«.[120] Der Rat argumentiert, dass die Ausbreitung des Corona-Virus erschreckend deutlich macht, wie Europa, ja der Planet verbunden und vernetzt ist.

Abschottung lässt sich allenfalls kurzfristig durch eine Militarisierung der Grenzen und durch ein Outsourcen des internationalen Flüchtlingsschutzes an Länder wie die Türkei realisieren, wie es das EU-Türkei-Abkommen vorsieht. Dass die türkische Regierung das Abkommen für eigene Machtinteressen nutzen würde, war erwartbar. Eine derartige Abschottungspolitik lässt sich nur durch eine zunehmende Brutalisierung des Grenzregimes bis hin zum Einsatz von Waffen aufrechterhalten. Sie folgt der Logik der Eskalation und stellt einen fortdauernden Bruch mit internationalen und europäischen Rechtsnormen dar. Letztlich bedeutet sie eine Selbstaufgabe dessen, was europäische Werte genannt wird. Die Weigerung, für eine offene Gesellschaft einzutreten und diese zu realisieren, wird im Zeitalter der Migration nur mit massiver Gewalt zu realisieren sein. Einen Vorgeschmack dieser Konsequenzen erleben derzeit wir, aber noch viel mehr die vor Krieg und Zerstörung Geflohenen an den europäischen Grenzen. Wenn Europa die Politik der Zurückweisung und Abschottung auch zukünftig fortsetzt, wird ein hohes Ausmaß an Gewalt erforderlich sein. Wir appellieren an die politisch Verantwortlichen, zum europäischen Asylrecht und damit zur Rechtsstaatlichkeit zurückzukehren. Wir fordern ein Ende der Gewalt und Militarisierung der Grenzen und die Entwicklung einer Migrationspolitik, die diesen Namen verdient.

Der blinde Fleck dieser Position ist, dass sie keine grundsätzliche Änderung unserer Art des Zusammenlebens benennt. Die Masse der Experten erhöht die Aufmerksamkeit, doch eine andere Geschichte, in der die Lage neu gesehen wird, tut ebenso not. Glücklicherweise gibt es Einzelne, die diese Geschichte zu erzählen versuchen. Eine geht so: Die Passagiere nehmen im Flugzeug Platz, die Triebwerke beginnen zu arbeiten, die Stewardessen erläutern, wie im Falle einer

Notlandung zu handeln sei. Die meisten Passagiere achten nicht darauf, blättern in Zeitungen, checken nochmals ihre Mails, bevor sie die elektronischen Geräte in den Flugmodus schalten müssen, oder dösen. Nach dem Start erscheint die Welt bald modelleisenbahnklein und der Himmel galaktisch weit. Die Stewardessen schieben ihre Wagen mit Getränken und Essenspaketen in den Gang. Das Ziel ist das GLOBALE. Während des Flugs bemerkt der Pilot, dass der Flieger sein Ziel nicht erreichen kann, und er kehrt um. Aber die Piste LOKALES ist ebenfalls nicht mehr zu erreichen.

Die Passagiere drängen sich erschrocken an den Außenfenstern und fragen aufgeregt und unruhig: Wo landen?

Deshalb heißt *Das terrestrische Manifest* des Pariser Soziologen und Philosophen Bruno Latour im Original *Où atterrir?* – Wo landen?

Als terrestrisch charakterisiert der Sohn von Weinbauern die realistische Alternative zu den falschen, weil unmöglichen Wegen zurück zum Lokalen, dafür sind wir zu vernetzt und voneinander abhängig. Aber weiter voran in der jetzigen Art der Globalisierung geht es auch nicht, dafür ist der Planet zu klein. »Der erträumte Boden der Globalisierung beginnt, sich zu entziehen. Darin liegt die ganze Neuheit dessen, was schamhaft ›Migrationskrise‹ genannt wird.«[121] Die Bewohner der reichen Länder müssen ihre Lebensweise ändern, und die Ankommenden aus verwüsteten Weltgegenden müssen es auch. »Die Migrationskrise ist zu einer allgemeinen geworden«,[122] und das entzieht allen den Boden unter den Füßen: »Zu den Migranten von außerhalb, die um den Preis ungeheurer Tragödien Grenzen überschreiten müssen, um ihr Land zu verlassen, kommen jetzt jene inneren Migranten, die an Ort und Stelle verbleiben und dramatisch erleben müssen, wie ihr Land sie verlässt.« Ohne eine neue Landung oder Erdung wird es keinen Weg ins Offene geben.

Latour will einen Vorschlag unterbreiten und eine Mehrheit dazu bringen, die Lage endlich zu erkennen, Lösungen zu suchen und schließlich als kritische Masse eine materielle Kraft zu werden. Wir stehen alle auf demselben Boden, auf dem wir uns einrichten müssen, da es keinen anderen gibt.

Bruno Latours Prinzip Hoffnung bleibt Europa – trotz alledem: »Europa … ist klein genug, um sich nicht für die ganze Welt zu halten, und groß genug, um sich nicht auf ein Fleckchen Erde zu beschränken. Es ist reich, unglaublich reich, und seinen Reichtum verdankt es einem Boden, der nicht vollständig verwüstet wurde – zum Teil, wie bekannt, weil es den Boden der anderen besetzt und verwüstet hat.«[123]

Seit die Weltfinanzkrise 2007/08 begann, stottert die neue Weltordnung, Kräfteverhältnisse verschieben sich deutlich, in über dreißig Ländern gab es im Jahr 2019 weltumfassende Proteste, darunter die Umweltstreiks von Schülern und Schülerinnen, die nicht aufgrund von Veränderungen, sondern infolge der Corona-Pandemie abebbten.

Man überschätzt Pest und Cholera oder Pest und Corona, wenn man Seuchen mit Hoffnungen auflädt, in Pandemien immanente Botschaften sieht, denn bislang kam es nach Pestepidemien eher zu Pogromen als zu geschichtlichen Durchbrüchen.

Da etliche Intellektuelle schnell ein ganz anderes Leben danach verkündeten, sei an Fernand Braudel erinnert. Nicht innerer Zerfall wird den Kapitalismus zusammenbrechen lassen, vielmehr könne das »nur ein äußerer Stoß von extremer Heftigkeit im Verein mit einer glaubwürdigen Alternative« bewirken, lautete die Prognose des Jahrhunderthistorikers.[124]

Aber die Pandemie zeigt immerhin einen Weltzusammenhang auf, denn auch die Bewohner des Westens erlebten eine Situation, die sie seit Jahrzehnten nicht kannten: Grenzen werden geschlossen, selbst für sie. Das war Wasser auf die Mühlen von Satirikern und Karikaturisten, die Schlepperbanden erfanden, welche Franzosen nach Deutschland brachten oder Deutsche nach Österreich und Italiener nach Dänemark. Da dies ein neues Aufgabengebiet sei, müsse natürlich in Cash bezahlt werden.

Gleichzeitig zeigte die fingierte Gleichheit vor dem Virus die reale Ungleichheit – regional, national, transnational. Die Frage, wer »uns« das eingebrockt hat, machte Nachbarn zu anderen, ja zu Fremden. Das Stakkato der Sondermeldungen setzte die Gegenwart absolut.

Es ist zu hoffen, dass das Verdrängte, dessen stärkster Ausdruck die Migranten sind, endlich Relevanz und Resonanz bekommt, wenn das gesellschaftliche Zusammenleben neu organisiert wird. Aber mehr als eine Möglichkeit ist es angesichts der langen Ignoranz nicht. Eine andere Option ist die versuchte Rückkehr in die Normalität der vielfachen Krisen. Es zeigte sich, dass wieder der Staat die Wirtschaft vor ihren eigenen Widersprüchen retten musste und dadurch systemgefährdende Konflikte verhinderte. Dieser Pendelschlag ist fundamental für die Epoche.

Wie kann auf der unwiderruflich verflochtenen und verwebten Welt eine planetarische Politik gestaltet werden, die das Überleben der Gattung ermöglicht? Eine Antwort auf diese Frage wird immer drängender.

Als der legendäre sozialdemokratische Kanzler Willy Brandt, einst von der Nazidiktatur vertrieben, den ersten gesamtdeutschen Bundestag am 20. Dezember 1990 eröffnete, sagte er: »Die Überlebensfragen der Menschheit lassen jedenfalls kein Land unberührt, und Deutschland würde Schuld auf sich laden, wollte es über seinen eigenen die globalen Sorgen Welthunger, Armutswanderungen, Umweltzerstörung vergessen. (Beifall im ganzen Hause) Darüber Bescheid zu wissen ist besser als das Gegenteil, aber sich zu entsprechendem Handeln durchzuringen, darauf kommt es an. Wohl wissend, dass die Aufgaben im eigenen Land nicht klein sind, dürfen wir doch in der Solidarität mit den Geplagten dieser Welt nicht versagen.«

Als vier Jahre später, am 10. November 1994, der ebenfalls vertriebene und als Soldat der US-Armee zurückgekehrte Schriftsteller Stefan Heym den zweiten gesamtdeutschen Bundestag eröffnete, benannte er in seiner Rede unsere Konflikte, die nationalen wie die globalen: »Reden wir nicht nur von der Entschuldung der Ärmsten. Entschulden wir sie. Und nicht die Flüchtlinge, die zu uns drängen, sind unsere Feinde, sondern die, die sie in die Flucht treiben … Die Menschheit kann nur in Solidarität überleben.« Wer die Aufzeichnung heute beispielsweise auf YouTube hört und sieht, erschrickt, wie dreist die absolute Mehrheit der Politiker, darunter der damalige Bundeskanzler Kohl, reagiert. Sie waren, kaum dass die Lava des Geschehens zwischen 1989 und 1991 Form angenommen hatte, in die gesellschaftliche Sackgasse einer einseitigen, menschenfeindlichen Globalisierung eingebogen.

Die Rückkehr des Verdrängten heißt nicht, dass alles, was seither geschah, nichts Fundamentales enthält. Als Willy Brandt den Bundestag eröffnete, gab es noch kein Internet. Als Stefan Heym seine Rede hielt, und noch etliche Jahre später, stellten selbst die mächtigsten Firmen und Konzerne lediglich Produkte zum Verkauf auf dem Markt her. Heute sind die großen Firmen wie Amazon selber Märkte. Eine extrem verflochtene ökonomische und mediale Revolution hat den Planeten gründlich verändert. Die sich verstärkenden Krisen und Proteste zeigen an, dass es so nicht weitergeht, dass die sozialen und wirtschaftlichen Grundlagen neu geerdet werden müssen.

Sicher ist, dass weder ein Virus noch eine folgende Weltwirtschaftskrise, noch ein anderer Zusammenbruch alles ändern wird. Wir machen weiter Geschichte, erstreiten Zukunft, aber wir tun das unter gegebenen Voraussetzungen mit unseren Interessen und unseren Traditionen. Es gibt keinen Anlass, dem zu misstrauen, was einst ein alter Mann dazu schrieb,

dass das Endresultat stets aus den Konflikten vieler Einzelwillen hervorgeht, wovon jeder wieder durch eine Menge besonderer Lebensbedingungen zu dem gemacht wird, was er ist; es sind also unzählige einander durchkreuzende Kräfte, eine unendliche Gruppe von Kräfteparallelogrammen, daraus eine Resultante – das geschichtliche Ergebnis – hervorgeht, die selbst wieder als das Produkt einer, als Ganzes, bewusstlos und willenlos wirkenden Macht angesehen werden kann. Denn was jeder einzelne will, wird von jedem andern verhindert, und was herauskommt, ist etwas, das keiner gewollt hat. So verläuft die bisherige Geschichte nach Art eines Naturprozesses und ist auch wesentlich denselben Bewegungsgesetzen unterworfen. Aber daraus, dass die einzelnen Willen – von denen jeder das will, wozu ihn Körperkonstitution und äußere, in letzter Instanz ökonomische Umstände (entweder seine eignen persönlichen oder allgemein-gesellschaftliche) treiben – nicht das erreichen, was sie wollen, sondern zu einem Gesamtdurchschnitt, einer gemeinsamen Resultante verschmelzen, daraus darf doch nicht geschlossen werden, dass sie = 0 zu setzen sind. Im Gegenteil, jeder trägt zur Resultante bei und ist insofern in ihr einbegriffen.[125]

Bei aller Unbestimmtheit der Zukunft ist eines sicher: Da sich in der Vielfalt von planetarischer Flucht und Migration die Vielfalt der globalen Konflikte von der Klimakatastrophe über die Stellvertreterkriege einer multipolaren Welt bis zur gravierenden Ungleichheit zeigt, sind wir auf einem langen und beschwerlichen Weg. Weiterhin gilt – abgesehen von wenigen Ausnahmen – die Regel: Nicht die Fliehenden schaffen die Probleme, aber sie zeigen sie auf. Deshalb muss es eine Variationsbreite von Ansätzen geben: von der Verteilung von Schutzsuchenden über eine Erweiterung der Möglichkeiten von Einwanderung und schnellen Bildungsangeboten für Ankommende bis hin zur drastischen Einschränkung von Waffenexporten, da in allen Kriegen Waffen aus Europa im Einsatz sind. Diese Ansätze sollten auf Nahziele ausgerichtet sein, die zunächst das große Leid mindern, aber vor allem auf das Fernziel eines neuen Zusammenlebens hinwirken. Nicht in sich ausschließenden Gegensätzen von »Realos« und »Fundis«, »Pragmatikern« und »Utopisten« sollte gedacht werden, vielmehr sollte es zwischen den Nah- und Fernzielen mannigfaltige Verbindungen und Resonanzen geben.

Wer schnell Anschluss findet, steigert die Einsicht bei anderen, dass ein neues Zusammenleben er- und gefunden werden kann. Mehrheiten wird man wahrscheinlich nicht bekommen, wenn man alles, alles anders machen will. Oft erwiesen sich die Versuche, mit allem Alten Tabula rasa zu machen – zum Beispiel Konkurrenz und Märkte abzuschaffen, um dem Kapitalismus den Garaus zu machen –, nicht als radikal, sondern bestenfalls als naiv. Wer etwas Neues schaffen will, muss das bewährte Alte bewahren. Die große Wanderung wird sich erst dann zur menschlichen Konstante der Migration verkleinern, wenn die Fluchtursachen beseitigt und eine neue Zivilisation errungen worden ist. Es ist eine Jahrhundertaufgabe. Und neben den Übergängen klaffen Abgründe.

Südostanatolien 2011. Ich fahre durch karges, steppenartiges Gelände auf einen dünenartigen Hügel zu, auf dem sich ein einsamer pilzförmiger Wunschbaum erhebt. Es ist der Kultort Göbekli Tepe, vor fast 12 000 Jahren erbaut und damit die bisher älteste entdeckte Monumentalanlage der Welt – erschaffen mehrere Jahrtausende vor der

Erfindung der Schrift. Die Ausgrabungen begannen 1994 und werden Archäologen noch lange beschäftigen. Fernsehteams aus Japan und den USA, Deutschland und Italien drehen hier. Als ich ankomme, packt die Crew vom National Geographic Channel gerade ihr Equipment aus.

Göbekli Tepe ist das Zeugnis einer Wendezeit. Der Ort bereichert unser Wissen von der neolithischen Revolution. »Am Ende der letzten Eiszeit«, erläuterte der mittlerweile verstorbene Grabungsleiter Klaus Schmidt, »fand hier der entscheidende Akt des Dramas in der Entwicklung vom Jäger zum Bauern statt.« Dass schon Nomaden eine monumentale Anlage schufen, überraschte sogar die Fachwelt. Vermutlich diente sie dem Totenkult, der nicht nur in Anatolien, sondern überall – man denke nur an die Pyramiden – archäologische Spuren hinterließ, ja am Anfang aller großen Kulturen stand.

Göbekli Tepe ist das Produkt eines Übergangs, so die unter Archäologen verbreitete Hypothese. Anders als die Zukunftsprognosen etwa von Immanuel Wallerstein kann sie nicht vollständig widerlegt werden und sich nicht eindeutig bewahrheiten. Der Weltsystemanalytiker sagte das Ende der Sowjetunion voraus, als diese Supermacht war. Wallerstein würdigte das moderne Weltsystem, das sich seit dem 16. Jahrhundert entwickelt hat und »im Sinne seines Leitprinzips, der unabhängigen Kapitalakkumulation, ungeheuer erfolgreich« war. Im 21. Jahrhundert aber werde eine andere Gesellschaftsformation es ablösen.

Zum Ende der Steinzeit erläutert der Grabungsleiter Klaus Schmidt in der rätselhaften Anlage Göbekli Tepe: »Hier gab es in den Bauphasen schon Anzeichen der Sesshaftigkeit. So fanden wir Reibschalen aus Basalt. Die Jäger stehen am Abgrund, am Abschluss ihrer großen Zeit. Ihre Bedeutung schwindet und damit die ihrer Riten. Als die wirtschaftlichen Grundlagen sich wandelten, sank der weltanschauliche Überbau in den Staub.«

Der Wunschbaum erhebt sich auf dem höchsten Punkt über den ausgegrabenen Steinstelen, leise rauschen seine Blätter im Steppenwind, erinnern daran, dass unsere Analysen, mögen sie noch so wissenschaftlich sein, mit Wünschen und Hoffnungen verbunden sind. Fakten müssen belebt werden, um zu wirken. Hier an der Grenze zur arabischen Welt sagt man: »Das Leben besteht aus zwei Teilen: der Vergangenheit – ein Traum – und der Zukunft – ein Wunsch.« Alle drei großen monotheistischen Weltreligionen – das Judentum, das Christentum und der Islam – erzählen Fluchtgeschichten. Die biblische Menschheitsgeschichte beginnt mit der Vertreibung von Adam und Eva aus dem Paradies, die islamische Zeitrechnung mit der Flucht oder Auswanderung Mohammeds aus Mekka. Abraham und Sara wären heute »Wirtschaftsflüchtlinge«, denn sie vertrieb der Hunger nach Ägypten. Moses war ein politisch Verfolgter. Joseph und Maria retteten sich mit dem Jesuskind über die Grenze in ein anderes Land, nachdem sie von einem bevorstehenden Massaker geträumt hatten. Seit die Menschen sesshaft wurden, gibt es Flüchtlinge, die dunklen Brüder der Auswanderer. Alle drei Religionen verlangen von den Gläubigen, dass sie sich dieser Notleidenden annehmen.[126]

Es gibt Zeiten, da steigt die Zahl der Fliehenden und der Migranten gewaltig an oder sinkt ab. Diese Schwankungen sind so etwas wie die Fieberkurve der Epoche. Seit Jahrzehnten zeigt sie an, dass die Menschheit nicht nur erhöhte Temperatur hat, sondern ein Fieberschub auf den anderen folgt. Philipp Ther hat unlängst in einer Fachdebatte darauf hingewiesen, dass Alexander Betts und Paul Collier mit ihrer Behauptung, heute gebe es mehr Flüchtlinge im Verhältnis zur Weltbevölkerung als je zuvor, falschliegen, aber das ändert nichts daran, dass die Zahl beängstigend hoch ist. Wie ernst die Lage ist, erkennt man unter anderem daran, dass unsere Zeit mit der nach dem Zweiten Weltkrieg verglichen wird. Zwischen 1945 und 1948 seien zwei Prozent der Weltbevölkerung auf der Flucht gewesen, so Ther. Heute seien es prozentual weniger, doch die Weltbevölkerung wächst rasant, und das bedeutet: Noch nie waren so viele Menschen in Bewegung wie in unserer Epoche.

Wenn der »Homo migrans« schon vor der Erfindung der Schrift die Welt besiedelt hat, kann es kein Ende der Migration geben vor dem Ende der Menschheit, das durch Atomkrieg und Umweltkatastrophe möglich geworden ist.

Bevor die sesshaft werdenden Nomaden ihr Heiligtum Göbekli Tepe verließen, bedeckten sie es mit Geröll und bestatteten so im wahrsten Sinne des Wortes ihre Vergangenheit. Die neue Zeit brachte ihnen den materiellen Niedergang. Es dauerte Jahrtausende, bis die menschliche Kultur – auf neuer Grundlage – wieder zu Monumentalem fähig war. Der Fortschritt verläuft nicht geradlinig, dazwischen liegen die Katastrophen. Die Nomaden zogen weiter, besiedelten die Welt. Ihr Nomadenleben gaben sie schließlich auf. Gesellschaften formierten sich, zerfielen, bildeten sich neu. Es wurde Stadt.

Manche sehen heute – auf technisch unvergleichbar höherer Ebene – eine neue Nomadengesellschaft heraufziehen oder vermuten gar, dass wir auf dem Weg in eine neue Stammesgesellschaft sind. Die Migranten, die Flüchtlinge, die Nichtsesshaften, deren Zahl beständig zunimmt, könnten Vorboten dieses Wandels sein – könnten.

Vielleicht sind die Ankommenden aber Erdverbundene wie Bruno Latour, die mit den schon Dagewesenen einen Pakt schließen, aushandeln, wie man zusammenleben kann, ohne den Planeten zu zerstören.

Die Frage, ob die westliche Zivilisation nochmals transformiert werden kann oder untergeht wie die Nomadenkultur von Göbekli Tepe, ist eine kolossale, aber nicht zu beantworten. Ein Ende ist ein Anfang. Was oft fehlt, ist Zuversicht.

Widersprüchlich bleiben die Hoffnungen, denn bekanntlich bewegt sich Geschichte nur in Zeiten, wenn sich vielfältige Krisen verbinden und dadurch Kräfte sich bündeln, die diese überwinden. Das geschieht nicht freiwillig, sondern unter nicht ausgesuchten Umständen.

Es bedarf der Hoffnung auf ein Leben, wie es sich der Flüchtling und Remigrant Ernst Bloch erträumte, der *Das Prinzip Hoffnung* propagierte und wusste: Wer nicht kämpft, hat verloren, wer verloren hat, kämpfe! »Aufrechter Gang auf bewohnbarer Erde«[127] war das, was dem großen Philosophen vorschwebte.

ANHANG

HIN- UND NACHWEISE

Da die Grundlage dieses Buches eine journalistische ist, wurde nicht alle Literatur, die ich benutzte, vermerkt, sondern nur wichtige und weiterführende. Etliche reportagehafte Passagen erschienen zuerst in diversen Zeitungen wie *Neue Zürcher Zeitung*, *Freitag* oder *Lettre International*, dazu kamen Essays und Interviews in der *Kommune*, im *Hintergrund*, in den *Blättern für deutsche und internationale Politik* oder in *Sinn und Form*. Etliche basieren auf Pressereisen, an denen ich teilnahm oder die ich organisierte. Mein Dank gilt hierfür Stiftungen und Institutionen wie der Robert-Bosch-Stiftung, der Hans-Böckler-Stiftung und dem Deutschen Kulturforum östliches Europa.

Die Beiträge sind meist stark überarbeitet worden, was nicht zuletzt dank eines Europäischen Journalisten-Fellowships der FAZIT-Stiftung möglich war. Für das wie immer schöpferische Lektorat danke ich Ditta Ahmadi.

Das Ergebnis ist weniger das Resultat meines journalistisch-publizistischen Schreibens, sondern eher die stärkste Dokumentation einer Bewegung, die Entwicklungen der letzten Jahrzehnte in Zusammenhänge bringen will. Jeder Lesende sollte diese frei deuten. *The Future is unwritten.*

Für Interviews und Hintergrundgespräche bedanke ich mich bei Marina Achenbach, Aharon Appelfeld, Klaus J. Bade, Egon Bahr, Pietro Bartolo, John Berger, Mahi Binebine, Aleksa Djilas, István Eörsi, Valentīna Freimane, Stefan Hertmans, Andrej und Ivan Ivanji, Maxim Kantor, Dzevad Karahasan, Andrej Kurkow, Christoph Leisten, Mario Levi, Zülfü Livaneli, Giwi Margwelaschwili, Petros Markaris, Werner Mittenzwei, Jascha Nemtsov, Oksana Sabuschko, Klaus Schmidt, Gitta Sereny, Slobodan Šnajder, Carlo Strenger, Richard Swartz, Aleksandar Tišma, Klaus Vogel, Mehmet Yashin.

Wichtig als Folie waren neben familiären Erlebnissen und Erinnerungen meine Gespräche mit Hitler-Flüchtlingen, die nach dem Zweiten Weltkrieg zurückkehrten und sich im Kalten Krieg teilweise bekämpften. Für mein multimediales Projekt *Wer verloren hat, kämpfe* verwendete ich Gespräche mit Werner Eberlein, Kurt Julius und Margot Goldstein, Marianne Kühn, Gerhard Leo, Moritz und Sonja Mebel, Susanne Miller, Ilse Münz, Edzard Reuter, Wolfgang Ruge, Hellmuth Stern, Klaus Sternberg, Fritz Straube, Markus Wolf. Diese Gespräche waren für mich ein Fundament und halfen mir, Flucht und Vertreibung in den letzten Jahrzehnten in Gemeinsamkeiten und Unterschieden zu verstehen.

Erzählpassagen wie die im Prolog, wo ich als Beobachter offensichtlich nicht vor Ort gewesen sein kann, beruhen auf Gesprächen mit den Betroffenen. Vor der Drucklegung lasen und bestätigten sie die Erlebnisse und Vorgänge. Während meiner Recherchen, Pressereisen und auf Seminaren sprach ich zudem mit etlichen Geflohenen und Rückkehrern, die ich etwa in Flüchtlingsunterkünften in Jordanien und im Westjordanland, in Georgien und Aserbaidschan, in Serbien und Montenegro, in Bosnien-Herzegowina und – natürlich – in Deutschland traf.

Achim Engelberg
Herbst 2020

ANMERKUNGEN

1 Der Satz stammt aus dem Roman G., ein Werk, für das John Berger 1972 den Booker Prize erhalten hat. Gerade beim Thema Flucht und Migration wird er häufig verwendet, so unter anderem als ein Motto in dem Roman *In der Haut eines Löwen*, mit dem Michael Ondaatje 1987 seine Trilogie über Wanderarbeiter, Migranten und Vertriebene beginnt. Durch diverse Übersetzungen changiert Bergers Satz, der im Original lautet: »Never again will a single story be told as though it were the only one.« Er bleibt grundlegend, da Flucht und Migration stets multiperspektivisch sind und in der Beschreibung ein Mosaik aus Geschichten bilden.

2 »Vom Fortbestehen. Eine Dreinrede«, in: Volker Braun: *Verlagerung des geheimen Punkts. Schriften und Reden*, Berlin 2019, S. 302. Neben dem 1995 verstorbenen Heiner Müller ist Volker Braun einer der wenigen deutschsprachigen Autoren, die den Stoff schon früh als relevant erkannten. Im genannten Band kann man Entwicklungen nachvollziehen.

3 Heiner Müller: »Die Küste der Barbaren«, in: ders., *Werke 8: Schriften*, Frankfurt am Main 2005, S. 421–424, hier S. 422f.

4 Michel Foucault: *Schriften in vier Bänden. Dits et Ecrits*, Band III, 1976–1979, Frankfurt am Main 2003, S. 996.

5 Vgl. hierzu Frank Bösch: *Zeitenwende 1979. Als die Welt von heute begann*, München 2019.

6 Die Zahlen sind schwer zu ermitteln. Sicher kann man sagen, dass die Zahl der zivilen Opfer auch aufgrund der Sperrzonen drastisch gesunken ist. Die OHCHR stellt für ihre Arbeit sogenannte non-Paper zusammen, die nicht veröffentlicht werden. Momentan geht man, das bestätigen mehrere befragte Beobachter, von rund 13 000 militärischen und mehr als 3000 zivilen Todesopfern aus. Wahrscheinlich gibt es eine signifikante Dunkelziffer.

7 Michail Bulgakow: *Die Weiße Garde*. Aus dem Russischen übertragen, herausgegeben und benachwortet von Alexander Nitzberg, Berlin 2018, S. 379.

8 »Oleksandr Dovzenko – Andrej Tarkowskij – Lars von Trier, oder Der Diskurs des Horrors«, in: Oksana Sabuschko: *Planet Wermut. Essays*. Aus dem Ukrainischen von Alexander Kratochvil, Graz/Wien 2012, S. 59ff.

9 »Als Frau und Schriftstellerin in einer Kolonialkultur« (engl. Original 1999), in: Oksana Sabuschko: *Planet Wermut. Essays*. Aus dem Ukrainischen von Alexander Kratochvil, Graz/Wien 2012, S. 164. Es ist zugleich der markante Schlusssatz des Werkes.

10 Valentin Groebner: »Ausgewiesene Identität«, https://monde-diplomatique. de/artikel/!752054 (zuletzt abgerufen am 8. Juni 2020). Wer tiefer in die Materie eindringen will, lese vom selben Autor *Der Schein der Person: Steckbrief, Ausweis und Kontrolle im Europa des Mittelalters*, München 2004. Vgl. hierzu:

Aladin El-Maffalani: *Das Integrations-Paradox. Warum gelungene Integration zu mehr Konflikten führt*, Köln 2018. Die Veränderungen anhand der Generationen seiner Familie beschreibt beschreibt El-Maffalani auf S. 105f. Allgemein und metaphorisch zugleich formuliert er auf S. 77: »Mehr Menschen können und wollen partizipieren, sich aktiv beteiligen und etwas abbekommen. Alle an einem Tisch. Immer mehr und immer unterschiedlichere Menschen sitzen mit am Tisch und wollen ein Stück vom Kuchen. Wie kommt man eigentlich auf die Idee, dass es ausgerechnet jetzt harmonisch werden soll? Diese Vorstellung ist entweder naiv oder hegemonial. Das wäre Multi-Kulti-Romantik oder Monokulti-Nostalgie.«

11 Zentrale Arbeiten gibt es frei im Netz: »Migration – Flucht – Integration: Kritische Politikbegleitung von der ›Gastarbeiterfrage‹ bis zur ›Flüchtlingskrise‹. Erinnerungen und Beiträge« und »Historische Migrationsforschung. Eine autobiografische Perspektive«. https://www.imis.uni-osnabrueck.de/fileadmin/4_Publikationen/PDFs/Bade_Migration.pdf sowie http://kjbade.de/wp-content/uploads/2019/01/HSR-Supplement-30-2018.pdf. Bis auf die Aussagen für dieses Buch findet man alle Zitate Bades in diesen beiden Pdf-Dokumenten.

12 Gáspár Miklós Tamás: »Über Postfaschismus. Wie Staatsbürgerschaft ein exklusives Privileg wird« – https://www.grundrisse.net/grundrisse45/ueber_postfaschismus.htm. Diese Gedanken werden fortentwickelt und vertieft in: ders.: *Kommunismus nach 1989: Beiträge zu Klassentheorie, Realsozialismus und Osteuropa*. Herausgegeben und übersetzt von Gerold Wallner, Wien 2015.

13 Ivo Andrić: »Der Sieger«, in: ders.: *Liebe in einer kleinen Stadt. Jüdische Geschichten aus Bosnien*. Übersetzt und mit einem Vorwort versehen von Miodrag Vukić und Franz Moon, Frankfurt am Main 1996, S. 25.

14 »Auf den Straßen Athens – Petros Markaris«, in: Achim Engelberg: *Wo aber endet Europa? Grenzgänger zwischen London und Ankara*, Berlin 2008, S. 132–147, hier S. 136.

15 Orhan Pamuk: *Istanbul: Erinnerungen an eine Stadt*. Aus dem Türkischen von Gerhard Meier, München 2006, S. 202.

16 Ebenda, S. 203f.

17 »Auf den Straßen Athens – Petros Markaris«, a. a. O., S. 137.

18 Italo Calvino: *Die unsichtbaren Städte*. Aus dem Italienischen von Heinz Riedt, Berlin 1977, S. 37, hier das Kapitel »Die Städte und die Erinnerung«.

19 »Thessaloniki: ›Jerusalem des Balkans‹«, Rede von Giannis Boutaris zum Holocaust-Gedenktag 2018 – https://diablog.eu/allgemein/giannis-boutaris-rede-thessaloniki-holocaust-gedenktag-2018/ (zuletzt abgerufen am 8. Juni 2020).

20 »Das Makedonien-Problem – Ein Brief von Mikis Theodorakis« – https://asti-blog.de/2018/09/10/das-makedonien-problem-ein-brief-von-mikis-theodorakis/ (zuletzt abgerufen am 8. Juni 2020).

21 Ebenda.

22 Aleksa Djilas: »Von Opfern und Tätern – Serbische Erfahrungen mit ›Europa‹«. Aus dem Serbischen von Dragana Ksnija Cvetkovic-Sander und Dragana Jova-

novich-Neksanov, in: *Serbien nach den Kriegen*. Herausgegeben von Jens Becker und Achim Engelberg, Frankfurt am Main 2008, S. 119.

23 Zitiert nach Olaf Ihlau und Walter Mayr: *Minenfeld Balkan. Der unruhige Hinterhof Europas*, München 2009, S. 13.

24 Timothy Garton Ash: *Jahrhundertwende. Weltpolitische Betrachtungen 2000–2010*. Aus dem Englischen von Susanne Hornfeck, München 2010, S. 45.

25 *Atlas der Globalisierung, Welt in Bewegung*, Berlin 2019, S. 84f.

26 Zitiert nach der Übersetzung und Neufassung von Ivan Ivanji: *Kaiser Konstantin. Der dreizehnte Apostel*, Klagenfurt/Celovec 2014, S. 90.

27 Warlam Schalamow: *Durch den Schnee. Erzählungen aus Kolyma 1*. Aus dem Russischen von Gabriele Leupold, herausgegeben und mit einem Nachwort versehen von Franziska Thun-Hohenstein, Berlin 2007, S. 24f.

28 Das Akronym für »inhaftierter Kanalsoldat« wandelte sich zum Sammelbegriff für GULag-Häftlinge.

29 Wolf Jobst Siedler: *Wanderungen zwischen Oder und Nirgendwo. Das Land der Vorfahren mit der Seele suchend*, Berlin 1988, S. 9 und 14.

30 Zitiert nach: Pankaj Mishra: *Aus den Ruinen des Empires. Die Revolte gegen den Westen und der Wiederaufstieg Asiens*. Aus dem Englischen von Michael Bischoff, Frankfurt am Main 2013 (engl. Original 2012), S. 9.

31 Zitiert nach: Ernst Engelberg: *Bismarck. Sturm über Europa*. Herausgegeben und bearbeitet von Achim Engelberg, München 2014, S. 366. Das Verhältnis von Stagnation, Reform und Revolution wird hier stärker in seiner Wechselseitigkeit betrachtet als in einer Sicht von Aufstieg und Fall.

32 Tony Judt: *Geschichte Europas von 1945 bis zur Gegenwart*. Aus dem Englischen von Matthias Fienbork und Heiner Kober, München/Wien 2006, S. 869.

33 Orlando Figes: *Hundert Jahre Revolution. Russland und das 20. Jahrhundert*. Aus dem Englischen von Bernd Rullkötter, Berlin 2015, S. 43. Im zitierten Kapitel »Die ›Generalprobe« wird in knapper Form die russische Niederlage im Krieg gegen Japan mit ihren internationalen Folgen dargelegt.

34 Orlando Figes: *Die Tragödie eines Volkes. Die Epoche der russischen Revolution 1891 bis 1924*. Aus dem Englischen von Barbara Conrad unter Mitarbeit von Brigitte Flickinger und Vera Stutz-Bischitzky, München 2001 (engl. Original 1996), S. 214.

35 Dušan Reljić: »Alle zwei Minuten emigriert ein Mensch aus dem Westbalkan in die EU« – https://www.swp-berlin.org/publikation/alle-zwei-minuten-emigriert-ein-mensch-aus-dem-westbalkan-in-die-eu/ (zuletzt abgerufen am 8. Juni 2020).

36 Heiner Müller: *Werke 2: Die Prosa*, Frankfurt am Main 1999, hier S. 181ff.

37 Klaus J. Bade: »Migration in Geschichte und Gegenwart. Deutsche Erfahrungen und Perspektiven«. In: *Einwanderungsland Hessen?: Daten, Fakten, Analysen* von Klaus Böhme u. Eckart Hohmann, Opladen 1993, S. 1–16, hier: S. 10. Vgl. hierzu: Naika Foroutan und Jana Hensel: *Die Gesellschaft der Anderen*, Berlin 2020; besonders aufschlussreich ist das Kapitel »Ost-Migrantische Analogien – Warum man Migranten und Ostdeutsche miteinander vergleichen muss«, S. 97–137. Im

Gesprächsbuch erläutert Naika Foroutan als Ausgangspunkt die Beobachtung, dass sich ähnliche Stereotype gegenüber Ostdeutschen wie gegenüber Migranten zeigten, »wie zum Beispiel, dass sie sich immer nur als Opfer sehen, dass sie sich nicht genügend von Extremismus distanzieren, dass sie nicht im heutigen Deutschland angekommen sind ... Meine Kollegen und ich haben uns daraufhin gefragt, was es wohl bedeutet, wenn gegenüber zwei gänzlich unterschiedlichen sozialen Gruppen ähnliche Stereotype greifen. Sagt das mehr über die marginalisierten Gruppen aus? Oder konnte es vielleicht ein Hinweis darauf sein, dass diese marginalisierten Anderen, durch deren Abwertung Hegemonie gesichert wird, letztlich austauschbar sind und sich gar nicht ähneln müssen?« (S. 100). Sie sieht Kämpfe, in denen es um mehr Gleichheit geht: »Man kann sagen, die Emanzipation des Ostens liegt auch darin begründet, dass Ostdeutsche innerhalb von 30 Jahren sprechfähiger geworden sind. Auf die migrantische Community trifft das natürlich auch zu. Beide Gruppen sind nicht mehr bereit, die Ungleichheit verfestigenden Zuweisungen hinzunehmen« (S. 128).

38 Helge Heidemeyer: »Die Bundesrepublik Deutschland und die DDR als Aufnahmeländer politischer Flüchtlinge in den 1950er und 1960er Jahren«, in Agnes Bresselau von Bressendorf (Hrsg.): *Über Grenzen. Migration und Flucht in globaler Perspektive seit 1945*, Göttingen 2019, S. 149–166.

39 »Der Schweizer Schriftsteller Max Frisch 1965 zum Thema Immigration: ›... und es kommen Menschen‹« – https://www.berliner-zeitung.de/der-schweizer-schriftsteller-max-frisch-1965-zum-thema-immigration-und-es-kommen-menschen-li.11810 (zuletzt abgerufen am 8. Juni 2020).

40 François Jullien: *Es gibt keine kulturelle Identität*. Aus dem Französischen von Erwin Landrichter, Berlin 2017, S. 78.

41 *Heiner Müller – Anekdoten*. Herausgegeben und gesammelt von Thomas Irmer, Berlin 2018, S. 28.

42 Heiner Müller: »Dunkles Getümmel ziehender Barbaren«, in: ders.: *Werke 8: Schriften*, Frankfurt am Main 2005, S. 377–378, hier S. 378.

43 Eva Thöne: »Migration ist die neue Revolution«, in: *Der Spiegel* vom 20. August 2017 – https://www.spiegel.de/kultur/gesellschaft/fluechtlinge-politikwissenschaftler-im-interview-migration-ist-die-neue-revolution-a-1162957.html (zuletzt abgerufen am 8. Jui 2020).

44 »Das Böse ist die Zukunft«, Gespräch mit Frank M. Raddatz, in: Heiner Müller: *Werke 11: Gespräche 2*, Frankfurt am Main 2008, S. 824–835, hier S. 834.

45 David Van Reybrouck: *Gegen Wahlen: Warum Abstimmen nicht demokratisch ist*. Aus dem Niederländischen von Arne Braun, Göttingen 2016, S. 156.

46 Georges-Arthur Goldschmidt: *Vom Nachexil*, Göttingen 2020, S. 9. Vgl. hierzu: Andreas Kossert: *Kalte Heimat. Die Geschichte der deutschen Vertriebenen nach 1945*, München 2008. In: *Flucht. Eine Menschheitsgeschichte*, München 2020, weitet der Autor das Thema mit Schwerpunkt auf Europa über den Nahen Osten ins Planetarische.

47 Die umfangreiche Literatur zeigt allerdings, wie auch herausragende Kenner von Flucht und Migration sich drastisch irren können: In dem noch immer le-

senswerten Werk *Das Schicksal der Immigranten. Deutschland. USA. Frankreich.*
Großbritannien, das 1994 im englischen Original erschien und 1998 in deutscher
Übersetzung, schreibt Emmanuel Todd, der das Ende der Sowjetunion vorhergesehen hatte, angesichts der tobenden Kriege in Jugoslawien vom starken Kon-
trast zur erfolgreichen Modernisierung in der Türkei (S. 233). Oder bekommt
er auf der Longue durée noch recht?

48 *Die Türkei und Europa. Die Positionen.* Herausgegeben von Claus Leggewie,
Frankfurt am Main 2004

49 Nachlass 462 (Ernst Engelberg) in der Staatsbibliothek zu Berlin/Preußischer
Kulturbesitz.

50 Vgl. etwa *Beyoğlu in the 30s: Through the Lens of Selahattin Giz.* Text von Ali
Özdamar mit einem Vorwort von Demir Özlu. Erste englische Ausgabe Istanbul 1992.

51 Charles King: *Mitternacht im Pera Palace. Die Geburt des modernen Istanbul.* Aus
dem Amerikanischen von Karl Heinz Siber, Berlin 2015 (engl. Original 2014),
S. 420.

52 Vgl. hierzu ebenda, S. 219f.

53 »Ev'ry Time We say Goodbye«, in: John Berger: *Begegnungen und Abschiede.
Über Bilder und Menschen.* Aus dem Englischen von Jörg Trobitius, München/
Wien 1993 (engl. Original 1991), S. 14.

54 Zitiert nach: King, *Mitternacht im Pera Palace.*

55 Während des Zweiten Weltkriegs gab es mehr europäische Intelligenz in Istanbul als in Berlin. Einer, der dafür stand, war Erich Auerbach, nach der Erinnerung meines Vater ein kleiner, stiller und freundlicher Mann, der das europäische Erbe zu bewahren suchte. Am äußersten Rand des alten Kontinents,
buchstäblich mit dem Blick nach Asien und im Rücken das im Krieg befindliche Europa, schrieb er wie besessen am Manuskript von *Mimesis. Dargestellte
Wirklichkeit in der abendländischen Literatur.* In einem Nachwort geht er auf
den Entstehungsprozess seines bis heute gültigen Werkes ein: Er arbeitete in
Istanbul ohne eine »für europäische Studien gut ausgestattete Bibliothek; die
internationalen Verbindungen stockten«. Dieses Manko, das ihn wieder zum
Universalisten machte, ist die Stärke des Buches. »Es ist übrigens sehr möglich,
dass das Buch sein Zustandekommen eben dem Fehlen einer großen Fach-
bibliothek verdankt.« Hätte er alle Spezialuntersuchungen gelesen, wäre er
vielleicht nicht mehr zum Schreiben gekommen. Nur vom Rande her konnte
er das Ganze nochmals überblicken. Heute findet der Reisende in Istanbul
moderne Bibliotheken und Buchläden. Der Austausch im Internet stärkt Verbindungen.

56 Vgl. dazu Perry Anderson: *Nach Atatürk. Die Türken, ihr Staat und Europa.* Aus
dem Englischen von Joachim Kalka, Berlin 2009, S. 42ff.

57 »Eine private Lektüre von André Gides öffentlichem Tagebuch«. Übersetzt von
Wolfgang Riemann, in: Orhan Pamuk: *Der Blick aus meinem Fenster*, München/
Wien 2006, S. 79.

58 Anderson, *Nach Atatürk*, S. 114

59 Christopher Clark: »Libya's storms of history«, in: *New Statesman*, 26. August 2020 – https://www.newstatesman.com/international/places/2020/08/libyas-storms-history (zuletzt abgerufen am 12. Oktober 2020). Vgl. auch das Interview mit Christopher Clark in: *Frankfurter Rundschau*, 22. November 2020, darin heißt es: »Wir leben in einer Zeit, die stark an jene von 1914 erinnert. Die Welt ist wieder multipolar. Neue Regionalmächte wie die Türkei und Iran treten auf, das östliche Mittelmeer ist zu meinem Erstaunen wieder ein Konfliktgebiet. Die Streitigkeiten um Libyen mit der Türkei im Westen des Landes und mit Ägypten und Russland im Osten, der Inselstreit zwischen der Türkei und Griechenland, bilden eigentlich das ab, was man früher die Orientfrage nannte. Heute gewinnt sie unerwarteterweise wieder an Bedeutung. (…) Die alten Muster, die man für obsolet und überholt hielt, sind wieder gegenwärtig. Es ist eine Zeit, in der wir eine klare Ordnung und Fahrtrichtung der Weltgeschichte nicht mehr erkennen können.«

60 Zitiert nach Zygmunt Bauman: *Die Angst vor den anderen*, Berlin 2016, S. 88.

61 Hugo von Hofmannsthal: »Reise im nördlichen Afrika« – https://www.projekt-gutenberg.org/hofmanns/nordafrk/nordafrk.html (zuletzt abgerufen am 8. Juni 2020).

62 Elias Canetti: *Die Stimmen von Marrakesch. Aufzeichnungen nach einer Reise*, Frankfurt am Main 2012 (Erstausgabe 1967), S. 19.

63 Ebenda, S. 56.

64 Zitiert nach Hans Mayer: *Die unerwünschte Literatur. Deutsche Schriftsteller und Bücher 1968–1985*, Berlin 1989, S. 206. Fichtes Erzählzyklus besteht aus unterschiedlichen Texten von fiktiven bis zu Interviews mit Salvador Allende, Léopold Senghor oder Jean Genet. Aufschlussreich ist die zitierte Passage bei Hans Mayer insgesamt: »In einem von Gisela Lindemann zitierten Interview, das er nicht selbst führte, sondern dem er sich stellte, erklärte Fichte: ›Von Ausnahmen abgesehen, gibt es zwei Gruppen von Leuten: die mit Touropa reisen und die vor Hunger Militärkantinen plündern. Es geht mir darum, die Entwicklung eines Mitglieds der ersten Gruppe zu schildern und seine Reaktion auf die zweite.‹ Darum wurde spielerisch in jenem Interview auch behauptet, der Titel des geplanten Erzählwerks könnte vielleicht lauten: ›Die touristische Entwicklung in der zweiten Hälfte des 20. Jahrhunderts‹. Daher wohl die 19 Bände. Fichte liebte die deutsche Barockliteratur des 17. Jahrhunderts. Er kannte auch und liebte die Zahlenspielereien der Grimmelshausen und Lohenstein. Der VI., in Marrakesch spielende Roman *Der Platz der Gehenkten* ist streng als Zahlenspiel komponiert, angeregt durch Suren des Korans.«

65 Christoph Leisten: *Marrakesch, Djemaa el Fna*, Aachen 2005, S. 45.

66 Hubert Fichte: *Der Platz der Gehenkten*, Frankfurt am Main 2006, S. 108.

67 Ebenda, S. 115.

68 Ebenda, S. 195.

69 Leisten, *Marrakesch*, S. 32.

70 Sigrid Löffler: *Die neue Weltliteratur und ihre großen Erzähler*, München 2014, S. 11

71 Slavoj Žižek: *Der neue Klassenkampf. Die wahren Gründe für Flucht und Terror.* Aus dem Englischen übersetzt von Regina Schneider, Berlin 2015, S. 17.

72 Mittlerweile erzählte Mahi Binebine diese Geschichte aus der Sicht des Vaters, der Diener des Königs blieb, während der älteste Sohn in einem Foltergefängnis fast starb und der jüngere Mahi ins Ausland ging. Beides zerriss die Familie fast. Mahi Binebine: *Der Hofnarr.* Aus dem Französischen übersetzt und mit einem Nachwort versehen von Regina Keil-Sagawe, Basel 2018 (franz. Original 2017).

73 Pietro Bartolo, Lidia Tilotta: *An das Leid gewöhnt man sich nie. Salztränen. Mein Leben als Arzt auf Lampedusa.* In Zusammenarbeit mit Giacomo Bartolo. Aus dem Italienischen von Barbara Kleiner, Berlin 2017.

74 Arthur Koestler: »Warum Greueltaten nicht geglaubt werden«, in: ders.: *Der Yogi und der Kommissar.* Aus dem Englischen übertragen von Friedrich Klumpp, Frankfurt am Main 1974, S. 88–93.

75 »Auf den Straßen Athens – Petros Markaris«, a.a.O., S. 142.

76 Heiner Müller: »Die Küste der Barbaren«, in: ders., *Werke 8: Schriften,* Frankfurt am Main 2005, S. 421–424, hier S. 423.

77 Umberto Eco: *Vier moralische Schriften.* Aus dem Italienischen von Burkhart Kroeber, München 1998, S. 54; der Vortrag erschien in mehreren Auswahlbänden, so unter anderem in: *Der ewige Faschismus,* München 2020. Eine weitere Quelle https://www.uno-fluechtlingshilfe.de/hilfe-weltweit/mittelmeer/ (zuletzt abgerufen am 12. Oktober 2020).

78 http://w2.vatican.va/content/francesco/de/speeches/2016/april/documents/papa-francesco_20160416_lesvos-rifugiati.html (zuletzt abgerufen am 12. Oktober 2020).

79 Heiner Müller: »*Für alle reicht es nicht« – Texte zum Kapitalismus,* Berlin 2017, S. 253 – http://www.vatican.va/content/francesco/de/encyclicals/documents/papa-francesco_20201003_enciclica-fratelli-tutti.html (zuletzt abgerufen am 12. Oktober 2020).

80 »Zur Kritik der Hegelschen Rechtsphilosophie«, in: *Karl Marx Friedrich Engels Gesamtausgabe* (MEGA), Berlin 1975ff., Erste Abteilung: *Werke – Artikel – Entwürfe,* Band 2, Berlin 1982, S. 177.

81 Aischylos: *Werke.* Übersetzung Dietrich Ebener, Berlin und Weimar 1987, S. 96.

82 Adolf Muschg: »Kulturmacht Europa. Wie nutzt Europa die Chancen seiner kulturellen Vielfalt?«, in: *Kulturpolitische Mitteilungen* 3 (2007), Nr. 118, S. 29–33 – https://www.kupoge.de/kumi/pdf/kumi118/kumi118_29-33.pdf.

83 Die jeweils aktuellen Zahlen werden jährlich wenige Tage vor dem Weltflüchtlingstag am 20. Juni veröffentlicht – https://www.uno-fluechtlingshilfe.de/informieren/fluechtlingszahlen/. Für Entwicklungen in Deutschland und der EU: https://mediendienst-integration.de/zahlen-und-fakten.html.

84 Achim Engelberg: *Wer verloren hat, kämpfe,* Berlin 2007, S. 200f.

85 Diese und andere Aussagen findet man hier: »Stimmen der Geretteten« – https://sosmediterranee.de/unser-einsatz/stimmen-der-geretteten/ (zuletzt abgerufen am 8. Juni 2020).

86 http://kjbade.de/2018-2/ (zuletzt abgerufen am 4. Dezember 2020).

87 Joseph Roth: *Juden auf Wanderschaft*, Köln 1985, S. 79 (Vorrede zur Neuen Auflage, 1937).

88 http://kjbade.de/2018-2/ (zuletzt abgerufen am 4. Dezember 2020).

89 Bertolt Brecht: *Werke XI*. Große kommentierte Berliner und Frankfurter Ausgabe, Berlin/Weimar/Frankfurt am Main 1988, S. 172.

90 Bruno Latour, »Refugium Europa«, in: *Die große Regression. Eine internationale Debatte über die geistige Situation der Zeit*. Herausgegeben von Heinrich Geiselberger, Berlin 2017, S. 139.

91 Schlusssatz seiner Autobiografie *Gefährliche Zeiten*, übersetzt von Udo Rennert, München 2003.

92 https://jacobin.de/artikel/fleischindustrie-peter-kossen-corona-wegwerfmenschen-arbeitsmigranten/ (zuletzt abgerufen am 12. Oktober 2020).

93 Upton Sinclair: *Der Dschungel*. Aus dem Englischen von Ingeborg Gronke, Zürich 2014, S. 367.

94 Ebenda, S. 30.

95 Ebenda, S. 32.

96 Ebenda, S. 34.

97 Ebenda, S. 16.

98 Ebenda, S. 75.

99 Ebenda, S. 252.

100 John Berger, Jean Mohr: *Der siebte Mensch. Eine Geschichte über Migration und Arbeit in Europa*. Aus dem Englischen von Nils Thomas Lindquist, Frankfurt am Main 2016, S. 52f.

101 Eric J. Hobsbawm: *Nationen und Nationalismus. Mythos und Realität seit 1780*. Aus dem Englischen von Udo Rennert, Frankfurt am Main 1991, S. 185.

102 Albert Memmi: *Rassismus*. Aus dem Französischen übersetzt von Udo Rennert, Frankfurt am Main 1992 (franz. Original 1982), S. 111.

103 Ebenda, S. 103.

104 Ivo Andrić: *Wegzeichen*. Übersetzt von Reinhard Fischer, München/Wien 1982 (serbokroatisches Original 1976), S. 15f.

105 Kants Vorstellungen findet man im »Ersten Zusatz« von »Zum ewigen Frieden. Ein philosophischer Entwurf«, in: Immanuel Kant: *Werke in zwölf Bänden*, Band 11, Frankfurt am Main 1997, S. 227f. Vgl. hierzu: Panajotis Kondylis: *Das Politische im 20. Jahrhundert. Von den Utopien zur Globalisierung*, Heidelberg 2001, Abschnitt: »Gefahren der Vermischung«, S. 86f.

106 Georg Seeßlen: »Porträt eines selbstmörderischen Rebellen«, in: *Die Zeit* vom 5. Oktober 2017 – https://www.zeit.de/kultur/film/2017-10/blade-runner-2049-denis-villeneuve-science-fiction-filme-ridley-scott/komplettansicht (zuletzt abgerufen am 8. Juli 2020).

107 http://kjbade.de/wp-content/uploads/2017/04/2008-05-12_Illegalit%C3%A4t-in-Europa-2030.pdf

108 Klaus J. Bade: *Europa in Bewegung. Migration vom späten 18. Jahrhundert bis zur Gegenwart*, München 2002, S. 452, und Historische Migrationsforschung (siehe Angaben unter Webseiten / Open Access).

109 Yanis Varoufakis: *Das Euro-Paradox. Wie eine andere Geldpolitik Europa wieder zusammenführen kann*. Aus dem Englischen von Ursel Schäfer, München 2016, S. 26.

110 Dieter Kampe: »Neue Ziele für die Wirtschaft« – https://www.spiegel.de/ spiegel/print/d-13493863.html (zuletzt abgerufen am 12. Oktober 2020).

111 Vorrede zu Günter Grass' »Rede über den Standort«, gehalten am 23. Februar 1997 im Schauspielhaus Dresden, in: Volker Braun: *Wir befinden uns soweit wohl. Wir sind erst einmal am Ende. Äußerungen*, Frankfurt am Main 1998, S. 130.

112 Panajotis Kondylis, *Das Politische im 20. Jahrhundert*, S. 41. Zuerst formulierte der Autor ähnliche Gedanken in: *Planetarische Politik nach dem Kalten Krieg*, Berlin 1992, besonders beachtenswert S. 54ff. und S. 116ff.

113 Susan George: *Der Lugano-Report oder Ist der Kapitalismus noch zu retten?*. Deutsch von Ulrike Bischoff, Reinbek bei Hamburg 2001 (engl. Original 1999), S. 7.

114 Ebenda, S. 80.

115 Ebenda, S. 106.

116 Immanuel Wallerstein, Randall Collins, Michael Mann, Georgie Derluguian, Craig Calhoun: *Stirbt der Kapitalismus? Fünf Szenarien für das 21. Jahrhundert*. Aus dem Englischen von Thomas Laugstien, Frankfurt am Main 2014 (engl. Original 2013), S. 87.

117 Henry Kissinger: *China zwischen Tradition und Herausforderung*. Aus dem amerikanischen Englisch von Helmut Dierlamm, Helmut Ettinger, Oliver Grasmück, Norbert Juraschitz, Michael Müller, München 2011, S. 25.

118 Vgl. hierzu Ivan Krastev, Stephen Holmes, *Das Licht, das erlosch. Eine Abrechnung*. Aus dem Englischen von Karin Schuler, Berlin 2019, S. 293–304.

119 Stefan Aust, »Schützt Europas Grenzen«, in: *Die Welt* vom 13. März 2020.

120 https://rat-fuer-migration.de/2020/03/05/stellungnahme-an-den-europaeischen-aussengrenzen-entscheidet-sich-europa/ (zuletzt abgerufen am 12. Oktober 2020).

121 Bruno Latour: *Das terrestrische Manifest*. Aus dem Französischen von Bernd Schwibs, Berlin 2018 (franz. Original 2017), S. 13.

122 Ebenda, S. 14.

123 Ebenda, S. 121.

124 Schlusskapitel von Fernand Braudels monumentalen dreibändigen Werk *Sozialgeschichte des 15.–18. Jahrhunderts*, Band 3: *Aufbruch zur Weltwirtschaft*. Übersetzung aus dem Französischen von Siglinde Summerer und Gerda Kurz, München 1986 (franz. Original 1979), S. 702. Zwar plädierte Braudel für eine Reduzierung der Ungleichheit, die in den vergangenen Jahrzehnten jäh anstieg, aber wies darauf hin, dass noch »keine Gesellschaft der heutigen Welt auf die Weitergabe und den Einsatz von Vorrechten verzichtet« (S. 704) hat.

125 Friedrich Engels' Brief vom 21. September 1890 aus London an Joseph Bloch in Königsberg, in: *Karl Marx Friedrich Engels Gesamtausgabe* (MEGA), Berlin 1975ff., Dritte Abteilung: *Briefwechsel*, Band 30, Berlin 2013, S. 467.

126 Vgl. hierzu Johann Hinrich Claussen: *Das Buch der Flucht. Die Bibel in 40 Stationen*, München 2018.

127 Eine Auseinandersetzung mit dieser Position Ernst Blochs findet man hier: *Aufrechter Gang auf bewohnbarer Erde. Vorträge der Tagung über Menschenrechte und Naturrecht der Ernst-Bloch-Gesellschaft in Ludwigshafen am Rhein 1990.* Herausgegeben von Klaus Rohrbacher, Ludwigshafen 1991.

BIBLIOGRAFIE

Sachbücher, Wissenschaft, Essays

Abulafia, David: *Das Mittelmeer. Eine Biographie.* Aus dem Englischen von Michael Bischoff, Frankfurt am Main 2013

Anderson, Perry: *Nach Atatürk. Die Türken, ihr Staat und Europa.* Aus dem Englischen von Joachim Kalka, Berlin 2009

– : *The New Old World*, London/Brooklyn 2009

Appiah, Kwame Anthony: *Der Kosmopolit. Philosophie des Weltbürgertums.* Aus dem Englischen übersetzt von Michael Bischoff, München 2007

Arendt, Hannah: *Elemente und Ursprünge totaler Herrschaft*, München 1986 (zuerst 1951).

– : *Wir Flüchtlinge.* Übersetzt von Eike Geisel, Stuttgart 2016 (zuerst im amerikanischen Original 1943, Übersetzung zuerst in: *Zur Zeit. Politische Essays*, Berlin 1986) – http://marie-luise-knott.net/Texte/hannah-arendt-zur-zeit

Auerbach, Erich: *Mimesis. Dargestellte Wirklichkeit in der abendländischen Literatur*, Bern 1946

Bade, Klaus J.: *Europa in Bewegung, Migration vom späten 18. Jahrhundert bis zur Gegenwart*, München 2002

Bartolo, Pietro, und Lidia Tilotta: *An das Leid gewöhnt man sich nie. Salztränen. Mein Leben als Arzt auf Lampedusa.* In Zusammenarbeit mit Giacomo Bartolo. Aus dem Italienischen von Barbara Kleiner, Berlin 2017

Baumann, Zygmunt: *Die Angst vor den anderen. Ein Essay über Migration und Panikmache.* Aus dem Englischen von Michael Bischoff, Berlin 2016

– : *Verworfenes Leben. Die Ausgegrenzten der Moderne.* Aus dem Englischen von Werner Roller, Hamburg 2005

Berger, John, und Jean Mohr: *Der siebte Mensch. Eine Geschichte über Migration und Arbeit in Europa.* Aus dem Englischen von Nils Thomas Lindquist, Frankfurt am Main 2016

– : *Begegnungen und Abschiede. Über Bilder und Menschen.* Aus dem Englischen von Jörg Trobitius, München/Wien 1993 (Original 1991)

Bösch, Frank: *Zeitenwende 1979. Als die Welt von heute begann*, München 2019

Braun, Volker: *Wir befinden uns soweit wohl. Wir sind erst einmal am Ende. Äußerungen*, Frankfurt am Main 1998

– : *Verlagerung des geheimen Punkts. Schriften und Reden*, Berlin 2019

– : *Werktage I: Arbeitsbuch 1977–1989*, Frankfurt am Main 2009

Bresselau von Bressendorf, Agnes (Hrsg.): *Über Grenzen. Migration und Flucht in globaler Perspektive seit 1945*, Göttingen 2019

Buschkowsky, Heinz: *Neukölln ist überall*, Berlin 2012

Chirbes, Rafael: *Am Mittelmeer*. Aus dem Spanischen von Thomas Brovot, Stefanie Gerhold, Christian Hansen und Dagmar Plotz, München 2001

Claussen, Johann Hinrich: *Das Buch der Flucht. Die Bibel in 40 Stationen*, München 2018

Deppe, Frank: *Politisches Denken im 20. Jahrhundert* (Band 1: *Die Anfänge*, Band 2: *Politisches Denken zwischen den Weltkriegen*, Band 3: *Politischen Denken im Kalten Krieg*, Band 4: *Politisches Denken im Übergang ins 21. Jahrhundert*), Hamburg 1999–2010

Eco, Umberto: *Vier moralische Schriften*. Aus dem Italienischen von Burkhart Kroeber, München 1998

Einstein, Albert: *Mein Weltbild*. Herausgeber Carl Seelig, Berlin 2005 (Original 1953)

El-Maffalani, Aladin: *Das Integrations-Paradox. Warum gelungene Integration zu mehr Konflikten führt*, Köln 2018

Engelberg, Achim: *Wer verloren hat, kämpfe*, Berlin 2007

–   : *Wo aber endet Europa? Grenzgänger zwischen London und Ankara*, Berlin 2008

–   (zusammen mit Jens Becker, Hrsg.): *Serbien nach den Kriegen*, Frankfurt am Main 2008

Engelberg, Ernst: *Bismarck. Sturm über Europa*. Herausgeben und bearbeitet von Achim Engelberg, München 2014

Figes, Orlando: *Die Tragödie eines Volkes. Die Epoche der russischen Revolution 1891 bis 1924*. Aus dem Englischen von Barbara Conrad unter Mitarbeit von Brigitte Flickinger und Vera Stutz-Bischitzky, München 2001

–   : *Hundert Jahre Revolution. Russland und das 20. Jahrhundert*. Aus dem Englischen von Bernd Rullkötter, Berlin 2015

Foroutan, Naika: *Die postmigrantische Gesellschaft. Ein Versprechen der pluralen Demokratie*, Bielefeld 2019

–   (zusammen mit Jana Hensel): *Die Gesellschaft der Anderen*, Berlin 2020

Foucault, Michel: *Dits et Ecrits. Schriften in vier Bänden*, Band III, *1976–1979*, Frankfurt am Main 2003

Gatti, Fabrizio: *Bilal. Als Illegaler auf dem Weg nach Europa*. Aus dem Italienischen von Friederike Hausmann und Rita Seuß, Reinbek bei Hamburg 2011 (Original 2007)

George, Susan: *Der Lugano-Report oder Ist der Kapitalismus noch zu retten?* Deutsch von Ulrike Bischoff, Reinbek bei Hamburg 2001

Goytisolo, Juan: *Kibla – Reisen in die Welt des Islams*. Aus dem Spanischen von Thomas Brovot und Christian Hansen, Frankfurt am Main 2000

Groebner, Valentin: *Der Schein der Person: Steckbrief, Ausweis und Kontrolle im Europa des Mittelalters*, München 2004

Harvey, David: *Rebellische Städte*. Aus dem Englischen von Yasemin Dincer, Berlin 2013

Hobsbawm, Eric: *Nationen und Nationalismus. Mythos und Realität seit 1780*. Aus dem Englischen von Udo Rennert, Frankfurt am Main 1991

– : *Das Zeitalter der Extreme. Weltgeschichte des 20. Jahrhunderts.* Aus dem Englischen von Yvonne Badal, München/Wien 1995

– : *Das Gesicht des 21. Jahrhunderts. Ein Gespräch mit Antonio Polito.* Aus dem Englischen von Udo Rennert, München/Wien 2000

– : *Gefährliche Zeiten.* Übersetzt von Udo Rennert, München/Wien 2003

Ihlau, Olaf, und Walter Mayr: *Minenfeld Balkan. Der unruhige Hinterhof Europas,* München 2009

Irmer, Thomas (Hrsg.): *Heiner Müller – Anekdoten,* Berlin 2018

Judt, Tony: *Geschichte Europas von 1945 bis zur Gegenwart.* Aus dem Englischen von Matthias Fienbork und Heiner Kober, München/Wien 2006

– : *Das vergessene 20. Jahrhundert. Die Rückkehr des politischen Intellektuellen.* Aus dem Amerikanischen von Matthias Fienbork, München 2010

– (zusammen mit Timothy Snyder): *Nachdenken über das 20. Jahrhundert.* Aus dem Englischen von Matthias Fienbork, München 2013

Kant, Immanuel: *Werke in zwölf Bänden,* Band 11, Frankfurt am Main 1997

Karl Marx Friedrich Engels Gesamtausgabe (MEGA), Berlin 1975ff.

King, Charles: *Mitternacht im Pera Palace. Die Geburt des modernen Istanbul.* Aus dem Amerikanischen von Karl Heinz Siber, Berlin 2015 (Original 2014)

Kissinger, Henry: *China zwischen Tradition und Herausforderung.* Aus dem amerikanischen Englisch von Helmut Dierlamm, Helmut Ettinger, Oliver Grasmück, Norbert Juraschitz, Michael Müller, München 2011

Koestler, Arthur: *Der Yogi und der Kommissar, Auseinandersetzungen.* Aus dem Englischen übertragen von Friedrich Klumpp, Frankfurt am Main 1974

Kondylis, Panjotis: *Planetarische Politik nach dem Kalten Krieg,* Berlin 1992

– : *Das Politische im 20. Jahrhundert. Von den Utopien zur Globalisierung,* Heidelberg 2001

Kossert, Andreas: *Kalte Heimat. Die Geschichte der deutschen Vertriebenen nach 1945,* München 2008

– : *Flucht. Eine Menschheitsgeschichte,* München 2020

Krastev, Ivan: *Europadämmerung. Ein Essay.* Aus dem Englischen von Michael Bischoff, Berlin 2017

– (zusammen mit Stephen Holmes): *Das Licht, das erlosch. Eine Abrechnung.* Aus dem Englischen von Karin Schuler, Berlin 2019

Latour, Bruno: »*Refugium Europa*«. Aus dem Französischen von Tobias Haberkorn. In: *Die große Regression. Eine internationale Debatte über die geistige Situation der Zeit.* Herausgegeben von Heinrich Geiselberger, Berlin 2017

– : *Das terrestrische Manifest.* Aus dem Französischen von Bernd Schwibs, Berlin 2018

Leggewie, Claus (Hrsg.): *Die Türkei und Europa. Die Positionen,* Frankfurt am Main 2004

Leisten, Christoph: *Marrakesch, Djemaa el Fna,* Aachen 2005

Lepenies, Wolf: *Die Macht am Mittelmeer. Französische Träume von einem anderen Europa,* München 2016

Löffler, Sigrid: *Die neue Weltliteratur und ihre großen Erzähler*, München 2014

Mak, Geert: *Große Erwartungen. Auf den Spuren des europäischen Traums*, München 2020

Mappes-Niediek, Norbert: *Die Ethno-Falle. Der Balkan-Konflikt und was Europa daraus lernen kann*, Berlin 2005

Mayer, Hans: *Die unerwünschte Literatur. Deutsche Schriftsteller und Bücher 1968–1985*, Berlin 1989

Mazower, Mark: *Salonica. City of Ghosts. Christians Muslims and Jews 1430–1950*, London 2004

Memmi, Albert: *Rassismus*. Aus dem Französischen übersetzt von Udo Rennert, Frankfurt am Main 1992

Mishra, Pankaj: *Aus den Ruinen des Empires. Die Revolte gegen den Westen und der Wiederaufstieg Asiens*. Aus dem Englischen von Michael Bischoff, Frankfurt am Main 2013

Montaigne, Michel de: *Essais*. Erste moderne Gesamtübersetzung von Hans Stilett, Frankfurt am Main 1998

Nayeri, Dina: *Der undankbare Flüchtling*. Aus dem Englischen von Yamin von Rauch, Zürich/Berlin 2020

Neziraj, Jeton (zusammen mit Timon Perabo): *Sehnsucht im Koffer. Geschichten der Migration zwischen Kosovo und Deutschland*, Berlin 2013

Pamuk, Orhan: *Istanbul. Erinnerungen an eine Stadt*. Aus dem Türkischen von Gerhard Meier, München 2006

– : *Der Blick aus meinem Fenster. Betrachtungen*. Die Übersetzungen aus dem Türkischen stammen von Cornelius Bischoff, Ingrid Iren, Gerhard Meier, Christoph K. Neumann und Wolfgang Riemann, München/Wien 2006

Roth, Joseph: *Juden auf Wanderschaft*, Köln 1985

Sabuschko, Oksana: *Planet Wermut. Essays*. Aus dem Ukrainischen von Alexander Kratochvil, Graz/Wien 2012

Said, Edward W.: *Orientalismus*. Übersetzt von Hans Günter Holl, Frankfurt am Main 2009 (Original 1978)

Saunders, Doug: *Die neue Völkerwanderung. Arrival City*. Aus dem Englischen von Werner Roller, München 2013

Schlögel, Karl: *Die Mitte liegt ostwärts. Europa im Übergang*, München/Wien 2002

Scholl-Latour, Peter: *Im Fadenkreuz der Mächte. Gespenster am Balkan*, München 1995

Sereny, Gitta: *Das deutsche Trauma. Eine heilende Wunde*. Aus dem Englischen übertragen von Rudolf Herrnstein, München 2000

Siedler, Wolf Jobst: *Wanderungen zwischen Oder und Nirgendwo. Das Land der Vorfahren mit der Seele suchend*, Berlin 1988

Simmel, Georg: »Exkurs über den Fremden«, in: *Soziologie. Untersuchungen über die Formen der Vergesellschaftung*, Frankfurt am Main 1992 (zuerst 1908)

Snyder, Timothy: *Bloodlands. Europa zwischen Hitler und Stalin*. Aus dem Englischen von Martin Richter, München 2011

Sparr, Thomas: *Grunewald im Orient*, Berlin 2017

Stauffer, Beat: *Maghreb, Migration und Mittelmeer. Die Flüchtlingsbewegung als Schicksalsfrage für Europa und Nordafrika*, Zürich 2019

Sundermeier, Jörg: *Die Sonnenallee*, Berlin 2016

Tamás, Gáspár Miklós: *Kommunismus nach 1989: Beiträge zu Klassentheorie, Realsozialismus und Osteuropa*. Herausgegeben und übersetzt von Gerold Wallner, Wien 2015.

Ther, Philipp: *Die neue Ordnung auf dem alten Kontinent. Eine Geschichte des neoliberalen Europa*, Berlin 2014

- : *Die Außenseiter. Flucht, Flüchtlinge und Integration im modernen Europa*, Berlin 2017

- : *Das andere Ende der Geschichte. Über die Große Transformation*, Berlin 2019

Thukydides: *Geschichte des Peloponnesischen Krieges*. Übertragen von Theodor Braun, Leipzig 1961

Thumann, Michael: *Der Islam-Irrtum. Europas Angst vor der muslimischen Welt*. Frankfurt am Main 2011

Todd, Emmanuel: *Das Schicksal der Immigranten. Deutschland. USA. Frankreich. Großbritannien*. Aus dem Französischen von Rainer Dachselt, Petra Willim und Julia Ziegler, Berlin 1998

Türcke, Christoph: *Digitale Gefolgschaft. Auf dem Weg in eine neue Stammesgesellschaft*, München 2019

Van Reybrouck, David: *Gegen Wahlen. Warum Abstimmen nicht demokratisch ist*. Aus dem Niederländischen von Arne Braun, Göttingen 2016 (Original 2013)

Varoufakis, Yanis: *Das Euro-Paradox. Wie eine andere Geldpolitik Europa wieder zusammenführen kann*. Aus dem Englischen von Ursel Schäfer, München 2016

Wallraff, Günter: *Ganz unten*, Köln 1985

Wirsching, Andreas: *Der Preis der Freiheit. Geschichte Europas in unserer Zeit*, München 2012

Ziegler, Jean: *Der Aufstand des Gewissens. Die nicht-gehaltene Festspielrede 2011*, Salzburg 2011

Žižek, Slavoj: *Der neue Klassenkampf. Die wahren Gründe für Flucht und Terror*. Aus dem Englischen übersetzt von Regina Schneider, Berlin 2015

Belletristik

Aischylos: *Werke*. Übersetzung Dietrich Ebener, Berlin und Weimar 1987

Ambler, Eric: *Die Angst reist mit*. Aus dem Englischen von Matthias Fienbork, Zürich 1996

Andrić, Ivo: *Die Brücke über die Drina. Eine Wischegrader Chronik*. Übersetzt von Ernst E. Jonas, Katharina Wolf-Grießhaber, Wien 2015

- : *Wegzeichen*. Übersetzt von Reinhard Fischer, München/Wien 1982

- : *Liebe in einer kleinen Stadt. Jüdische Geschichten aus Bosnien*. Übersetzt und mit einem Vorwort versehen von Miodrag Vukić und Franz Mon, Frankfurt am Main 1996

Berger, John: G. Aus dem Englischen von Peter Meier, Leipzig 1990

–   : Von ihrer Hände Arbeit. Eine Trilogie (SauErde, Spiel mir ein Lied, Flieder und Flagge). Aus dem Englischen von Jörg Trobitius, München 2016 (Original 1979–90)

Binebine, Mahi: Die Engel von Sidi Moumen. Aus dem Französischen von Regula Renschler, Basel 2011

–   : Der Hofnarr. Aus dem Französischen übersetzt und mit einem Nachwort versehen von Regina Keil-Sagawe, Basel 2018 (Original 2017)

–   : Willkommen im Paradies. Aus dem Französischen von Paricia A. Hladschik, Basel 2017 (erstmals 2003 unter dem Titel Kannibalen erschienen).

Brecht, Bertolt: Werke. Große kommentierte Berliner und Frankfurter Ausgabe, Berlin/Weimar/Frankfurt am Main 1988–2000

Bulgakow, Michail: Die weiße Garde. Aus dem Russischen übertragen, herausgegeben und benachwortet von Alexander Nitzberg, Berlin 2018

Fichte, Hubert: Der Platz der Gehenkten, Frankfurt am Main 2006

Goethe, Johann Wolfgang: Faust. Texte und Kommentare. Herausgegeben von Albert Schöne, Frankfurt am Main 2004 (zuerst 1994)

Hemon, Aleksandar: Lazarus. Aus dem Amerikanischen von Rudolf Hermstein, München 2009 (Original 2008)

–   : Nowhere Man. Aus dem Amerikanischen von Bernhard Robben, München 2015 (Original 2002)

Hikmet, Nâzım: Bleib dran, Löwe. Epische Dichtungen. Übertragen von Gisela Kraft und H. Wilfrid Brands, Berlin 1984

Ivanji, Ivan: Kaiser Konstantin. Der dreizehnte Apostel. Historischer Roman, Klagenfurt/Celovec 2014

Kanon, Joseph: Die Istanbul Passage. Aus dem Amerikanischen von Elfriede Peschel, München 2014

Kertész, Imre: Roman eines Schicksallosen. Aus dem Ungarischen von Christina Viragh, Berlin 1996 (Original 1975)

Kundera, Milan: Das Buch vom Lachen und Vergessen. Übersetzt aus dem Tschechischen von Susanna Roth, München/Wien 1992 (Original 1978)

Mandelstam, Ossip: Das Rauschen der Zeit. Gesammelte autobiographische Prosa der 20er Jahre. Herausgegeben und übersetzt von Ralph Dutli, Zürich 1994

Markaris, Petros: Hellas Channel. Ein Fall für Kostas Charitos. Übersetzt von Michaela Prinzinger, Zürich 2000 (Original 1995)

–   : Balkan Blues. Übersetzt von Michaela Prinzinger, Zürich 2005

–   : Wiederholungstäter. Ein Leben zwischen Istanbul, Wien und Athen. Übersetzt von Michaela Prinzinger, Zürich 2008

–   : Der Tod des Odysseus. Übersetzt von Michaela Prinzinger, Zürich 2016

–   : Zeiten der Heuchelei. Ein Fall für Kostas Charitos. Übersetzt von Michaela Prinzinger, Zürich 2020

Müller, Heiner: *Werke 1–12*. Werkausgabe, herausgegeben von Frank Hörnigk, Frankfurt am Main 1998ff. (Der Band 1 wurde mittlerweile ersetzt durch: *Warten auf der Gegenschräge*. Herausgegeben von Kristin Schulz, Berlin 2014; dazu gibt es zahlreiche Einzelausgaben)

Ondaatje, Michael: *In der Haut eines Löwen*. Aus dem Englischen von Peter Torberg, München 1993 (Original 1987)

Schalamow, Warlam: *Durch den Schnee. Erzählungen aus Kolyma 1*. Aus dem Russischen von Gabriele Leupold, herausgegeben und mit einem Nachwort versehen von Franziska Thun-Hohenstein, Berlin 2007

Sinclair, Upton: *Der Dschungel*. Aus dem Englischen von Ingeborg Gronke, Zürich 2014

Šnajder, Slobodan: *Die Reparatur der Welt*. Aus dem Kroatischen von Mirjana und Klaus Wittmann, Wien 2019

Solschenizyn, Alexander: *Der Archipel Gulag*. Übersetzt von Anna Peturnig, Bern 1974

Steinbeck, John: *Früchte des Zorns*. Übersetzt von Klaus Lamprecht, Berlin 1965

Tišma, Aleksandar: *Das Buch Blam*. Übersetzung von Barbara Antkowiak, München/Wien 1991

– : *Der Gebrauch des Menschen*. Übersetzung von Barbara Antkowiak, München/Wien 1991

– : *Kapo*. Übersetzung von Barbara Antkowiak, München/Wien 1997

– : *Die Schule der Gottlosigkeit*. Übersetzung von Barbara Antkowiak, München/Wien 1993

– : *Treue und Verrat*. Übersetzung von Barbara Antkowiak, München/Wien 1999

Wagenstein, Angel: *Pentateuch oder Die fünf Bücher Isaaks*. Aus dem Bulgarischen von Barbara Müller, München 2001

Weiss, Peter: *Die Ästhetik des Widerstands*, Berlin 2016. (Zum 100. Geburtstag stellte der Germanist Jürgen Schütte die definitive Fassung zusammen; alle anderen Ausgaben haben teilweise stark abweichende Textpassagen, die der 1982 verstorbene Peter Weiss genehmigte, um während des Kalten Kriegs in Ost und West verlegt zu werden.)

Webseiten/Open Access

Klaus J. Bade: *Migration – Flucht – Integration: Kritische Politikbegleitung von der ›Gastarbeiterfrage‹ bis zur ›Flüchtlingskrise‹ Erinnerungen und Beiträge*, Karlsruhe 2017, – https://www.imis.uni-osnabrueck.de/fileadmin/4_Publikationen/PDFs/Bade_Migration.pdf

– : »Historische Migrationsforschung. Eine autobiografische Perspektive«, in: *Historical Social Research* (HSR) Supplement 30, Mai 2018 – http://kjbade.de/wp-content/uploads/2019/01/HSR-Supplement-30-2018.pdf

Weitere wichtige Artikel von Klaus J. Bade findet man darüber hinaus unter: http://kjbade.de

Seenotrettung im Mittelmeer – https://sosmediterranee.de/unser-einsatz/stimmen-der-geretteten/ (zuletzt abgerufen am 8. Juni 2020)

Oltmer, Jochen – https://www.bpb.de/apuz/229817/kleine-globalgeschichte-der-flucht-im-20-jahrhundert.

Die jeweils aktuellen Zahlen werden jährlich wenige Tage vor dem Weltflüchtlingstag am 20. Juni veröffentlicht – https://www.uno-fluechtlingshilfe.de/informieren/fluechtlingszahlen/

Für Entwicklungen in Deutschland und der EU: – https://mediendienst-integration.de/zahlen-und-fakten.html

PERSONENREGISTER